Uwe Lang

Die besten Aktienstrategien

Uwe Lang

Die besten Aktienstrategien

Bibliografische Information der Deutschen Bibliothek:
Die Deutsche Bibliothek verzeichnet diese Publikation in der Deutschen Nationalbibliografie; detaillierte bibliografische Daten sind im Internet über http://dnb.ddb.de abrufbar.

Autor/Redaktion: Uwe Lang
Gesamtbearbeitung: UnderConstruction, München
Umschlaggestaltung: Judith Wittmann, Stephanie Villiger
Lektorat: Dr. Renate Oettinger
Druck: Grafik + Druck, München

1. Auflage 2005

Frundsbergstraße 23
80634 München
Tel. 089 651285-0
Fax 089 652096
info@finanzbuchverlag.de

Den Autor erreichen Sie unter:
lang@finanzbuchverlag.de

ISBN 3-89879-112-2

Inhaltsverzeichnis

2. Die richtigen Kauf- und Verkaufszeitpunkte 53

3. Wie sich die kombinierte Methode bewährt hat 91

4. Die Aktienauswahl 108

5. Wichtige Fragen von Börsenneulingen und Fortgeschrittenen 159

Einleitung

Schon wieder ein neues Buch über Aktien? Ist denn nicht schon alles geschrieben worden, was es darüber zu berichten gibt? Haben börseninteressierte Leser nach den Jahren voller Reinfälle (2000 bis Frühjahr 2003) nicht die Lust verloren, ihr Geld in Aktien zu investieren?

Ich kann nur feststellen, dass das Interesse an guten Informationen immer noch sehr groß ist, auch wenn zweifellos die Zahl der Skeptiker zugenommen hat. Ich erinnere mich noch sehr gut an die Jahre 1998/99, als mir nach einem Börsenvortrag von Zuhörern immer wieder die Frage gestellt wurde, ob es denn nicht sinnvoll sei, Aktien zu kaufen und einfach liegen zu lassen. Die jährliche Kursentwicklung von rund zwölf Prozent bürge doch dafür, dass es auch nach vorübergehenden Kursverlusten immer wieder aufwärts gehe. Mit Beobachtung der Trends und Zwischenverkäufen mache man sich doch nur unnötig Stress! Wenn ich dann darauf hinwies, dass von 1960 bis 1980 die Kurse per saldo nicht gestiegen seien und dass in diesen Zeiten nur rechtzeitige Verkäufe halfen, wurde mir häufig mit einem Lächeln geantwortet: „Das glauben Sie doch selbst nicht!“

Bereits zwei Jahre später, im Mai 2000, war die allgemeine Stimmung schon etwas vorsichtiger geworden, als ich im Rahmen der Anlegermesse Innsbruck zu einem Vortrag mit anschließender Podiumsdiskussion mit dem Professor für Volkswirtschaft Dr. Klaus Schredelseker (Universität Innsbruck) gebeten wurde. Zu meiner und der anwesenden Zuhörer Verblüffung vertrat der Professor die Ansicht, Börsenkurse seien nicht prognostizierbar. Es gebe keine Möglichkeit, gute Kauf- und Verkaufszeitpunkte auszumachen. Alle diesbezüglichen Methoden, wie auch ich sie erläutert hatte, funktionierten nur vorübergehend. Es sei zwar sinnvoll, Aktien immer wieder zu kaufen. Aber man dürfe nicht glauben, durch Zwischendurch-Verkäufe bessere Renditen zu erzielen. Denn kein Mensch wisse, ob Aktienkurse in den kommenden Monaten steigen oder fallen.

Diese Auffassung war mir damals neu, auch wenn sie inzwischen sehr verbreitet ist. Es ist mir seit Jahrzehnten ein Anliegen, die optimalen Kauf- und Verkaufszeitpunkte für Aktien zu errechnen. Dazu habe ich bereits in der Vergangenheit Systeme ausgetüftelt und weiterentwickelt. Jede neue Börsensituation kann dazu beitragen, Verbesserungen zu finden.

Zwar ist es nicht möglich, immer wieder neue, sensationelle Entdeckungen zu machen. Aber es kann vieles vereinfacht und verdeutlicht werden. Manche Fehlerquellen der Vergangenheit erledigen sich dadurch von selbst. Habe ich neue Erkenntnisse gewonnen, so referiere ich sie meist in einem Börsenseminar. Das hat den Vorteil, dass es im Gespräch erfolgt und ich gleich auf entsprechende Rückfragen reagieren kann. Alle Bücher, die ich in den vergangenen zehn Jahren geschrieben habe, sind im Grunde genommen Produkte vorhergegangener Seminare gewesen. Ich denke, es ist mir mit den in diesem Buch dargestellten Methoden der Beweis geglückt, dass es eben doch Methoden gibt, die beim Ein- und Ausstieg in Aktien behilflich sein können.

Sie haben mit diesem Buch keine leichte Lektüre erworben. Es ist ein Arbeitsbuch, in dem Sie als Leser zum Mitdenken angeregt werden sollen. Aber es wird sich lohnen, wenn Sie hier ein wenig Zeit investieren. Ob Sie nun ein Börsenneuling sind oder schon mehrere Aktienbücher durchstudiert und Börsenseminare besucht haben – Sie werden in jedem Fall Gewinn daraus ziehen können.

Freilich wird ein Börsenprofi – und dazu gehören ja auch schon viele Privatanleger – zu vielem sagen, dass dies ja bekannt und nichts Neues sei. Deshalb möchte ich diejenigen, die mehr oder weniger Profis sind, um Verständnis bitten, dass auch *Börsenneulinge* dieses Buch lesen. Es ist mir ein Anliegen, dass sie das Gefühl haben, dass ihre grundlegenden Fragen auch besprochen werden. Daher wird nicht zu viel Wissen vorausgesetzt.

Ich bin der Meinung, dass der richtige Umgang mit Aktien nicht sehr schwer ist. Steuerberatung zum Beispiel umfasst sehr viel mehr Fachwissen, um mitreden zu können. Dort ändert sich auch vieles sehr schnell. Die Börse hingegen ist nicht so schwer zu verstehen, wie die meisten Neulinge vermuten. Die wichtigsten Grundlagen, um mit Ihren Kapitalanlagen auch alleine zurechtzukommen und Ihr Vermögen selbst zu verwalten, können Sie sich tatsächlich durch ein Börsenseminar oder ein gutes Börsenbuch wie das vorliegende aneignen. Wenn Sie dann noch die regelmäßigen Informationen, die Sie immer wieder benötigen, durch einen guten Informationsdienst oder eine erstklassige Tageszeitung regelmäßig berücksichtigen, kommen Sie am Wochenende mit einer halben Stunde aus. Es ist nicht nötig, sich jeden Tag in die Kurse zu vertiefen und auszutüfteln, ob schon wieder Handlungsbedarf besteht. In der Regel wird gar nichts zu tun sein. In meinen konkreten Systemen und praktischen Handlungsanweisungen strebe ich ja auch immer an, es dem Anwender so einfach wie möglich zu machen. Zu komplizierte Regeln bergen in sich die Gefahr, zu sehr auf spezielle historische Situationen hingeschneidert zu werden, damit sie in den bekannten problematischen Jahren auch noch mit Mühe und Not die richtigen Signale geben. Regeln, die wirklich gut sind, müssen ganz einfach sein!

Sind Aktien denn nun eine so gute Kapitalanlage, dass man sich mit ihnen unbedingt befassen müsste? Ja, derzeit (ich schreibe diese Zeilen im Winter 2004/2005) sind sie die beste Kapitalanlage. Sie sind es aber nicht immer. Es gibt Zeiten, wo sie einfach zu hoch bewertet sind und daher nicht in einem Depot sein sollten. Am 14. April 2000 titelte zum Beispiel der schweizerische *Tages-Anzeiger* mit der Überschrift „Uwe Lang: Ich habe alle meine Aktien verkauft!“ Dass wir unser Wertpapierdepot ab und zu von allen Aktien räumen müssen, kommt durchaus vor, und es ist auch zu erkennen, wenn es so weit ist. Es ist allerdings nicht immer eindeutig zu bestimmen, ab wann man so vorsichtig sein muss, dass man keine Aktie hält. Aber dazu sind uns ja auch die Systeme behilflich, die Sie in diesem Buch kennen lernen werden.

Teil 1

Spricht nicht alles gegen Aktien?

Aktien sind Unternehmensanteile

Im Herbst 2004 wollte eine kleine Firma mit Namen „Autoteile Unger“ (A.T.U) einen Börsengang wagen, suchte also Anleger, die bereit waren, sich an diesem Unternehmen zu beteiligen. Man nennt eine solche Ausgabe neuer Aktien *Neuemission*. Doch das Vorhaben scheiterte. Die Vorbehalte der deutschen Anleger gegenüber einer Anlage in Aktien waren in dieser Zeit offenbar zu groß. „Nie wieder Aktien“ hieß die Losung bei vielen Leuten in Deutschland seit dem Jahr 2002, als klar wurde, wie sehr sie sich mit ihren stimmungsbedingten Käufen im Jahr 2000 die Finger verbrannt hatten. Da beteiligt man sich doch an keiner Autoreparaturfirma, die hohe Schulden aufweist und deshalb gerne ihr Eigenkapital mit einem Börsengang gestärkt hätte. Die geplante Emission musste also abgesagt werden. Doch als dieselbe Firma A.T.U anschließend versuchte, Käufer für eine *Anleihe* zu finden, sich also mit geliehenem Geld noch mehr verschuldete, da waren sofort genügend Anleger bereit, ihr Geld für wenig Zinsen herzugeben. Denn Anleihen zu kaufen galt ja als seriös, im Unterschied zu dem angeblich hochriskanten Kauf von Aktien! Dass das Risiko mit einer Unternehmensanleihe kaum geringer ist, blieb unbeachtet. Es war einfach Stimmungssache.

Woher diese schlechte Meinung über die Anlageform Aktie plötzlich kam, dazu haben nicht nur die Banken und ihre Anlageberater beigetragen, sondern auch Unternehmensmanager und die Medien. Der Sender n-tv mit seiner Telebörse hat sehr viel zur Popularität der Aktie in Deutschland beigetragen. Ursprünglich war die Telebörse bei SAT.1 beheimatet gewesen, danach im Deutschen Sportfernsehen, wo sie eigentlich nicht hingehörte. Seit 1994 fand sie bei n-tv den Platz, an dem sie schließlich genügend Beachtung fand. Die Leute sollten sich mit der Börse wie mit der Fußball-Bundesliga beschäftigen. Sponsoren aus der Wirtschaft unterstützten die Sendung mit Rat und Tat. Das geschah freilich nicht ganz uneigennützig. Die Börsen-Show wurde zu einer Art Dauerwerbesendung für die Produkte, die die Banken anzubieten hatten, sowie für die börsennotierten Industrieunternehmen.

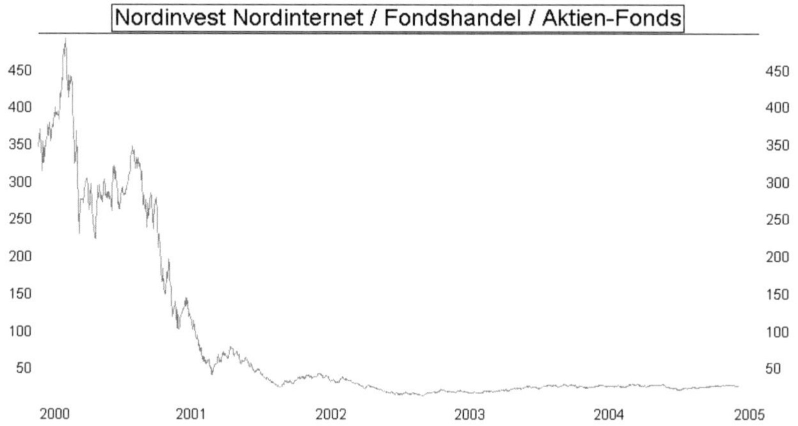

Der 1998 gestartete Nordinternet-Fonds wurde im Jahr 2000 vielen Kleinanlegern zum Verhängnis.

Roland Klaus, ein ehemaliger Mitarbeiter der Telebörse, vertraute am 6. Oktober 2001 der *FAZ* an, dass durch Intensivierung der Werbung für Investmentfonds die Privatanleger überzeugt werden sollten, statt Aktien lieber Investmentfonds zu kaufen, an denen die Banken sehr viel mehr verdienten. Schlimm war nur, dass die Zuschauer diese Sendung für eine objektive Berichterstattung hielten, obwohl klar sein musste, dass es immer problematisch ist, wenn Medien von denen bezahlt werden, über die sie berichten. Während n-tv im Jahr 2000 seinen Gewinn verdreifachte, begannen in diesem Jahr die massiven Verluste der Kleinsparer, die sich zu vertrauensselig mit den empfohlenen Neuer-Markt-Produkten eingedeckt hatten. Bei einigen Kleinsparern ging dies bis an den Rand des finanziellen Ruins.

Hinzu kam auch ein massiver Vertrauensverlust gegenüber der kapitalistischen Großmacht USA und auch gegenüber den hiesigen Politikern; auch dies wird auf den nächsten Seiten noch näher erläutert.

Sind Aktienkäufe und -verkäufe nun tatsächlich unseriös? Muss sich jeder schämen, der welche hat? Ein nicht geringer Bevölkerungsanteil in

Deutschland würde diese Frage derzeit ohne weiteres bejahen. Aber was ist eigentlich eine Aktie? Ist die Frage zu einfach? Ich habe ja erwähnt, dass dieses Buch auch für Börsenneulinge geschrieben ist. Aber nicht nur denen muss es immer wieder in Erinnerung gerufen werden, was Aktien sind. Auch den Profis muss man es immer wieder sagen: Aktien sind *Unternehmensanteile und damit Substanzwerte,* die das Anlagevermögen zum Beispiel auch gegen Inflation absichern! Sie sind weder Lotterielose noch irgendwelche verselbstständigte Zahlenreihen, deren Treffern oder Trends man hilflos unterworfen wäre. Aktionäre sind *Eigentümer* von Firmen, die mit Hilfe von vielen Mitarbeitern Waren oder Dienstleistungen anbieten und damit Gewinne erzielen wollen. Aktionäre stellen das nötige Kapital bereit, damit unternehmerische Ideen überhaupt verwirklicht werden können. Wenn ich manchmal die Vorgehensweise von manchen „Technischen Analysten" beobachte, habe ich das Gefühl, dass es nur noch um die Berechnung von Trendfolgen der Aktienkurse geht und gar nicht mehr gefragt wird, was das Unternehmen im Moment eigentlich tut, ob es Gewinn macht, ob es wächst oder schrumpft und ob die Kurshöhe in Anbetracht der vorliegenden Zahlen gerechtfertigt ist. Besonders die Kurvendeuter (so genannte „Chartisten") neigen gern dazu, so zu tun, als sei Aktienanalyse im Wesentlichen eine Analyse von *Kurven* der Börsenkurse, die frei in der Luft schweben, als hätten sie keine Verbindung mehr zu dem, was eigentlich im Unternehmen passiert.

„Alles ist so unsicher und widersprüchlich"

Ob Anleger bereit sind, sich an Unternehmen zu beteiligen, hängt vor allem davon ab, wie sie die Zukunft für sich persönlich, für ihr Land und für Unternehmen überhaupt einschätzen. Diese Einschätzungen sind zur Jahreswende 2004/2005, als ich diese Zeilen verfasse, von großer Unsicherheit geprägt. Denn die Zukunftsprognosen sind ja auch sehr widersprüchlich. Allein die Vorhersagen für die Jahre 2005 bis 2006, die Ende 2004 erschienen, und dazu viele gute Ratschläge könnten ein ganzes Buch füllen.

Da wird etwa behauptet: Profitieren Sie von einer neuen drohenden Ölkrise! Legen Sie in ausgesuchten Energiewerten an! Damit können Sie ein Vermögen machen! Der Zusammenbruch Saudi-Arabiens stehe bevor. Es werde einen Krieg zwischen den USA und Saudi-Arabien geben, weil in Saudi-Arabien immer mehr Terroristen das Sagen bekommen!

Was halten Sie davon? Freilich, ausschließen kann man das nicht grundsätzlich. Krieg und Terror hätten freilich einen höheren Ölpreis zur Folge.

Positiver klingen folgende Prognosen: Es werde in der Sicherheitstechnologie große Fortschritte geben. Das Terrornetz Al-Qaida werde durch die weitere Entwicklung der Sicherheitstechnologie zerschlagen werden. Die riesigen USA-Verteidigungsausgaben werden die Entwicklung neuer Technologien vorantreiben. In China werde es eine Wohlstandsexplosion geben. Davon könnten Europäer und Amerikaner ebenfalls profitieren.

Müssen wir wirklich wissen, ob solche Vorhersagen eintreten, ehe wir uns an den Kauf von Aktien wagen können? Die Antwort lautet: nein. Ob jene Ereignisse eintreten, ist nicht entscheidend für das Börsengeschehen in den kommenden Jahren. Wenn Sie aus der Zeitung erfahren, dass dieses oder jenes passiert sei, dann ist es für einen Aktienkauf oder -verkauf längst zu spät. Die Signale und Warnzeichen für steigende und fallende Aktienkurse kommen in der Regel viel früher als bestimmte Ereignisse. Es gilt vor allem, ein Gefühl dafür zu bekommen, ob die Aktien gegenüber anderen Kapitalanlagen in ihrer Mehrzahl über- oder unterbewertet sind. Denn nur dies ist letztlich entscheidend für eine erfolgreiche Investition am Aktienmarkt.

„Früher war das alles noch viel einfacher"

Viele Anleger haben nach dem schlimmen Börsenjahr 2002 die Lust verloren, sich überhaupt je wieder mit Aktien zu beschäftigen. Ihre Argumente lauten: Die Börse sei zu einem Kasinobetrieb verkommen, Aktienprognosen seien ohnehin überhaupt nicht möglich, Kleinanleger würden übervorteilt, die Politiker und Konzernmanager Europas und besonders Deutschlands seien unfähig, die Wirtschaft in den USA stehe vor dem Zusammenbruch. An den Unternehmen bereichere sich nur noch eine Managerclique, die über die „dummen Aktionäre" lächelt, die ihr Geld hergeben und meinen, sie könnten es an der Börse vermehren.

Dass an all dem etwas dran ist, lässt sich nicht bestreiten. Aber das ist keineswegs neu. Es hat in der Börsengeschichte immer Versuche gegeben, die Kurse zu manipulieren oder Insiderwissen zu nützen, um andere Börsenteilnehmer zu übertölpeln. Dass einige Börsenteilnehmer besser informiert sind als andere, ist gar nicht zu vermeiden und kann uns Privatanlegern sogar ganz hilfreich sein, wie wir noch sehen werden.

Wichtig ist nur, dass Missstände aufgedeckt werden und sich eine Mehrheit von Börsenteilnehmern wehren kann. Das geschah in den vergangenen Jahren sehr häufig und erweckte gerade dadurch den Anschein, als nähmen die Betrügereien zu. Privatanleger sind aber keineswegs rettungslos verloren und können ebenso gut wie in den vergangenen Jahrzehnten am Börsengeschehen mitverdienen.

Einfacher war es auch früher nicht, an der Börse Geld zu verdienen. In den siebziger, achtziger und neunziger Jahren waren die Menschen, die vor der Frage standen, wie sie ihr Erspartes anlegen sollten, ebenso unsicher und widersprüchlichen Meinungen ausgesetzt wie heute. Ein Blick in Zeitungskommentare der damaligen Zeit ist da ganz hilfreich, um sich die Schwierigkeiten und Probleme seinerzeit ins Gedächtnis zurückzurufen.

Eine Leserin schrieb mir im März 2003, als die Weltbörsen an einem Sieben-Jahres-Tief angelangt waren, einige interessante Anmerkungen, über die sich trefflich diskutieren und auch streiten lässt:

„Nach meiner Einschätzung ist die Zeit mittel- bis langfristiger Trends vorbei. Ich werde in Zukunft eher in Wochen als in Monaten denken. Ich erwarte eher eine Seitwärtsbörse wie schon 1960 bis 1980 mit wöchentlichen statt monatlichen Trends. Die reine Charttechnik wird immer kursbeherrschender, und fundamentale Daten werden immer weniger beachtet. Zunehmend wichtiger wird es auch, auf fallende Kurse zu setzen, nicht nur zur Depotabsicherung."

Die Leserin meint offenbar, dass die Zeiten vorbei seien, in denen der Aktionär ganz brav darauf setzen könne, dass er an Unternehmen beteiligt sei und von deren Entwicklung profitieren könne. Man müsse im Gegenteil schnell ein- und aussteigen und dürfe immer nur kurzfristig engagiert sein. In den achtziger und neunziger Jahren sei das anders gewesen, aber die Zeiten hätten sich leider geändert. Daher müsse man auch die Instrumente der Terminbörse nutzen und öfters auch auf fallende Kurse setzen.

Nun, auch damit werden wir uns noch beschäftigen. Aber bitte, bloß keine Hektik! Wer an den Börsen nur kurzfristig herumzockt, wird niemals Erfolg haben. Es ist auch nicht richtig, dass das Börsengeschehen jetzt völlig anders läuft als vor 20 oder 40 Jahren. Die Schwankungsbreite („Volatilität") an der Börse ändert sich nur von Zeit zu Zeit. In den Jahren 1998 bis 2003 waren die Schwankungen sehr hektisch, 2004 ging es wieder eher ruhig zu. Richtig ist, dass Informationen rund um den Globus inzwischen leichter erhältlich sind als früher; der Strom der „Anlegermasse" geht daher weltweit immer stärker in dieselbe Richtung. Ob das ein Vorteil ist, ständig dieselben Informationen wie alle anderen zu bekommen, ist sehr fraglich. Wahrscheinlich wären Kleinanleger viel erfolgreicher mit *weniger* Informationen. Ständige Börseninfos veranlassen nur zu ständigen Aktivitäten im Sinn der jeweiligen Börsenstimmung – also meist zu kurzfristig, und da auch noch zu spät.

Sicherlich gingen Fondsgesellschaften und Investmentbanken aufgrund des harten Konkurrenzdrucks in den Jahren 1998 bis 2003 wesentlich aggressiver als früher an den Börsen vor. Sie folgten Trends und Stimmungslagen, ohne freilich erfolgreicher zu sein. Auch dies hat sich zum Teil schon wieder geändert, nachdem Anleger bemerkt hatten, wie schlecht die Fonds arbeiteten, und sich daher wieder mehr selbst in Aktien oder in Indexzertifikaten engagierten.

Zur Charttechnik, die von der Leserin offenbar favorisiert wird, kommen wir später noch. Richtig ist wohl, dass „technische Analysten" wie zum Beispiel die Charttechniker heute auch bei den Fondsmanagern und Vermögensverwaltern dominieren und Unternehmensdaten von ihnen immer weniger beachtet werden. Bei Privatanlegern war dies aber auch früher schon so. Es war verständlich, wenn sie nicht vom Fach waren. Weil betriebswirtschaftliche Daten für sie nie so recht durchschaubar waren, verlegten sie sich, wie übrigens auch viele Profis, auf das Kurvendeuten, allerdings nicht sehr erfolgreich.

Tatsache ist aber, dass sich *kurzfristig* an den Börsen kaum Prognosen stellen lassen. Die so genannten Day-Trader, die nur Tagesschwankungen auszunutzen trachteten – vor kurzem war dies noch die große Mode –, haben nicht die Dauererfolge erzielen können, die sie sich erhofft hatten. Mir ist persönlich kein einziger erfolgreicher kurzfristiger Anleger oder Day-Trader bekannt. Hektisch einmal auf steigende und dann auf fallende Kurse zu setzen bringt keinen Anleger weiter.

Ist es überhaupt möglich, die Chancen von Aktien zu erforschen?

Wenn Sie eine Umfrage machen, wie viel Prozent der Autofahrer der Meinung sind, dass sie besser fahren als der Durchschnitt, so bekommen Sie von 90 Prozent der Befragten die selbstbewusste Antwort: „Ja, selbstverständlich fahre ich besser als der Durchschnitt!" Doch dies ist unmöglich, dass fast alle besser fahren als der Durchschnitt. Die meisten müssen sich irren.

Ebenso selbstbewusst geben sich viele Aktionäre. Eine Mehrheit von ihnen hält sich für fähig, regelmäßig die richtigen Zeitpunkte zum Ein- und Ausstieg zu finden und eine bessere Aktienauswahl zu treffen als ein Durchschnittsindex wie der DAX.

Aber auch dies kann nicht stimmen. Nicht einmal die Mehrzahl der Fondsmanager schafft dies; die Groß- und Kleinanleger liegen an der Börse in ihrer überwiegenden Mehrheit bekanntlich immer falsch. Sie bemerken nicht, wie abhängig sie von der momentan herrschenden Stimmung und von neuesten Meldungen sind. Sie nehmen Informationen nur verzerrt wahr, und die Tatsache, dass viele Kommentare in ihrem Sinne ausfallen, verschafft ihnen eine trügerische Sicherheit. Was der eigenen Einschätzung widerspricht, wird verdrängt. Es ist die Psychologie, die den Anlegern laufend Streiche spielt. Schützen könnten sie sich nur durch die strikte Befolgung klarer und bewährter Regeln.

Es gibt aber auch Betriebs- und Volkswirtschaftsprofessoren, die behaupten, es gebe überhaupt keine „bewährten Regeln", die man befolgen könne. Analysen zur Bestimmung künftiger Börsenkurse seien zwecklos. In den jeweils gegenwärtigen Börsenkursen seien alle Informationen enthalten. Alles, was man über ein Unternehmen weiß, sei im momentanen Börsenkurs berücksichtigt. Mehr wisse man nicht. Der Anleger könne daher würfeln, welche Unternehmen er kauft, oder mit Pfeilen auf eine Kurstafel werfen. Dann erhalte er immer auf lange Sicht eine ähnliche Rendite wie ein Top-Analyst. Wenn es so wäre, dass man Unternehmen analysieren könnte und dann mehr wüsste, dann müssten doch die Fonds besser abschneiden als jeder Aktienindex. Aber das tun sie ja nicht; im Gegenteil! Sie schneiden nachweisbar in 80 Prozent aller Fälle schlechter ab als der vergleichbare Aktienindex. Wenn sie also den Aktienindex nicht schlagen können, wozu sind denn die Fondmanager eigentlich da? Entweder können sie alle nichts, oder aber es gibt eben keine objektiven Kriterien, um die Aktien beurteilen zu können.

In diesem Zusammenhang ist auch auf das Versagen der Analysten in den Jahren 1999 bis 2003 hinzuweisen. Selbst Spezialisten, die ständig kritisch bestimmte Unternehmen auf Herz und Nieren überprüfen, haben sich von einem Höhenrausch anstecken lassen. Selbst als viele Software- und Telecom-Aktien längst im Sturzflug nach unten rauschten, hat es so gut wie keine Verkaufsempfehlungen gegeben. Hingegen häuften sich die Verkaufsempfehlungen in den Jahren 2002 und 2003, als die Kurse weit unten waren.

Nun war das aber alles keineswegs nur Unfähigkeit. Die Analysten konnten damals teilweise ihre Meinung gar nicht frei äußern. Die großen

Investmentbanken, für die die Analysten arbeiten, wollten die Beziehung zu ihren Firmenkunden nicht belasten. Hier wurde daher großenteils auch gegen besseres Wissen zum Kauf geraten. Deutlich wurde das am Dienstag, dem 7. August 2001, als die Deutsche Bank 44 Millionen Aktien der Deutschen Telekom an der Börse für einen Großkunden zum Verkauf stellte. Das war ein verhängnisvoller Entschluss. Denn noch einen Tag vorher hatte der Analyst Stuart J. Birdt, erfahrener Telekom-Beobachter seit zehn Jahren und in Diensten der Deutschen Bank, die Telekom-Aktie zum Kauf empfohlen. Sie beendete den Handel am 6. August aufgrund dieser Empfehlung als Tagesgewinner. Doch dann, nach dem massiven Verkauf, stürzte der Kurs ab, umso mehr, als bekannt wurde, wer die Verkäufe ausgeführt hatte. Die Deutsche Bank versicherte zwar, es seien ja einerseits verschiedene Abteilungen, die die Analyse und Empfehlung veröffentlichten, und der Börsenhandel andererseits. Doch die Frage blieb, ob der Analyst S. J. Birdt schlicht unfähig war zu erkennen, dass die Telekom-Aktie weit überbewertet war, oder ob er „freundlich gebeten" wurde, eine Kaufempfehlung zu geben, damit die Verkaufsorder reibungslos platziert werden konnte.

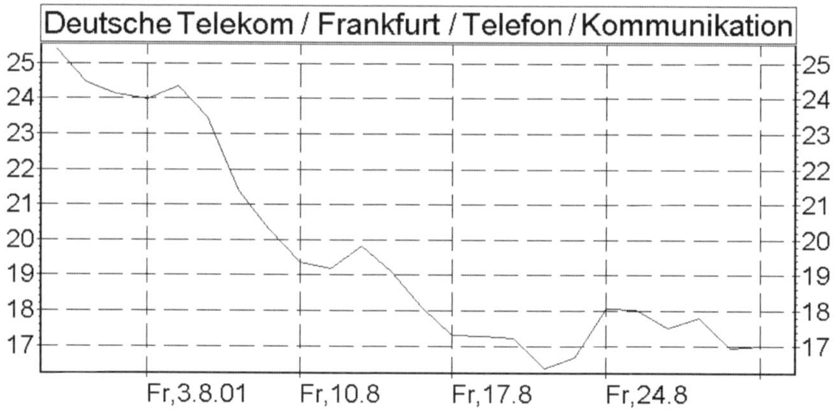

Deutsche Telekom im August 2001: Unfähigkeit oder Skandal der Deutschen Bank?

Dass die Kaufempfehlung jedenfalls unsachgemäß war, geht daraus hervor, dass der Kurs noch weiter fiel und in den folgenden Jahren zumindest bis Jahresanfang 2005 nicht mehr über 17 Euro hinauskam.

Stimmt es also, dass es Illusion ist, man könne überhaupt an der Börse etwas analysieren?

Ich habe vor einiger Zeit in einem politischen Magazin ein Interview mit einem Volkswirtschaftsprofessor gelesen, der die Ansicht vertrat, Aktienanalyse sei zwecklos. Er erklärte, man könne zwar durchaus Aktien kaufen, möglichst immer dann, wenn die Kurse gerade niedrig sind. Aber man könne überhaupt nichts an den Börsen vorhersagen. Es gehe nicht. Man wisse nichts. Dann fragte der Interviewer: „Augenblick, da gibt es doch Experten wie Warren Buffett; die haben doch große Erfahrung und ständig Erfolge an der Börse vorzuweisen.“ Daraufhin lachte der Professor nur und meinte, das sei alles nur Zufall gewesen. Unter 30000 Leuten, die würfeln, würde man auch vier Leute finden, die fünfmal hintereinander die Sechs geworfen haben. Nach dem Prinzip der Wahrscheinlichkeit werde das bei etwa vier oder fünf Personen der Fall sein. Und diesen Fünfen würden alle nachrennen, denn sie gälten dann als Meisterwürfler, und ihnen werde nachgesagt, dass sie immer die Sechs würfen. Dass es reiner Zufall sei, weil irgendwelche Fünf es zwangsläufig schafften und diese Treffer haben mussten, werde dabei nicht beachtet.

Ich halte diesen Vergleich für eine schwache Argumentation. Interessant finde ich ihn insofern, als er von einem Wirtschaftsfachmann kommt. Seine Bescheidenheit ist zwar lobenswert, aber so unberechenbar ist die Börse eben doch nicht. Natürlich können Sie Börsengewinne machen und werden das erleben, wenn Sie sich an die Methoden halten, die in diesem Buch besprochen werden. Es gibt überhaupt keinen Grund, weshalb die Weltbörsen in Zukunft nicht denselben Marktgesetzen folgen sollten wie in den vergangenen 100 Jahren.

Alles Lug und Trug?

„Leider nützt dem wertorientierten und besonnenen Investor der beste Börsenbrief wenig, wenn anscheinend die Aktienkursentwicklung in immer größerem Maße von einer rasch wachsenden Gruppe von Tradern und mächtigen Hedgefonds bestimmt wird. Der Unterschied zu den Kasinos scheint immer kleiner zu werden und die Chance für den seriösen Anleger immer geringer, an der Börse erfolgreich zu sein.“

Dies schrieb mir ein Leser aus Österreich, und seine Beobachtungen sind durchaus nachvollziehbar. Nur: All das ist nicht neu. Schon seit 1998 habe ich des Öfteren in meinen Büchern, Publikationen und Vorträgen mit Bedauern darauf hingewiesen, dass die Börsenentwicklung oft sehr unstetig verläuft und kurzfristig fast keine Prognose möglich ist.

Aber das war noch nie der Fall, und es besteht kein Grund, deshalb die Flinte ins Korn zu werfen. Der Privatanleger kann sich durchaus wehren. Er sollte nur nicht immer einem kurzfristigen Trend hinterherjagen, sondern sich sein eigenes Bild machen,

a) ob der Aktienmarkt eines Landes über- oder unterbewertet ist und
b) welche einzelnen Aktien über- und unterbewertet sind.

Man kann dann manchmal zwar kurzfristig schief liegen, wenn Großanleger – aus welchen Gründen auch immer – Märkte und Kurse je nach Bedarf drücken oder hochjubeln. Aber man kann sicher sein, dass sich dies wieder ausgleicht. Was gut und preiswert ist, muss schließlich gekauft werden, und was zu teuer ist, stürzt irgendwann ab.

Schwieriger wird es, wenn ausgesprochen kriminelle Machenschaften hinzukommen. So wurden Anfang 2004 in den USA mehrere Fondsmanager und Devisenhändler verhaftet, denen nachgewiesen wurde, dass sie zum Nachteil ihrer Kunden nach Börsenschluss zu veralteten Kursen abrechneten und die Differenz selbst einstrichen. Offenbar haben diese Leute und viele ihrer Berufskollegen immer noch nicht bemerkt, dass sie mit ihrer Raffgier („Ich nehme, was ich kriegen kann“) unsere gesamte Wirtschaftsordnung gefährden. Denn Wirtschaft kann nur funktionieren, wenn ein Mindestmaß an Vertrauen herrscht. Wenn es so weitergeht, dass Top-Manager ihre Unternehmen durch horrende Gehälter ausplündern, Fondssparer durch Gebühren und Ausgabeaufschläge abkassiert und Kleinaktionäre bei Übernahmen übervorteilt werden, dann werden Korruption und Abzocke weltweit blühen, jeder kämpft um seinen eigenen Vorteil, und jeder misstraut jedem.

Auch Bankberater haben einen großen Teil ihres guten Rufs verloren, als offensichtlich wurde, dass es vielen von ihnen nicht in erster Linie auf gute Beratung ankommt, sondern um den Verkauf von „Produkten“, vor allem, wenn dann noch Provisionen für sie winken. „Beraten und verkauft“ überschrieb das *manager magazin* in seiner Juni-Ausgabe 2001 eine Reportage über die Art und Weise, wie Bankmitarbeiter ihre Branchen- und Regionenfonds an den Kunden bringen. „Der Druck kommt aus dem Vertrieb der Kapitalanlagegesellschaften, der ständig nach neuen Absatzrennern verlangt“, schrieb das Blatt. „Die meisten Branchen- und Regionenfonds kommen erst an den Markt, wenn die Börsenkurse Höchststände erreicht haben.“

Aber setzen Sie ruhig darauf, dass auch hier aus Fehlern gelernt wurde. Und Aktienfonds kommen für uns ja ohnehin nicht in Frage, wenn wir in der Lage sind, unsere Aktien selbst auszuwählen.

Missstände und Reformbedarf in Deutschland

Eine abschreckende Wirkung auf Interessenten an Unternehmensbeteiligungen hatte auch der Reformstau in Deutschland. Immer stärker beklagten Unternehmer die hohen Lohnnebenkosten und die zunehmende Bürokratisierung und Aufblähung der Verwaltungsarbeit in den Unternehmen. Bundeskanzler Schröder hat im Jahr 2004 endlich konsequent mit Reformen begonnen und auch auf dem SPD-Parteitag Ende Mai 2004 eine deutliche Mehrheit dafür gewonnen. Zu dünn waren auch die Argumente der Gegenseite, die immer wieder gefordert hatte: „Es darf nicht von unten nach oben verteilt werden, wir müssen den umgekehrten Weg gehen“ (Ottmar Schreiner).

Gestritten wurde mit ähnlichen Argumenten auch in Österreich und Frankreich. Heftige Streiks bekundeten hier, was möglicherweise den anderen europäischen Regierungen noch bevorsteht, die Reformen und damit verbundene Einschnitte im Sozialsystem durchsetzen müssen. Dass Österreichs Konservative sich durchgesetzt haben, wurde von der Börse sehr aufmerksam registriert. Österreichische Aktien waren im Jahr 2004 in ihrer Kursentwicklung Weltspitze!

Es ist schlimm, wenn in den Parlamenten zu viele Abgeordnete sitzen, die nichts von Volkswirtschaft verstehen. Ein Staat hat normalerweise überhaupt nicht die Aufgabe, etwas „zu verteilen“, weder von oben nach unten noch von unten nach oben. Er muss für einen fairen Markt sorgen und dabei soziale Härten beseitigen, nichts weiter. Eine zu üppige Ausgestaltung des sozialen Netzes macht dieses allmählich unbezahlbar und die Unternehmen kaputt. Kranken-, Pflege- und Rentenversicherungen haben mit einem Arbeitsverhältnis nichts zu tun und deshalb im Grunde bei Lohnnebenkosten nichts zu suchen.

In diesem Zusammenhang noch ein paar Sätze zum Thema „Vermögensteuer“, deren Wiedereinführung immer noch aus ideologischen Gründen ohne Kenntnis volkswirtschaftlicher Zusammenhänge gefordert wird.

Eine solche Steuer, selbst wenn sie nur Superreiche betrifft, wäre in ihren Auswirkungen auf die Unternehmen und nicht zuletzt auch auf den Aktienmarkt höchst destruktiv. Die Vermögenden können sich ihr ja leicht entziehen: Sie müssen nur ihren Wohnsitz nach London verlegen und ihr Geld in irgendeinem Steuerparadies parken. Ihren Unternehmen, an denen sie beteiligt sind, entziehen sie dadurch Kapital. Wenn man wünscht, dass sich solche Neigungen superreicher Unternehmer fortsetzen, dann muss man nur die Vermögensteuer einführen. Die Betroffenen wissen dann, was sie zu tun haben. Den Aktienkursen hilft es nicht, und der Konjunktur auch nicht.

Was alle Staaten tun könnten: Unternehmensgründungen fördern und Bürokratie abbauen. Das würde Arbeitsplätze schaffen und auch den Börsenkursen helfen. Die geplante Abschaffung des Meisterbrief-Zwanges in Deutschland für zahlreiche Handwerksberufe ist ein guter Anfang.

Die gefährliche Raffgier der Konzernlenker

Aktionäre beklagen sich oft darüber, dass von ihrem Kapital letztendlich nur eine Managerclique profitiere und der Kleinanleger doch immer der Dumme sei. Manche Ereignisse der vergangenen Jahre scheinen diese Einstellung zu bestätigen. Schließlich sollte Klarheit darüber herrschen, dass die *Unternehmen* gestärkt werden müssen und nicht eine Schar von Konzernlenkern. Außerdem gilt es, Vertrauen in einen fairen Ablauf unserer Wirtschaftsordnung aufzubauen. Deshalb kann man über das unsensible Verhalten der Konzernchefs nur den Kopf schütteln. In der Ausgabe des *manager magazin* vom Juni 2003 beklagte Chefredakteur Wolfgang Kaden zu Recht den Ansehensverlust der Unternehmensführer, der durch das schlechte Beispiel unbegrenzter Raffgier vieler Top-Leute immer mehr um sich greife. Josef Ackermann, Chef der Deutschen Bank, wurde damals beispielsweise von den Deutsche-Bank-Aktionären mit rund sieben Millionen Euro pro Jahr bezahlt. Sicher leistete er harte Arbeit und gönnte sich wenig freie Zeit. Aber solche Millionengehälter stehen schlicht in keinem Verhältnis mehr zu dem, was ein Unternehmen einem ebenso hart arbeitenden mittleren Angestellten oder Fabrikarbeiter zahlt. Während die Einkommen der Arbeitnehmer in Deutschland von 1990 (ohne Berücksichtigung der Inflationsrate) bis 2003 insgesamt im Durchschnitt um 43,2 Prozent stiegen, kletterten die Vorstandsbezüge um 102,2 Prozent.

Ackermann verteidigte sich auf der Vollversammlung der Deutschen Bank mit dem Hinweis darauf, dass man in Europa eben gute Leute nur mit Top-Gehältern halten könne. Aber das stimmt nicht. Im Grunde sind es ungenierte Ausplünderungen, die da durch die Aufsichtsräte genehmigt werden. Die Pensionen der ehemaligen Dresdner-Bank-Vorstände Fahrholz und Fischer wurden beispielsweise um neun Millionen Euro aufgestockt. Sie haben sich dies nicht durch Leistung verdient, sondern vorher rund eine Milliarde Euro Verlust fabriziert.

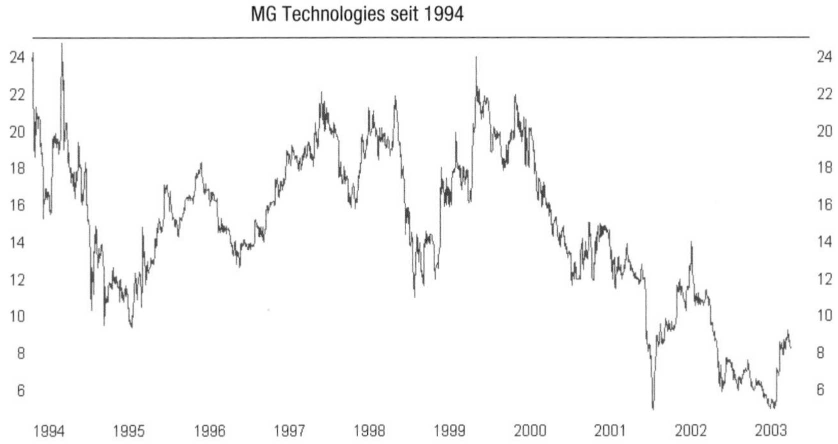

Der Kurs der Metallgesellschaft litt unter Kajo Neukirchen beträchtlich.

Kajo Neukirchen, der als Chef die Gesellschaft MG Technologies nach zehn Jahren relativ erfolgloser Tätigkeit im Jahr 2003 auf eigenen Wunsch verließ, erhielt zum Abschied eine großzügige Abfindung von drei Jahresgehältern. Eine Berechtigung dafür ist nicht erkennbar. Wenn Aufsichtsräte so etwas genehmigen, hat es möglicherweise den Grund, dass sie selbst ja auch Top-Manager sind und vielleicht auf ähnliche Zuwendungen hoffen.

Landauf, landab werden immer wieder in vielen Unternehmen kostenlos Optionen an Top-Manager vergeben. Ursprünglich sollten diese eine besondere Belohnung für außerordentliche Kurssteigerungen sein. Aber bei extrem niedrigen Basispreisen? Es war wirklich keine besondere unternehmerische Leistung, vom Kursniveau des März 2003 aus in ein bis zwei Jahren Kursverdoppelungen zu erzielen!

Mit Recht beschweren sich die Privatanleger über die offenkundige und reibungslose Zusammenarbeit einer Manager-Clique, die sich gegenseitig Zusatzeinkommen, Posten und Gehälter zuschanzt. Dazu gehört auch die Unsitte, einen ausscheidenden Vorstandsvorsitzenden zum Aufsichtsratsvorsitzenden zu befördern, also zum Kontrolleur seines Nachfolgers, der eigentlich schleunigst die Fehler seines Vorgängers korrigieren sollte. In anderen Berufszweigen gehört es im Gegenteil zur guten Sitte, sich aus dem Wirkungsbereich des Nachfolgers gänzlich zu entfernen, um diesen unbefangen arbeiten zu lassen. Aber offenbar nicht so in deutschen Aktiengesellschaften! Der Hauptgrund ist vermutlich wohl wieder die Raffgier des Ausscheidenden; er wird zusätzlich zu seiner üppigen Firmenpension noch mit einem lukrativen Posten versorgt.

Die Aktionärsversammlung der HypoVereinsbank zum Beispiel wurde durch Albrecht Schmidt, der als Vorsitzender der Bank im Jahr 2002 Rekordverluste beschert hatte und sich noch vor der Versammlung zum Aufsichtsratsvorsitzenden bestimmen ließ, einfach vor vollendete Tatsachen gestellt. Schmidt stellte seinen Coup als selbstlose Tat hin. Denn so ein Manager kümmert sich ja auch noch nach seinem Abgang aus „Pflichtgefühl" und „Verantwortung" weiter um „seine" Bank! Was Kleinanleger an solchen Machenschaften so erbittert, ist die Tatsache, dass sie ja im Grunde die Eigentümer der Aktiengesellschaft sind, aber nicht gefragt werden und nichts zu sagen haben, weil die Entscheidungsträger in den Hauptversammlungen und Aufsichtsräten selbst hochbezahlte Manager sind!

Positiv ist, dass in den vergangenen Jahren in den Medien immer lauter Kritik erhoben wird und Gesetzesänderungen verlangt werden, nach denen beispielsweise die Gehälter, Nebeneinkünfte und Posten der Top-Manager veröffentlicht werden müssen. Das hat nichts mit einer „Neidkampagne" zu tun. Hat jemand eine tolle Geschäftsidee und zieht seine eigene Firma auf, dann darf er mit dieser Idee gern Milliarden verdienen. Aber die Top-Manager-Gehälter plus Zusatzvergünstigungen plus Postenschieberei sind kein Ergebnis eines freien Spiels von Angebot und Nachfrage, sondern werden einfach festgelegt. Es ist eine Unsitte, dass unsere Unternehmen als Selbstbedienungsladen für eine Manager-Clique betrachtet werden. Wir müssen uns nicht wundern, wenn die Rufe nach einer neuen Vermögensteuer – obwohl das falsche Mittel – in manchen Kreisen immer lauter werden. Das Verhalten der Manager-Clique ist ja in der Tat provozierend. Man kann nicht den Gewerkschaften vorwerfen, sie nähmen auf die Zahlungskraft der Unternehmen keine Rücksicht, und dann selbst ein schlechtes Beispiel für's Abkassieren geben!

Was da geschieht, schadet langfristig unserer Aktienkultur. Deshalb wird es auch Änderungen geben, wenn die Anleger wach bleiben und diese Missstände immer wieder anprangern. Sonst wird sich die Anlageform Aktie auf Dauer nicht durchsetzen können. Denn wer hat schon Lust, sein Geld Managern nachzuwerfen, statt in sein eigenes Unternehmen zu stecken?

Steht die US-Wirtschaft vor dem Zusammenbruch?

Aktienkäufe seien doch schon deshalb höchst gefährlich, so erklären mir immer wieder Skeptiker, weil die Politik der führenden Wirtschaftsmacht USA direkt in einen Abgrund führe. Wenn dort in Übersee alles zusammenkrache, dann sei es doch eine Illusion, dass Europa verschont bleibe und europäische Anleger sich an Kursgewinnen bei Aktien erfreuen könnten.

Betrachten wir auch dieses Argument, das viel Wahres enthält, etwas näher. Es stimmt, dass dort sowohl die öffentlichen Haushalte als auch die Privathaushalte hoch verschuldet sind; die US-Sparquote lag in den vergangenen Jahren bei Null. Verführt durch die Hausse am Aktienmarkt (1991 bis 2000) und durch die Wertsteigerungen der Häuser und Grundstücke, hielten sich die US-Verbraucher für reicher, als sie waren. Kreditkarten als Zahlungsmittel, die in den USA fast jedermann besitzt, verführten zu ungehindertem Konsumieren. Fallende Preise am Immobilienmarkt würden sofort Panik bei Verbrauchern und Kreditinstituten auslösen. Denn am Wert der Häuser und Grundstücke hängen nun die US-Verbraucherkredite.

Das Interessante dabei ist, dass die eigenen US-Unternehmen die Konsumwünsche ihrer Verbraucher nur zum Teil befriedigen konnten. Immer mehr Waren wurden ja aus Europa und Asien importiert. Warum die angeblich so tüchtige US-Wirtschaft so wenig konkurrenzfähig ist, darüber wurden viele Aufsätze geschrieben. Freilich waren die USA in der Forschung auf vielen Gebieten zwar führend, konnten aber in der Wirtschaftspraxis mit Europäern und Asiaten nicht mithalten. Woran das liegt, mögen Verhaltensforscher ermitteln. Tatsache ist, dass die allermeisten US-Unternehmen sich schon immer vorwiegend auf ihren Inlandsmarkt konzentrierten und dass der Export nur nebenher lief.

Am 5. November 2001 deckte der Wirtschaftswissenschaftler Dr. Kurt Richebächer in einem viel beachteten Vortrag in Berlin einen gigantischen Bluff der US-Konzerne auf, auf den in den neunziger Jahren die ganze Welt hereingefallen war. Seine Thesen über die US-Wirtschaft hörten sich zunächst unglaublich an:

1. Das amerikanische Produktivitäts- und Wirtschaftswunder der Neunziger hat nur in der Statistik (und in unkritischen Medien) stattgefunden.
2. Die meisten US-Unternehmensberichte der neunziger Jahre sind frisiert und haben keinen Bezug zur Wirklichkeit. Zum

Beispiel wurden Ausgaben für Software nicht mehr als Kosten, sondern als Investitionen gerechnet.

3. Zahlreiche Übernahmen wurden nur durchgeführt, um fremde Gewinne zu kaufen und der eigenen Bilanz zuzuschlagen. Nur wenige Unternehmen wuchsen aus eigener Kraft.
4. Gespart wurde Null. Deshalb konnte es auch keine Kapitalbildung geben.
5. Die US-Wirtschaft hörte Ende der achtziger Jahre großenteils auf zu investieren. Fabriken wurden keine mehr gebaut. Überhaupt entwickelte sich die US-Wirtschaft sehr stark weg von einer Produktionsgesellschaft hin zu einer Dienstleistungsgesellschaft.
6. Die Unternehmen konnten nur durch fallende Abschreibungen und Entlastung durch sinkende Zinsen in den neunziger Jahren noch Gewinne ausweisen. In Wirklichkeit ist die US-Wirtschaft in den Neunzigern gar nicht mehr gewachsen.
7. Produktivitätswachstum wurde nur dadurch ausgewiesen, dass man die tatsächlichen Investitionen in Computer von 1997 bis 2000 einfach mal sieben nahm, weil ja die Speicherkapazität und die Geschwindigkeit zugenommen hätten.
8. Die meisten an der Technologiebörse Nasdaq gelisteten Unternehmen haben seit 1995 nichts verdient. Sie haben ihre Gewinne nur im Aktienmarkt gemacht, haben dann andere Unternehmen gekauft, und die Gewinne wurden aufeinander getürmt. Das waren alles Papiergewinne, Scheingewinne, keine Gewinne aus Produktion und Produktivität.
9. Die Besonderheit der USA besteht darin, dass es ein Kreditsystem hat, das voll und ganz auf Konsumkredit ausgerichtet ist. Und der US-Wohlstand besteht darin, dass immer weniger gespart, immer weniger investiert, aber immer mehr konsumiert wird.
10. Der Anstieg des Lebensstandards in den USA hat seinen alleinigen Grund in den Auslandskrediten. Das war die einzige Möglichkeit, den Lebensstandard zu erhöhen. Denn der Durchschnittslohn des Amerikaners ging seit 1973 beständig zurück, und der Reallohn des Amerikaners liegt heute mindestens 25 Prozent unter dem Stand von 1973.

Zunächst wurden die Thesen Richebächers belächelt. Aber sie stimmten. Die US-Aktienkurse wurden in der zweiten Hälfte der neunziger Jahre in den USA in der Tat künstlich mit vielen Tricks nach oben gezogen. So wurden Maschinengeschwindigkeiten in die Produktivitätsstatistiken mit einbezogen, mit dem Argument: Unsere Maschinen sind jetzt moderner und schneller. Also wurden andere Produktivitätswerte eingesetzt. Die Welt hatte sich blenden lassen, weil jeder meinte, Amerika sei führend wie eh und je.

Die US-Unternehmen haben in den Neunzigern kaum noch investiert, sondern nur noch darauf geachtet, dass die Bilanz immer höhere Gewinne auswies. Die Managergehälter waren ja großenteils an die Aktienkursentwicklung gekoppelt. Diese ganzen Zusammenhänge kamen erst richtig zum Vorschein, als die Unternehmen Enron und Worldcom zusammengebrochen waren und die manipulierten Bilanzen entdeckt wurden. Nebenbei bemerkte man, dass überhaupt die meisten US-Statistiken und -Bilanzen geschönt worden waren. Es gab darüber in den vergangenen Jahren lange Abhandlungen; das soll jetzt nicht alles wiederholt werden. Manipulationen haben jedenfalls die US-Aktien hochgetrieben. Doch auch vom seitherigen Kurssturz blieben sie nicht verschont. In Euro gerechnet, haben sich US-Aktien seit dem Jahr 2000 ebenso wie europäische Werte im Kurs halbiert. Daran sieht man, dass sich nicht alles manipulieren lässt. Die Märkte lassen sich auf die Dauer nicht betrügen. Es gleicht sich alles immer wieder aus.

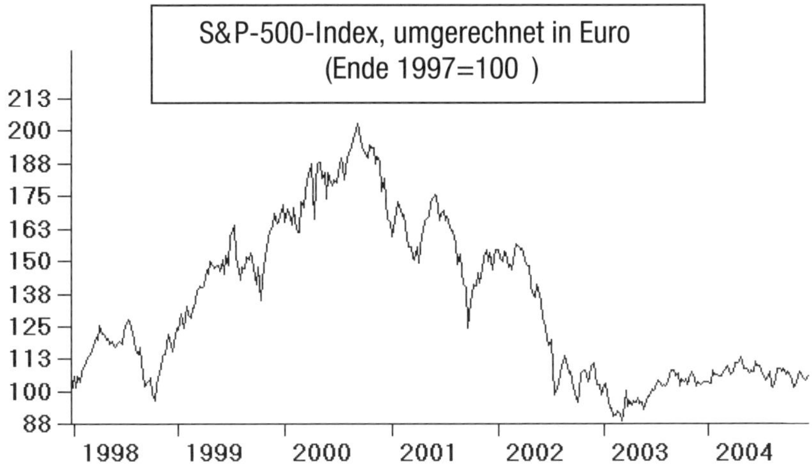

Erst die Umrechnung des US-Aktienindex S&P 500 in Euro zeigt das Ausmaß des Kurssturzes richtig an.

In der Politik der US-Regierung, die nach dem September 2001 betrieben wurde, liegen in der Tat künftige Gefahren, von denen man nicht genau weiß, wann und wie stark sie sich auf Europa auswirken.

Offenbar haben die US-Regierung und die dortigen Medien trotz des hohen Handelsbilanzdefizits noch nicht begriffen, dass die dortige schwache Wirtschaftsleistung in den vergangenen Jahren nur durch den Zustrom von japanischem, chinesischem und europäischem Kapital noch nicht zu einem kräftigeren Dollar-Absturz geführt hat. Aber wer sich als Großmacht fühlt, die niemandem Rechenschaft geben muss und die Welt im Wesentlichen durch die Brille von texanischen Ölmilliardären sieht, kann solche Zusammenhänge offenbar nicht erkennen. In dieser Dummheit und Ignoranz steckt wohl die größte Gefahr für die Entwicklung der Börsen. Überheblichkeit, gepaart mit unverhältnismäßig hoher Bewertung, ist schon einmal einem Land Anfang der neunziger Jahre zum Verhängnis geworden. Das war Japan, und der Absturz ging sehr tief; von ihm hat sich die dortige Volkswirtschaft bis heute noch nicht erholt. „Dummheit und Stolz wachsen aus einem Holz" – die Wahrheit dieses alten Sprichworts bestätigte sich in den USA in den Jahren nach dem New Yorker Terroranschlag vom 11. September 2001 wieder einmal auf drastische Weise. Für die Gefahren, die der *eigenen* US-Wirtschaft durch hemmungslose Geldausgabe und den kostspieligen Irak-Krieg drohten, schien man dort blind zu sein. Dafür wurden einfach die Staatsschulden weiter erhöht, vorläufig um 78 Milliarden Dollar. Im Jahr 2004 bat Bush den Kongress gar, die Schuldenobergrenze um weitere 800 Milliarden Dollar anzuheben. Der Kongress stimmte zu. Eine Wiederkehr der Inflation ist bei einer so gigantischen Schuldenpolitik gut möglich. Selbst Zentralbank-Chef Alan Greenspan, der für die aufgeblähte US-Geldmenge mit verantwortlich ist, äußerte sich in den Jahren 2003 und 2004 kritisch und wies auf Inflationsgefahren hin.

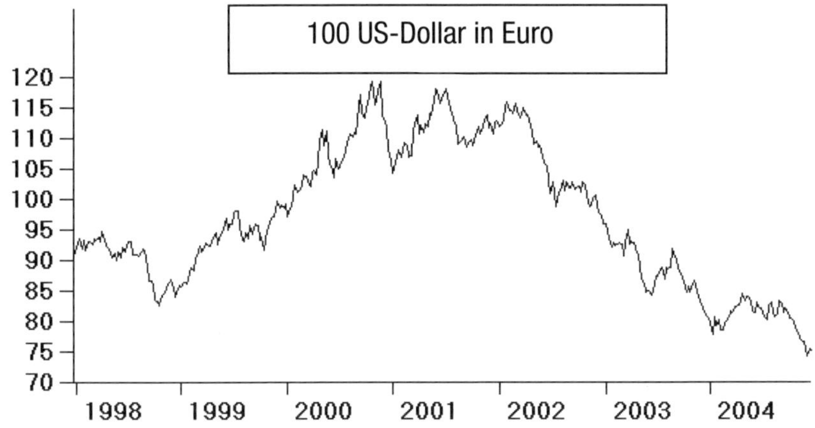

Mit der Aufdeckung der US-Bilanzskandale 2001/2002 begann auch der Kursverfall der überbewerteten US-Währung.

Die politischen Fehler, die US-Regierungen seit dem Zweiten Weltkrieg unterliefen, hatten allerdings schon in den fünfziger Jahren begonnen. Von den Stationen einer fehlgeleiteten Politik seien nur einige in Erinnerung gerufen: die Errichtung einer vom Volk ungeliebten Militärdiktatur in Vietnam, die Installation einer Militärregierung in Griechenland 1967 bis 1974, die Unterstützung des Schah im Iran bis zu seinem Sturz 1979, die Hilfe für korrupte Militärdiktaturen in Lateinamerika in den siebziger und achtziger Jahren, die Unterstützung der Taliban in Afghanistan und Saddam Husseins im Irak. Das alles waren Folgen einer Überheblichkeit, die sich keine Mühe gab, die Ursachen von Bewegungen und Ereignissen in anderen Kulturen wirklich zu verstehen.

Viele Amerikaner sind offenbar unfähig, sich in die Situation und Bedürfnisse anderer Völker und Kulturen hineinzuversetzen, weil sie davon überzeugt sind, dass ihre Art zu leben die einzig richtige sei. Deshalb tun sich US-Manager auch mit dem Export so schwer. Sie sind unfähig, die Welt durch die Brille fremder Kulturen zu sehen. Das muss man aber können, um auf Weltmärkten erfolgreich zu sein. Und offenkundig haben US-Konzerne sogar Probleme mit der Qualität ihrer Produkte in ihrem heimischen Markt. Andernfalls wären europäische und japanische Autos und Maschinen in den USA nicht so begehrt.

Wer Präsident Bushs pseudoreligiösen Reden über die Weltlage und seine naiv-vereinfachenden Ansichten über eine neue Weltordnung hört, wird nicht den Eindruck gewinnen, hier werde kompetente Politik gemacht. Es handelt sich um den Wahn einer reichen Oberschicht, alles sei machbar, und deren mangelnde Fähigkeit, die sozialen und kulturellen Brüche selbst im eigenen Land zu erkennen und richtig einzuordnen.

Außerdem ist die US-Gesellschaft dabei, immer mehr zu zerfallen in eine Mini-Gruppe von Super-Reichen und einer ungebildeten breiten Masse, die auf dem Niveau eines Schwellenlandes lebt. Vertrauensschwund und steigende Kriminalität sind die Folge. Vertrauen, ein Mindestmaß an Fairness und Allgemeinbildung sind aber seit jeher *die* Grundlage jeder funktionierenden Volkswirtschaft gewesen. Genau an diesen Punkten scheitern auch viele Länder der so genannten Dritten Welt.

Dennoch sind diese Erkenntnisse noch nicht zu den meisten Meinungsmachern und Entscheidungsträgern durchgedrungen. Viele US-Journalisten, von denen man annehmen sollte, dass sie gelernt haben, kritisch zu denken, schauen immer wieder auf Europa mehr oder weniger mitleidig herab und nehmen es als Wirtschaftsfaktor kaum ernst. Das zeigt nur, dass das Prinzip von der „kognitiven Dissonanz“ immer noch Gültigkeit hat: Der Mensch nimmt nur das wahr, was er wahrnehmen will, und ändert erst dann seine Meinung, wenn die Tatsachen einfach nicht mehr zu leugnen sind!

Trotzdem keine eilfertigen Prognosen!

Wie gefährlich die Politik der US-Regierung für dieses Land und die Weltwirtschaft ist, darf aber auch nicht überzeichnet werden. Droht in den USA wirklich ein Währungszusammenbruch? Können die USA daher in den nächsten zehn Jahren keine Lokomotivfunktion mehr für die Weltwirtschaft übernehmen, sondern sind eher eine Bremse? Sollte man aus diesem Grund zumindest sehr vorsichtig sein und vor allen Dingen amerikanische Geldanlagen weitgehend meiden?

Nicht zu voreilig! Niemand weiß genau, wie schnell und wie stark sich die negativen Faktoren an der US-Börse und in Europa auswirken. Wenn es sichtbar brenzlig wurde, haben sich die USA schon sehr oft aus einer wirtschaftlichen Schieflage befreien können (Ölkrise und ihre Folgen 1973/74, Rezession 1982, Crash 1987, Rezession 1992).

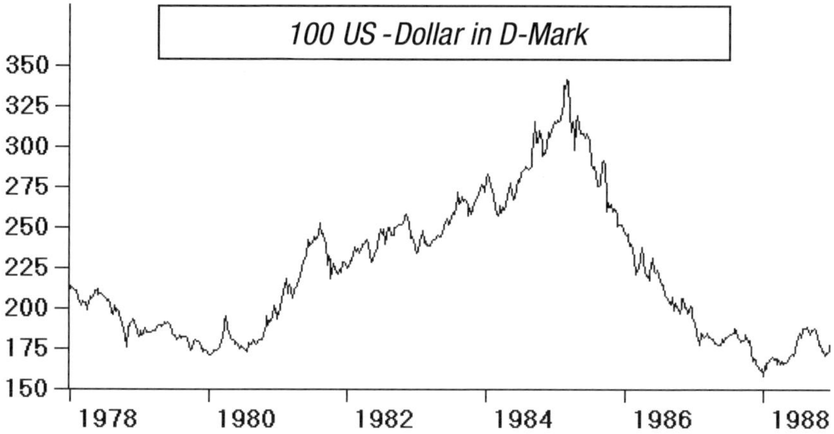

In den Jahren 1980 bis 1984 bewiesen US-Zentralbank und -Regierung, dass sie den Dollar-Kurs verdoppeln können, wenn sie wollen.

Schon im Jahre 1978 schien der US-Dollar als Weltwährung ausgespielt zu haben. Von seinem jahrzehntelangen Stand von vier D-Mark für einen Dollar war er aufgrund der Folgen des Vietnam-Kriegs und der Ölkrise unter zwei D-Mark gefallen. Doch nach der Blamage im Iran und der Geiselnahme in der US-Botschaft dort gab es eine Kehrtwende in der US-Wirtschaftspolitik. Der US-Dollar verdoppelte sich wieder. In den achtziger und neunziger Jahren waren die USA wieder unbestritten die Nummer eins in der Weltwirtschaft, während die scheinbar unaufhaltsamen Japaner erleben mussten, wie ihr vermeintliches Wirtschaftsimperium wie ein Kartenhaus zusammenstürzte.

Viele vermuten, die asiatischen Tigerstaaten werden in den kommenden zehn Jahren weltweit das höchste Wachstum aufweisen. Anleger sollten unbedingt in Asien schwerpunktmäßig engagiert sein. Das ist möglich, aber auch erneute Asien-Krisen wie 1997 bis 1998 sind nicht ausgeschlossen, wenn die Lehren aus diesen Jahren wieder in Vergessenheit geraten.

Andere behaupten, die Inflationsgefahr kehre wieder. Gold und Silber würden daher immer stärker gefragt sein. Überhaupt würden Rohstoffwerte explodieren. Vielleicht! Möglicherweise trifft das alles irgendwann einmal zu, vielleicht auch erst in einem Jahrzehnt oder auch gar nicht.

Wieder andere erklären, eine große Bankenkrise wie 1929 bis 1933 habe bereits begonnen. Auch Gold könne dann wieder an Wert verlieren. Man könne nur noch auf fallende Aktienkurse setzen und versuchen, damit Geld zu gewinnen. Denn es werde die schlimmste Vernichtung von Barvermögen kommen, die wir je erlebt haben.

Prognosen dieser Art sind sinnlos. Denn niemand weiß genau, was wirklich auf uns zukommt. Was wurden in den vergangenen Jahren schon alles an Zukunftsprognosen erstellt! Biotechnologie sei *die* künftige Wachstumsbranche, weil wegen der alternden Bevölkerung in Europa großer Bedarf an Medikamenten herrsche. Andere sehen in der Elektronik und in der Arbeit mit kleinsten Teilchen (Nanotechnologie) die große Chance für Investitionen am Aktienmarkt. Da werden die Anleger, die auf der Suche nach neuen, zukunftsweisenden Technologien sind, durch Sensationsartikel und PR-Strategen auf angeblich phantastische Gewinnmöglichkeiten hingewiesen. Was ist davon zu halten?

Tatsächlich ist diese Technologie ganz wichtig. Es geht hier um die Entwicklung neuartiger, extrem reibungsarmer Oberflächenmaterialien und winzig kleiner chemischer Katalysatoren sowie elektronischer Apparaturen. Auch in der Biotechnik ist diese Technologie einsetzbar.

Aber es muss vor einem Missverständnis gewarnt werden. Die Nanotechnologie ist keine eigenständige Branche und schon gar nicht durch irgendwelche Namen von Firmen repräsentiert. Sondern sie findet in einer Vielzahl von Unternehmen und Branchen Anwendung, diesseits und jenseits des Atlantiks.

Freilich gibt es nun Fondsgesellschaften, die damit werben, sie hätten „Nanotech-Fonds" aufgelegt, an denen man sich beteiligen könne. Darin sind dann eben mehr oder weniger willkürlich ausgewählte Unternehmen enthalten, die neben vielen anderen Aktivitäten auch Nanotechnologie einsetzen. Aber das ist Augenwischerei. In der Regel sind diese Aktien dann schon wieder hoffnungslos überbewertet. Werfen Sie bloß nicht Ihr Geld derartigen Fonds nach!

Sicher scheint, dass die größeren Gefahren für die Aktienmärkte in den kommenden Jahren nicht in Europa und schon gar nicht in Deutschland liegen, sondern in Amerika. Die US-Wirtschaft scheint sich in der Tat auf tönernen Füßen zu bewegen.

Es gibt ein Sprichwort: „Wenn Amerika hustet, bekommt Europa die Grippe". Wenn nun objektiv feststellbar ist, dass europäische Aktien maßlos unterbewertet sind, so wird dem oft entgegengehalten, dass eine solche Erkenntnis nichts nütze. „Wenn der US-Index auf der Stelle tritt, dann kommen die Börsen in Europa erst recht nicht voran, auch wenn sie noch so unterbewertet sind." Das ist gängige Meinung, aber sie stimmt nicht immer.

Sie müssen sich bei der Beurteilung europäischer Aktien in die Sichtweise amerikanischer Investmentbanker und Fondsmanager hineindenken. In den Jahren 1999 bis 2003 waren sie allesamt kaum mehr in europäischen Titeln investiert, weil sie ihre Wirtschaft für stark hielten und Europa auf dem absteigenden Ast wähnten. Noch im März 2003 setzten US-Spekulanten, so genannte Hedge-Fonds, bei einem DAX-Stand von 2300 (!) immer noch auf weiter fallende europäische Aktienbörsen.

Aber die Analysten von Merrill Lynch oder Goldman Sachs, der wichtigsten US-Finanzhäuser für den Aktienhandel, wechseln ihre Meinung sehr häufig. Das *manager magazin* bezeichnet sie in seiner Juli-Ausgabe 2001 als „perfekte Marionetten der Banken“. Sie machen auch kaum einen Unterschied zwischen asiatischen Schwellenländern (Korea, Thailand, Taiwan) und Mitteleuropa (Deutschland, Schweiz, Frankreich, Niederlande usw.). Sie halten alles, was nicht zu Amerika gehört, für exotisch, weshalb diese Indizes auch viel stärker schwanken als US-Standardwerte. Aber es gab immer wieder auch Zeiten, in denen sie europäische Titel den heimischen US-Werten deutlich vorgezogen haben, sei es, dass sie plötzlich bemerkt hatten, dass „exotische“ Aktien spottbillig waren, sei es, dass sie in Bezug auf ihre eigene Wirtschaft und deren Unternehmen plötzlich skeptischer geworden waren.

Achten Sie beispielsweise einmal auf die Kursentwicklungen des Jahres 1977! Wer der Meinung ist, in Europa könnten die Aktien niemals steigen, solange die Wall Street Schwäche zeigt, wird hier eines Besseren belehrt. Trends wie die vom Jahr 1977 könnten sich in den kommenden Jahren durchaus häufen:

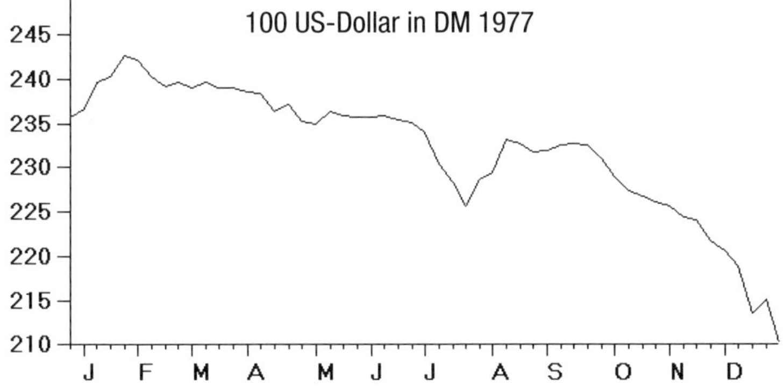

Der US-Dollar war 1977 gegenüber D-Mark und Yen zunehmend schwach geworden.

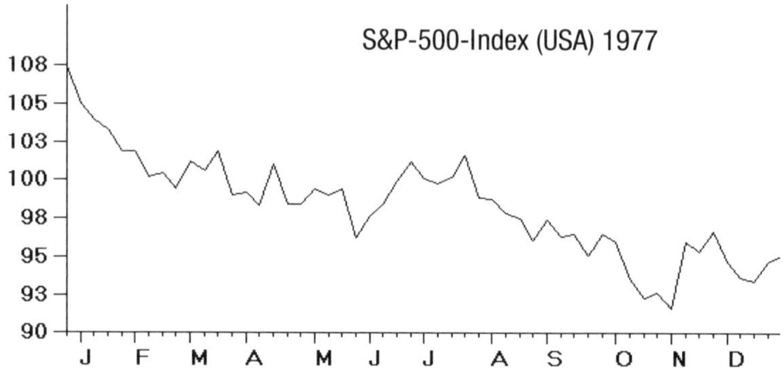

Der US-Aktienindex verlor 1977 kräftig.

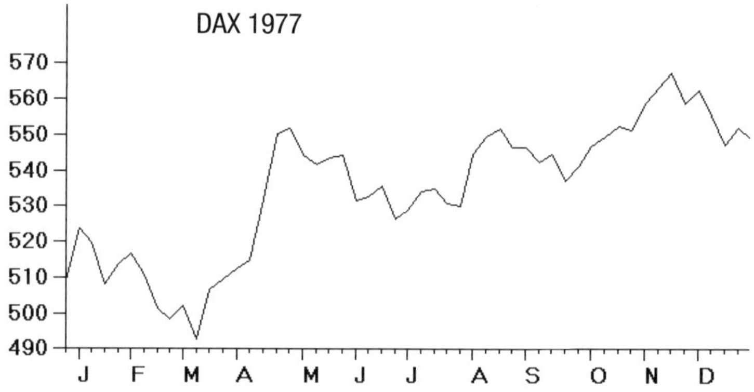

Der DAX legte im Jahr 1977 um etwa zehn Prozent zu.

Auch im Jahr 1985 war beispielsweise der Dollar extrem stark gefallen; deutsche Aktien haben sich damals trotzdem nahezu verdoppelt. 1993 sind die deutschen Aktien um 40 Prozent gestiegen. Die Amerikaner haben da nur etwa 15 Prozent zulegen können. Man darf sich nicht immer durch die jeweils letzten Jahre beeinflussen lassen.

Inzwischen haben es die Amerikaner zum Teil bemerkt, dass europäische Standardaktien seit 2002 im Vergleich zu US-Werten zu billig sind. Tatsache ist, dass seit Mitte 2003 US-Anlagegesellschaften nach Europa drängen und genau darauf achten, welche Schnäppchen sie hier machen können. Im Jahr 2003 hat sich Procter & Gamble den Kosmetikkonzern Wella einverleibt. 2004 wurde der Autozulieferer Beru von einer US-Beteiligungsgesellschaft übernommen. Auch das war ein Grund für den Euro-Anstieg der Jahre 2003 und 2004. Es wird also Zeit, nicht immer wieder nur ängstlich über den Atlantik zu sehen und zu hoffen, dass dort alles gut geht, damit auch die Aktien in Europa gut laufen. Europa muss davon unabhängiger werden, und auch hier gibt es Anlass für umfassende Reformen. Von den Amerikanern könnten wir zum Beispiel lernen, wie man sich von der lähmenden Bürokratie mit ihren unzähligen Vorschriften und Auflagen befreien kann.

Übrigens glaube ich auch nicht, dass dem amerikanischen Aktienmarkt schon in den nächsten Jahren ein größerer Absturz bevorsteht. Sobald Gefahr droht, werden die Signale, die in den folgenden Kapiteln besprochen werden, wohl rechtzeitig Alarm schlagen. Wer schwarz sieht und meint, Zusammenbrüche stünden unmittelbar bevor, täuscht sich oft. Auch gibt es in den Vereinigten Staaten einige Unternehmen, die Chancen bieten und nicht zu teuer sind. Das möchte ich ausdrücklich betonen, um nicht als Anti-Amerikaner missverstanden zu werden.

Verschließen Sie Ihre Ohren vor stimmungsbedingten Prognosen und Zyklentheorien!

Wie man sich bei Prognosen irren kann, will ich Ihnen an einem Beispiel veranschaulichen. Anfang 2000 gab es Statistiken, denen zufolge Europa und die USA bis Ende dieses Jahrzehnts, also ungefähr bis zum Jahr 2010, vor einem riesigen Aktienboom stehen werden. Da hatte jemand statistisch genau analysiert, dass in diesem Jahrzehnt die so genannten Babyboom-Jahrgänge (Geburtsjahr um 1960) in das Alter gekommen sind, in dem sie ihre meisten Konsumausgaben tätigen werden. Da werde in der Weltwirtschaft ein solcher Nachfrageschub vorhanden sein, dass die Unternehmen daran noch ein Jahrzehnt glänzend verdienen müssen. Diese Auffassung wurde wunderschön mit Grafiken untermauert und fehlte in keiner Aktienvorschau auf die kommenden Jahre. Nun, Sie wissen, was aus diesen Prognosen geworden ist: Der Aktienmarkt hat den meisten Anlegern seit dem Jahr 2000 hauptsächlich Verluste beschert. Vielleicht wird alles noch nachgeholt, was man damals prognostiziert hat. Aber ich halte es für müßig, über die globale Lage oder über langfristige Wirtschaftszyklen überhaupt jemals dicke Bücher zu schreiben. Es bringt nichts, und man täuscht sich dabei oft völlig.

In diesem Zusammenhang wird oft der Name Nikolai Kondratieff (1892–1938) genannt. Dieser russische Wissenschaftler beschrieb 1926 mit Hilfe von statistischem Material, das bis zum Jahr 1800 zurückgeht, lange Wellen, die 40 bis 60 Jahre andauern. Vereinfacht dargestellt besteht ein solcher Zyklus aus einem Wirtschaftsaufschwung, der von neuen

Erfindungen und Techniken getragen ist und häufig in kriegerischen Auseinandersetzungen gipfelt, und einem anschließenden Abschwung, der von Marktsättigung, Schrumpfung und Arbeitslosigkeit bestimmt wird. Es ist ganz interessant, die verschiedenen Zyklen nachzuvollziehen:

1. Der erste Aufschwung kam etwa 1780 mit der Dampfmaschine und führte zu einem Aufschwung der Textilindustrie. Der Höhepunkt wurde 1815 erreicht.
2. Der zweite Aufschwung begann etwa 1840 mit der Eisenbahn und führte zu einem Aufschwung im Transportwesen. Der Höhepunkt wurde 1873 erreicht.
3. Der dritte Aufschwung begann etwa 1890 mit dem Siegeszug des elektrischen Stroms und führte auch zu Massenproduktionen bei Stahl und Chemie. Der Höhepunkt wurde 1918 erreicht.
4. Der vierte Aufschwung begann etwa 1940 mit dem Bau von Autos für den breiten Konsum und die individuelle Mobilität. Etwa 1973 wurde hier der Höhepunkt erreicht.
5. Der fünfte Aufschwung wurde seit 1980 von der Informationstechnik und Computertechnologie getragen.

Die heutige Welt, so behaupten die Anhänger dieser Theorie, befinde sich seit etwa 2001 am Anfang einer Abschwungphase. Das bedeute, dass es Probleme geben werde. In allen bisherigen Abschwungphasen seien die Märkte durch den bisherigen technologischen Aufschwung erst einmal gesättigt gewesen. Es würden weniger Arbeitskräfte benötigt, und der Konsum gehe zurück. Anstatt in die nächste Technologie zu investieren, würde von den einzelnen Staaten eine Abschottungs- und Sparpolitik betrieben, die die Krise nur verschärfe.

Diese Zusammenhänge werden von Erik Händeler in seiner „Geschichte der Zukunft“ (Moers 2004) recht anschaulich und überzeugend dargestellt. „Die nächsten Jahre könnten sehr ungemütlich werden“, ist seine Schlussfolgerung für die kommende Zeit. Es hänge sehr viel davon ab, wie die Menschen ihr Zusammenleben gestalten und wie produktiv sich ein unstrukturierter Informationsfluss im Großen wie im Kleinen auswirke. Man müsse sich also nicht unbedingt gedulden, bis eine neue Technologie den Zündfunken für den nächsten Aufschwung bereitstelle, sondern könne durch verbesserte Kommunikation ebenfalls Wirtschaftswachstum gestalten.

Händeler hat die Ereignisse der zurückliegenden 220 Jahre großenteils richtig interpretiert, auch wenn sich Wirtschaftsaufschwungphasen wohl meist auf mehrere Technologien stützen, die sich zudem noch überschneiden. Wann und womit ein neuer Zyklus begonnen hat, ist daher keineswegs ausgemacht.

Ich bin skeptisch gegenüber allen Theorien, die regelmäßige und gleich lange Zyklen behaupten. Es ist zwar nicht zu bestreiten, dass es diese Zyklen gibt, aber ich behaupte, dass diese Zyklen nicht in regelmäßigen Wellen kommen. Die letzte Welle der Informationstechnologie hätte außerdem ja schon viel zu früh eingesetzt, gemessen am bisherigen 60-Jahre-Zyklus von Kondratieff. Nach dem Ende des Autobooms hätte nach Kondratieff nicht schon zehn Jahre später ein neuer Zyklus beginnen dürfen. Auch hätten die sinkenden Zinsen der neunziger Jahre eher in eine Abschwungphase gepasst als in einen Wirtschaftsboom, der in der Euphorie von 1999/2000 angeblich zu Ende gegangen ist. Meiner Meinung nach befinden wir uns immer noch in der fünften Aufwärtswelle Kondratieffs – wenn man schon dieses etwas künstliche Wellensystem auf unsere Zeit anwenden will. Wann neue Technologien erfunden werden, wann es politische Umwälzungen gibt oder wann wieder Kriege stattfinden, ist nicht so ohne weiteres in festen Zeitabständen zu messen.

Dass wir in diesem Jahrzehnt gar nichts mehr zu erwarten hätten als Wirtschaftsflauten und immer mehr Arbeitslosigkeit, dass die Arbeit allmählich ausgeht, weil sich die Technologien verfeinert haben und neue Technologien nicht mehr kommen, die Verbraucher den Konsum einschränken und die Unternehmen nicht mehr investieren – das ist möglich, aber ich würde mich nicht darauf verlassen. Ich habe mir inzwischen angewöhnt zu sagen: Mag sein, schauen wir lieber auf unsere bewährten Signale vom Aktienmarkt, und richten wir uns danach! Damit fahren wir besser, als wenn wir solchen spekulativen Theorien hinterherlaufen.

Insofern weigere ich mich, über so genannte Mega-Trends viele Worte zu verlieren. Die grundsätzlichen Ausführungen dazu sollten auch in ihren Widersprüchen nur dazu dienen zu zeigen, welche unterschiedlichen Meinungen und Ansichten es über künftige Entwicklungen gibt.

Immobilien und Gold

Zurzeit schwärmen noch viele Anleger von Immobilien. Offene und geschlossene Immobilienfonds sind zum Teil immer noch sehr gefragt, obwohl es im Herbst 2004 zum Teil panikartige Verkäufe aus manchen Immobilienfonds gegeben hat. Denn bei solchen Kapitalanlagen wird es langsam kritisch. Viele haben sich in der Zeit der Aktienflaute mit Immobilienfonds eingedeckt. Als Schieflagen drohten, warnten vernünftige Sparkassenleiter ihre besten Kunden: „Da sieht es allmählich gefährlich aus, sehen Sie zu, dass Sie rauskommen und verkaufen!“ Immobilien sind zurzeit zu hoch bewertet. Das gilt nicht nur für die kurzfristige, sondern auch für die mittel- und langfristige Betrachtungsweise. Ich wüsste nicht, was an Immobilien eine gute Kapitalanlage sein sollte, es sei denn, Sie wohnen selbst darin. Aber um Immobilien zu kaufen oder sich an Immobilienfonds zu beteiligen, um durch Mieten Wertsteigerungen und Renditen zu erzielen, benötigt man großes Fachwissen. Denn zu erkennen, wo überhaupt rentable Objekte vorhanden sind, ist inzwischen sehr schwierig geworden. In Amerika spricht man bereits von einer Immobilienblase, so wie es ja im Jahre 2000 eine Aktienblase gegeben hat, als die Kurse viel zu hoch waren. Wenn solche Blasen platzen, bedeutet dies immer eine finanzielle Katastrophe für alle Beteiligten. In Deutschland ist zu bedenken, dass die Bevölkerungszahl schrumpft. Bei einer schrumpfenden und im Durchschnitt älteren Bevölkerung sind nur noch ganz bestimmte Immobilien profitabel, nämlich diejenigen, die „altersgerecht“, also für ältere Menschen eingerichtet sind. Es ist daher sehr fragwürdig, mit seiner Kapitalanlage auf Immobilienmärkte auszuweichen, selbst wenn man noch so sehr Angst vor einer Inflation hat.

Vor Inflation schützte in den Siebzigern auch Gold; daher ist Gold wieder in Mode gekommen. Ich war Anfang der achtziger Jahre auch einmal sehr positiv zum Gold eingestellt. Damals war man überzeugt, dass die Geldentwertung immer weitere Kreise zieht und die Staaten in Amerika und in Europa ihre ungehemmte Inflationspolitik fortsetzen würden. Dies müsste dann zwangsläufig den wertbeständigen Edelmetallpreisen nützen. Aber die hohen Zinsen, die es damals gab, und die Anti-Inflationspolitik, die dann doch betrieben worden ist, haben den Goldpreis wieder kräftig nach unten gedrückt. Gold war schließlich in den achtziger und neunziger Jahren die einzige Anlage, mit der man nur verlieren konnte. Jetzt ist es wieder in Mode gekommen, weil man sich sagt: „Die Schulden- und Geldmengenpolitik der Amerikaner geht sicherlich ins Auge; der Dollar wird fallen. Ein fallender Dollar war auch traditionell immer sehr gut für den Goldpreis; daher muss Gold eine gute Kapitalanlage sein.“ Ich möchte dem zwar nicht widersprechen.

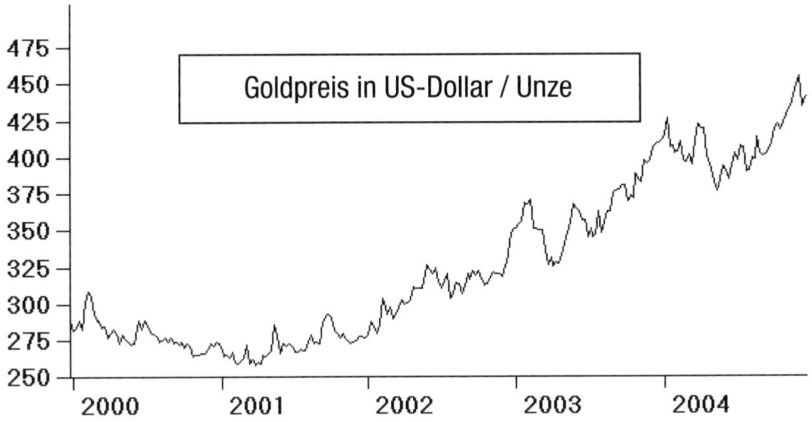

Der Goldpreis ist in den Jahren 2002 bis 2004 kräftig gestiegen, nachdem er kurz zuvor ein 25-Jahres-Tief gemeldet hatte.

Ausgesprochen „billig" ist Gold aber nicht mehr, wenn es auch noch ein weiter Weg ist bis zu dem Höchststand von 1980 bei 850 Dollar pro Feinunze. Solche Zeiten können durchaus wiederkommen.

Wenn jemand an Goldanlagen denkt, dann ist die Frage, in welcher Form dies geschehen sollte. Man kann Gold-Aktien kaufen. Anfang 2005 musste aber davon abgeraten werden, denn sie waren einfach zu teuer. Wir werden uns noch mit den Unternehmensdaten beschäftigen. Die wichtigsten Gold- oder auch Silber-Aktien hatten ein viel zu hohes Kurs-Umsatz-Verhältnis. Der größte Silberproduzent Pan American Silver (Kanada) hatte 2004/2005 ein Kurs-Umsatz-Verhältnis von etwa 22. Wie wir noch sehen werden, ist dies viel zu hoch. Wer solche Aktien kauft, nimmt wohl an, der Silberpreis werde sich in den nächsten Jahren verzehnfachen. Wenn dies der Fall ist, würden solche Edelmetall-Unternehmen freilich noch viel rentabler arbeiten und deren Aktien steigen. Aber man muss sich darüber im Klaren sein, dass in den Kursen der Edelmetall-Aktien Anfang 2005 viel an Spekulation enthalten war. Nur deutliche Kursrückgänge könnten solche Aktien interessant machen.

Das ist natürlich eine Frage der persönlichen Einschätzung. Wenn Sie der Meinung sind, dass die Edelmetallpreise aus politischen Gründen explodieren werden, der Goldpreis sich vervielfacht – ja, dann können Sie natürlich auch Gold- und Silber-Aktien kaufen.

Man kann auch Gold in Münzen kaufen, zum Beispiel Krügerrand-Münzen. Diese müssten dann im Banktresor aufbewahrt werden. Große Mengen von Goldmünzen daheim aufzubewahren ist umständlich und auch gefährlich. Man kann sich aber auch bei seiner Bank ein Metallkonto einrichten lassen. Statt Gold kann man auch Silber nehmen, wenn man der Meinung ist, Gold sei ausgereizt. Es ist immer wieder eine schwierige Sache vorauszusagen, welches Edelmetall denn wirklich stärker steigt. Die Edelmetalle entwickeln sich meistens mehr oder weniger parallel. Platin hatte in den vergangenen Jahrzehnten noch die größten Zuwächse im Kurs, weil es von der Industrie sehr viel mehr benötigt wurde, zum Beispiel für die Katalysatoren.

Öl und andere Rohstoffe

Manche sagen, man müsse weiterhin auf Öl setzen. Ich werde immer wieder gefragt, wie man sich überhaupt an Rohstoffen beteiligen könne. Welche Anlagen können getätigt werden, wenn man auf Rohstoffe setzen will? Ich gebe Ihnen einen einfachen Tipp: Wenn Sie der Meinung sind, im Rohstoffbereich gebe es künftig die höchsten Kursgewinne, dann setzen Sie auf *Rohstoffzertifikate,* wie sie zum Beispiel von der ABN Amro Bank angeboten werden! Sie finden das im Internet sehr schön unter www.abnamrozertifikate.de dargestellt. Da können Sie sich an Kupfer, Öl, Palladium, Gold und an Silber beteiligen. Solche Zertifikate sind gedacht für Anleger, die direkt in diese Rohstoffe investieren wollen. Dies ist eine Möglichkeit, die auch dann besteht, wenn am Aktienmarkt nicht viel läuft. Aber nach dem kräftigen Anstieg der Rohstoffpreise haben sie möglicherweise eine Pause verdient. Wer jetzt plötzlich anfängt, auf Rohstoffe zu setzen, kommt wahrscheinlich zwei Jahre zu spät. Das heißt freilich nicht, dass es nicht noch in diesem Jahrzehnt wieder einmal gute Rohstoffchancen geben kann. Wenn die Inflation weltweit wiederkehren sollte, wenn die Aktienmärkte an ihrem absoluten Höchststand angelangt sind und man noch auf der Suche nach attraktiven Anlagen ist, warum sollte man dann nicht mit einen Teil seines Anlagenkapitals in Rohstoffzertifikate gehen, wenn einem damit die Anlage in Rohstoffen relativ bequem gemacht wird?

Wer auf steigende Ölpreise setzen möchte, kann natürlich auch einfach Öl-Aktien kaufen. Die Ölunternehmen verdienen gut, wenn der Ölpreis steigt, und sie verdienen auch gut, wenn der Ölpreis fällt. Der holländische Weltkonzern Royal Dutch Shell zahlte im Jahr 2004 eine Dividende – das ist die Ausschüttung, die jeder Aktionär von seinem Unternehmen erhält – von 1,77 Euro. Umgerechnet auf den Börsenkurs Ende 2004 entsprach dies einer Rendite von über 4 %! Wenn Sie eine solche Aktie kaufen, machen

Sie fast keinen Fehler. Öl wird immer gebraucht, solange es welches gibt. Öl-Aktien sollten daher in jedem Depot mit enthalten sein, auch wenn es ratsam ist, die Branchen immer gut zu mischen.

Anleihen

Der Hauptkonkurrent der Aktienanlage ist die Anleihe. Sie ist bei Anlegern, die nichts riskieren wollen, die beliebteste Form der Geldvermehrung. Obwohl ich in diesem Buch für die Aktie werbe – sie ist zur Zeit der Abfassung dieses Buchs die preiswerteste Anlage –, so gibt es doch Zeiten, in denen es sehr viel besser gewesen wäre, Anleihen anstelle von Aktien zu kaufen – zum Beispiel im Jahr 2000, als jeder nur nach Aktien rief, am liebsten noch gar nach den riskantesten Titeln vom Neuen Markt.

Anleihen (festverzinsliche Wertpapiere, auch Obligationen genannt) werden an der Börse gehandelt. Das bedeutet, dass sie täglich auch wieder verkauft werden können; die Umsätze sind groß genug. Viele Sparer, die von ihrer Bank zum Kauf von Sparbriefen überredet werden und damit ihr Geld für vier Jahre festlegen, wissen nicht, dass es bei gleicher Rendite auch diese einfache Möglichkeit gibt, täglich über sein Geld auch wieder verfügen zu können.

Die Anleihe hat außerdem den Vorteil, dass Sie genau wissen, wie viel Ertrag Ihr eingesetztes Kapital bringen wird. Denn Sie erhalten einen festen jährlichen Zins, über den Sie sofort verfügen können. Bei Aktien wird die Höhe der Dividende oft erst drei Monate vor der nächsten Hauptversammlung mitgeteilt.

Mit Anleihen können Sie auch Kursgewinne erzielen. Bei Kursverlusten während der Laufzeit können Sie bei sicheren Schuldnern immer gewiss sein, dass Sie am Ende der Laufzeit Ihr eingesetztes Kapital jedenfalls zu 100 Prozent zurückerhalten nebst den Zinsen, die alljährlich ausgezahlt werden. Bei Aktien wissen Sie das nie.

Bundesanleihen laufen in der Regel zehn Jahre, manche auch 30 Jahre. Deutsche Bundesobligationen laufen in der Regel fünf Jahre.

Neben Bundesanleihen und Bundesobligationen gibt es noch Pfandbriefe (Schuldner sind Hypothekenbanken), Kommunalobligationen (Schuldner sind Städte und Landkreise) und Industrieanleihen (Schuldner sind Unternehmen). Da müssen Sie besser aufpassen, wem Sie Ihr Geld anvertrauen. Manche Kommunen oder Unternehmen stehen am Rand der Zahlungsunfähigkeit.

Auch ausländische Banken, Unternehmen und Staaten leihen sich Geld auf dem deutschen Kapitalmarkt. Hier ist zu unterscheiden zwischen Euro-Anleihen oder Fremdwährungsanleihen. Euro-Auslandsanleihen bieten nur dann höhere Zinsen als Bundesanleihen, wenn der Schuldner risikobehaftet ist, zum Beispiel ein Schwellenland wie Argentinien oder die Türkei. Lieber Finger weg von solchen Schuldnern! Totalverluste bei Anleihen durch Zahlungsunfähigkeit des Schuldnerlandes sind endgültig. Wenn Sie Anleihen kaufen, dann doch wohl deshalb, weil Sie dies für sicherer halten als die Unternehmensbeteiligung Aktie. Ich verstehe nicht, warum es so viele Anleger gibt, die wegen ein paar Prozent mehr solch hohe Risiken eingehen.

Währungsanleihen, zum Beispiel in US-Dollars, kanadischen Dollars, australischen Dollars oder britischen Pfund, können ab und zu ganz interessant sein, wenn Sie glauben, dass der Euro in den nächsten Monaten oder Jahren eher zur Schwäche neigt. Aber auch hier frage ich mich, warum sich Anleger auf ein so unsicheres Terrain begeben. Aktientrends sind meiner Meinung nach einfacher abzuschätzen als Währungstrends.

Nochmals: Der Unterschied zwischen Anleihen und Aktien ist der, dass Sie beim Kauf einer Anleihe dem Herausgeber der Anleihe einen Kredit gewähren. Auch wenn die Rückzahlung gesichert erscheint, wie etwa bei Bundesanleihen, so ist doch eine Entwertung durch Inflation möglich. Anleihen sind also nicht wie Aktien Substanzwerte.

Man unterscheidet zwischen **Kurswert** und **Nennwert**. Wenn eine Anleihe neu aufgelegt (=emittiert) wird, kostet sie in der Regel 100 Euro. Das ist der so genannte Nennwert, zu dem sie nach Ablauf auch wieder zurückbezahlt wird. Wenn Sie eine Anleihe kaufen, dann sagen Sie Ihrem Bankberater nicht, wie viel Stück der Anleihe Sie haben wollen, sondern Sie geben einen Betrag an: Für 10.000 Euro Nennwert zum Beispiel möchten Sie diese Anleihe haben.

Ich habe hier bei Banken schon die kuriosesten Auskünfte erlebt. Als ich für meine Mutter bei der HypoVereinsbank, Filiale Augsburg, einmal Ende der neunziger Jahre eine Bundesobligation kaufen wollte, erklärte mir die Bankberaterin, das gebe es derzeit nicht. Sie kannte mich nicht, und offenbar hatte sie Weisung erhalten, ihren Kunden Rentenfonds oder Sparbriefe zu verkaufen. Mit der Behauptung, es gebe derzeit keine Bundesanleihen oder -obligationen, kann sie höchstens gemeint haben, es würden im Moment keine neuen aufgelegt. Ich erwiderte nur: „Ihnen ist doch wohl bekannt, dass von der von mir gewünschten Obligation täglich an der Börse Millionen umgesetzt werden", worauf sie ziemlich geschockt und unwillig war, dann aber doch den Auftrag ausführte, nachdem sie sich auf ihrem Bildschirm von der Existenz der Obligation überzeugt hatte.

Anleihen werden in der Zeit, in der sie börsennotiert sind, zu einem Kurswert gehandelt, der davon abhängt, wie sich die Anleihezinsen entwickeln. Wenn die Zinsen steigen, sinkt der Kurswert, wenn sie fallen, steigt der Kurswert.

Man unterscheidet zwischen **Nominalzins** und **Rendite**. Was genau eine Rendite ist, können Sie in Teil 5 dieses Buchs nachlesen, wo viele Fragen von Börsenneulingen und -fortgeschrittenen zusammengefasst sind und beantwortet werden.

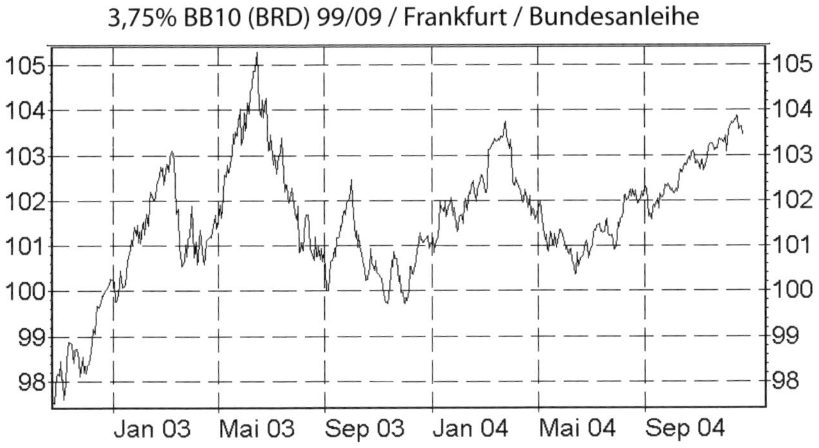

Die Bundesanleihe 3,75 Prozent von 1999–2009 (WKN 113510) notierte Ende Dezember 2004 bei 103,44 Prozent. Der Nominalzins, der jährlich ausgeschüttet wird, beträgt 3,75 Prozent.

Die Bundesanleihe mit der Wertpapier-Kennnummer (WKN) 113510 (ISIN DE0001135101) wurde im Jahr 1999 herausgegeben und kostete damals neu 100 Euro oder ein Vielfaches davon, je nachdem, wie viel angelegt werden sollte. Zu diesem Preis wird dann auch im Jahr 2009 zurückbezahlt. Alljährlich erhält der Anleger Zinsen von 3,75 Euro für 100 Euro Anlage.

Nun aber besteht der Vorteil von Anleihen gegenüber Sparbriefen ja darin, dass die Anleihe an der Börse gehandelt wird und jederzeit auch wieder verkauft werden kann. Je nachdem, was mittlerweile neue Anleihen an Zinsen bringen, schwankt aber auch der Kurswert. Da die Anleihe zum Beispiel im Dezember 2004 etwas teurer war (103,44 Prozent) und nur mit

100 Prozent im Jahre 2009 zurückbezahlt wird, war die umgerechnete jährliche Rendite für einen Neukäufer zu diesem Zeitpunkt etwas niedriger, nämlich etwa 3,6 Prozent. Die Rendite wird nach einer komplizierten Formel errechnet, ist aber in guten Tageszeitungen angegeben. Wenn Sie möchten, können Sie den Kurswert Ihrer Anleihe so berechnen:

$$\text{Kurs} = \frac{(\text{Restlaufzeit in Jahren x Zinssatz + 100) x 100}}{\text{100 + Rendite x Restlaufzeit in Jahren}}$$

Rechenbeispiel: Restlaufzeit acht Jahre, Zinssatz vier Prozent, Rendite für achtjährige Anleihen derzeit 3,5 Prozent:

$$\text{Kurs} = \frac{(8 \times 4 + 100) \times 100}{100 + 3{,}5 \times 8} = 103{,}125$$

Diese Kursberechnung gibt freilich nur den ungefähren Stand an, denn an der Börse bilden sich ja die Kurse durch Angebot und Nachfrage. Ihre Bank teilt Ihnen jedenfalls auf Wunsch mit, zu welchem Kurs die Anleihe gerade gehandelt wird. Wollen Sie sichergehen, dass Sie nicht gerade sehr ungünstig einkaufen oder verkaufen, dann können Sie auch ein Limit angeben, zum Beispiel hier 103,10.

Die **Ausschüttung** läuft anders als bei den Dividendenzahlungen der Aktien. Bei Aktien gibt es nach der Hauptversammlung eine Dividende; danach fällt der Kurs der Aktie etwa um die Höhe des Dividendenbetrags. Die Aktie wird nun „ex Dividende“ notiert, das heißt neue Käufer erhalten diese Dividende nicht mehr.

Bei Anleihen bezahlt ein Käufer beim Kauf der Anleihe die Zinsen für die Zeit mit, die seit der letzten Ausschüttung vergangen ist. Diese Zinsen nennt man **Stückzins**. Dafür erhält er aber am Tag der Ausschüttung den vollen Zinssatz für zwölf Monate. Die Ausschüttung verändert den Kurswert der Anleihe also nicht. Wenn er die Anleihe vorzeitig verkauft, bekommt er auch die Stückzinsen gutgeschrieben, die seit der letzten Ausschüttung angefallen sind.

Anleihen haben in den vergangenen 100 Jahren im Schnitt eine ähnliche Rendite wie Aktien erbracht. Es stimmt also nicht, wie manche Kommentatoren in Zeiten hoher Aktienkurse immer wieder behaupten, dass Aktien weitaus rentabler seien als Anleihen. Es kommt auf den Zeitpunkt an, zu dem man kauft, und darauf, ob die Aktien gerade preiswert sind oder nicht und was demgegenüber Anleihen bieten. Durchschnitte helfen hier nicht weiter. Im Jahr 1981 konnte man auf zehnjährige deutsche Anleihen fast elf Prozent Rendite bekommen, auf US-Staatsanleihen gar 13 Prozent. Allerdings war damals aber auch die Geldentwertung (Inflation) sehr viel höher als heute, nämlich etwa sieben Prozent. Wer dann auf seine Zinsen auch noch Steuern zahlen musste, dem blieb nach Abzug der Inflationsrate gar nicht mehr so viel von seinem Kapitalertrag übrig. Es kommt also immer auf die Börsenlage, die Zinshöhe und die Inflationsrate an, ob Anleihen oder Aktien rentabler sind. Und nochmals möchte ich Ihnen ans Herz legen: Bei Anleihen sollte man nur ganz sichere Schuldner wählen, den Staat selbst oder sichere Unternehmensanleihen erstklassiger Schuldner. Und bei Gefahr steigender Zinsen wählen Sie kurze Laufzeiten. Denn bei steigenden Zinsen würden Sie bei zehnjährigen Papieren durchaus schmerzliche Kursverluste erleiden, auch wenn dies nach zehn Jahren dann ausgestanden ist. Aber sind Sie sicher, Ihr Geld nicht schon vorher zu benötigen?

Sollte Ihnen Ihr Bankberater sagen, es gebe keine dreijährigen Anleihen oder Obligationen, dann weisen Sie ihn auf die Börse hin: Es gibt zwar keine neuen Obligationen, aber doch welche mit dreijähriger Restlaufzeit. Und die soll er Ihnen ordern. Da besteht kaum ein Kursrisiko.

Zinsen sind übrigens (wie auch Dividenden aus Aktien) immer steuerpflichtig und dem Finanzamt anzugeben! Steuerhinterziehung ist erstens unfair gegenüber der Allgemeinheit und lohnt sich zweitens auch nicht. Es gibt ja auch Freibeträge für alle, die kein hohes Zinseinkommen haben.

Teil 2

Die richtigen Kauf- und Verkaufs-zeitpunkte

Aus der Vergangenheit lernen

Sie haben nun die wichtigsten Argumente kennen gelernt, die gegen eine Kapitalanlage in Aktien sprechen. Ich hoffe, Sie haben sich nicht davon abschrecken lassen. Denn trotz allem bietet die Beteiligung an Unternehmen von Zeit zu Zeit die besten Chancen, das Ersparte zu vermehren. Versuchen Sie zunächst unbedingt, sich von der jeweils herrschenden Stimmung nicht anstecken zu lassen. Denn je schlechter die Stimmung, desto besser sind meist die Chancen und umgekehrt. Fragen Sie sich in erster Linie, ob Beteiligungen in Form von Aktien derzeit preisgünstig sind und ob diese in ihrem Wert steigen können oder nicht. Nur darauf kommt es an. Wer freilich grundsätzlich der Ansicht ist, es gehe derzeit mit der Weltwirtschaft nur bergab, den meisten Konzernen stünden Verluste und Schrumpfungsprozesse bevor und die guten Jahrzehnte seien ein für allemal vorbei, der werfe dieses Buch in den Papierkorb und hüte sich, in den nächsten Jahren in Aktien investiert zu sein. Wer in seiner Meinung starr ist, dem ist nicht zu helfen. Ich bin in solchen Fragen kein Dogmatiker, sondern sehr flexibel. Ich treffe auch Anlageentscheidungen grundsätzlich unabhängig von meiner politischen Einstellung. Denn ob die Aktien in der nächsten Zeit steigen oder fallen werden, hängt nicht von meinem politischen Standort ab. In den vergangenen Jahren wurde es Mode, auf den Standort Deutschland, die Reformpolitik der Bundesregierung („Die kriegen einen Kurswechsel ja doch nicht hin!") und deren Finanzpolitik zu schimpfen und zu behaupten, Deutschland gehe ohnehin bankrott. Wer so undifferenziert herummäkelt, wird immer wieder Chancen verpassen, die sich plötzlich auftun. Die Erfahrung lehrt nämlich, dass es, was die wirtschaftliche Lage berifft, stets ein Auf und Ab gibt. Wer meint, heute sei alles anders, und Regeln der Vergangenheit seien nicht mehr anzuwenden, wird sich ebenso täuschen wie die Besserwisser in den siebziger, achtziger und neunziger Jahren. Es scheint einfach ein Gesetz der menschlichen Psyche zu sein zu vermuten, dass die Gegenwart völlig neuen Gesetzmäßigkeiten folge und keinesfalls an irgendwelchen Erkenntnissen der Vergangenheit gemessen werden könne. Dabei ist im Grunde alles schon einmal da gewesen. Wie heißt es so schön in der Bibel im Prediger Salomo: *„Was geschehen ist, eben das wird hernach sein. Was man getan hat, eben das tut man hernach wieder, und es geschieht nichts Neues unter der Sonne. Geschieht etwas, von dem man sagen könnte: Sieh, das ist neu? Es ist längst vorher auch geschehen in den Zeiten, die vor uns gewesen sind.“ (Prediger Salomo 1,9-10)*

Freilich wiederholt sich selten etwas in der gleichen Weise. Es gibt andere neue Erfindungen als vor 100 Jahren. Die Globalisierung wirft neue Fragen auf. Aber am Verhalten der Marktteilnehmer wird sich nichts ändern. Es werden immer die gleichen Fehler an der Börse gemacht. Die Medien und in ihrem Gefolge die Anleger schätzen Ereignisse falsch ein, lassen sich auch zum großen Teil durch die herrschende Stimmung stark beeinflussen. Es fehlt meistens die richtige Distanz für eine sachliche Analyse des Marktgeschehens.

Wie finden wir den richtigen Zeitpunkt zum Einstieg und Verkauf?

Die Geschichte der Börsenbewegungen ist eine Geschichte der Übertreibungen nach oben wie nach unten. Im Grunde ist die wichtigste Kunst, die man beim Kauf und Verkauf von Aktien beherrschen sollte, solche Übertreibungen rechtzeitig zu erkennen und entsprechend zu handeln. Das ist nicht ganz einfach. Denn wenn die Kurse hoch sind, ist auch die allgemeine Stimmung glänzend. Wer dann verkaufen will, wird für nicht ganz normal gehalten – so, wie es umgekehrt dem Kaufwilligen in einer Zeit ergeht, in der Aktien nicht gefragt sind.

Im Nachhinein meint man, die Schwankungen immer doch ganz leicht erkennen zu können. Durchschnittlich alle ein bis zwei Jahre wechselt der Trend von Hausse auf Baisse. Die Schwankungen betragen 20 bis 50 Prozent. Man sollte meinen, es gebe nichts Leichteres, als diese zu nutzen.

Woher kommt dieser Rhythmus von ein bis zwei Jahren? Dies hat zunächst einmal mit der Konjunktur zu tun, die in den Aktienkursen zumeist ein Jahr vorweggenommen wird. Aber warum wird dabei so oft übertrieben? Warum diese heftigen Stimmungsschwankungen von Euphorie und Panik?

Der Grund ist, dass alle Börsenteilnehmer dem Trend folgen wollen. Das ist auch im Prinzip richtig und entspricht einer alten Börsenregel: „Folge dem Trend! Der Trend ist dein Freund!“. Die Kleinanleger schwimmen in der Herde mit, die Großanleger verstärken die Trends und versuchen, sie voll auszureizen. Computer errechnen, wann ein Trend kippt, und dann wird ebenso heftig in die Gegenrichtung spekuliert.

Von diesen Übertreibungen lebt die Börse, und auch Privatanleger können sie nutzen. Marktübertreibungen fallen seit einigen Jahren noch stärker aus als früher, weil die meisten Teilnehmer aufgrund der Stimmungslage mit dem Trend gehen – so lange, bis die Trends mit der Wirklichkeit nichts mehr zu tun haben. Und erst dann, wenn immer mehr Börsianer erkannt haben, dass die Kurse nunmehr einfach objektiv nicht mehr stimmen können, gibt es eine Richtungsänderung.

Ich habe in den Achtzigern ein Verfahren entwickelt, mit dem ich erkennen kann, ob die Kurse gerade „hoch“ oder „niedrig“ sind: die 200-Tage-Methode. Ich habe sie nicht erfunden, sondern lediglich erweitert. Kurz gesagt geht es bei dieser Methode darum, von zahlreichen Aktienindizes in aller Welt einen gleitenden Durchschnitt über 200 Börsentage (40 Wochen) zu errechnen und festzustellen, bei wie vielen Aktienindizes sich der aktuelle Kurs gerade über oder unter seinem 200-Tage-Durchschnitt befindet. Wenn also bei 34 Aktienindizes 30 über ihrem gleitenden Durchschnitt liegen, dann sind dies 88 Prozent. Auf diese Weise ist es möglich, eine fortlaufende Kurve zu zeichnen, in der jeweils die neueste Prozentzahl eingetragen wird.

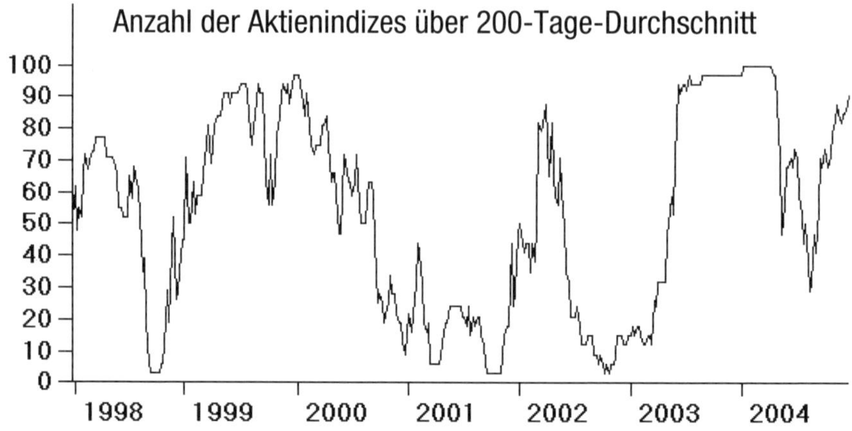

Im Herbst 2001 und im Herbst 2002 sowie im Frühjahr 2003 waren die Börsenkurse für Käufer besonders günstig.

Das zeigt die Übertreibungen nach oben oder unten besonders gut an. Liegen fast alle Aktienindizes über ihrem 200-Tage-Durchschnitt, dann befinden wir uns in einer Aktien-Hausse. Aktien sind dann als Geldanlage beliebt, und es wird kräftig gekauft. Das Gegenteil ist die Aktien-Baisse: Die Kurse stürzen ab, es wird überwiegend verkauft. Diese Trends kann man durch das gesamte vorige Jahrhundert hindurch zurückverfolgen, und die Anzahl der Indizes, die über ihrem 200-Tage-Durchschnitt liegen, wechselt mit schöner Regelmäßigkeit in die Nähe von null oder 100 Prozent.

Waren es fast 100 Prozent, so blieben meist noch drei bis sechs Monate Zeit, bis man spätestens aussteigen sollte. Waren es nur null bis zehn Prozent, so tat sich meist eine sehr gute Kaufchance auf, die man nur alle paar Jahre bekommt. Und auch hier war dann meistens noch rund drei Monate Zeit dafür. Es folgte in der Regel entweder ein baldiger Aufschwung, der die Kurve bis 95 Prozent oder mehr trug, oder – wenn sich die Baisse länger hinzog, maximal ein Jahr – eine außergewöhnlich starke Hausse im Anschluss, die dann jahrelang anhalten konnte.

Falls Sie nun aber der Meinung sein sollten, dies sei nun die Lösung und Sie müssten nun nur noch entsprechend kaufen und verkaufen, dann ist dies leider noch nicht so ganz optimal. Denn erstens zieht sich eine Hausse oder eine Baisse manchmal länger hin als man vermutet, und Sie kaufen oder verkaufen dann viel zu früh. Zweitens wird in der Baisse die Fünf-Prozent- oder Zehn-Prozent-Marke oft gar nicht erreicht. Das war zum Beispiel im Jahr 2004 der Fall, als bereits bei 30 Prozent die Wende nach oben kam. Im Jahr 1999 drehte die Kurve bereits beim Stand von 50 Prozent wieder nach oben, und wer noch auf eine weitere Baisse zum Einstieg wartete, versäumte eine Jahrhundert-Hausse (November 1999 bis März 2000). Im Jahr 2002 erhielten wir auf diese Weise auch keine Warnung vor der tiefen Baisse seit April 2002, denn die Erholung der Aktienindezes war noch nicht so weit vorangekommen, dass schon fast alle Indizes über ihrem 200-Tage-Durchschnitt gelegen wären. Im März 2002 waren es erst 70 Prozent gewesen. Das war damals der Höchststand, und dann ging es schon wieder abwärts. So etwas geschieht zwar äußerst selten, aber das wäre in diesem Fall für einen Anleger, der sich bei 70 Prozent noch sicher gefühlt hätte, dass keine Baisse droht, sehr verhängnisvoll gewesen.

Die 200-Tage-Methode eignet sich also zwar zur groben Orientierung, wäre aber mit ihren antizyklischen Signalen insgesamt bei weitem nicht so erfolgreich wie die Methoden, die wir noch besprechen werden. Wir wenden sie daher in unserem Gesamtsystem nicht an.

Neuemissionen

Ein guter Maßstab, um zu erkennen, ob Aktien gegenwärtig eher zu hoch oder zu niedrig bewertet sind, ist auch die Zahl der Neuemissionen an der Börse. Sie erinnern sich: Bei einer Neuemission kommen neue Aktien an die Börse, entweder durch Kapitalerhöhungen bereits bestehender Aktiengesellschaften oder durch Börsengänge von bisher nicht an der Börse notierten Unternehmen.

Sind solche Börsengänge in einem Jahr überdurchschnittlich zahlreich, dann ist klar, dass das Kursniveau gerade ebenfalls hoch ist. Man will das hohe Kursniveau nutzen, um möglichst viel Geld für seine neuen Aktien einzusammeln. Gibt es so gut wie keine neuen Aktien – wie im Jahr 2003 –, dann schätzen die Unternehmenslenker und ihre begleitenden Banken das Kursniveau als zu niedrig ein.

Bekanntlich wurden auf hohem Niveau in den Jahren 1998 bis 2000 immer mehr neue Unternehmen an die Börse gebracht. Damals entstand auch der „Neue Markt“ als Möglichkeit für kleine Unternehmen, sich „Wagniskapital“ zu beschaffen. Solche Neuemissionen kommen dann, wenn sich die Fachleute davon überzeugt haben, dass Unternehmensanteile für relativ viel Geld verkauft werden können und sich also das Geschäft für den Emittenten und die ausgebende Bank lohnt.

In den Jahren 2002 bis 2004 gab es nur wenige Neuemissionen, weil man dafür zu wenig Geld bekam. Kaum ein bestehendes Unternehmen holte sich Geld über eine Kapitalerhöhung, wie dies zu normalen Zeiten üblich war. Vielmehr versorgten sich die Konzerne über Anleihen mit Kapital, auch wenn sie dafür Zinsen zahlen mussten, weil es sich ja um Fremdkapital handelte. Wäre das Kursniveau in diesen Jahren immer noch viel zu hoch gewesen, wie es damals immer wieder die Crash-Propheten behaupteten, dann hätten viele Unternehmen, die Geld brauchten und schon lange eine Emission planten, ihre Aktien noch schnell an die Börse gebracht, ehe man *noch* weniger dafür bekam als in den Jahren 2002 bis 2004.

Warum tat es aber niemand? Ganz einfach: Weil kein Unternehmen etwas zu verschenken hat, sondern zumindest einen angemessenen Preis erzielen will. Und der war damals nicht zu erhalten; es wurden nur Crash-Preise bezahlt. In Wirklichkeit waren eben die Unternehmen viel mehr wert, als deren Kursniveau vorspiegelte.

Es geschah teilweise sogar das Gegenteil: Unternehmen verließen die Börse, weil ihre Aktie so stark unter Wert gehandelt wurde, dass es für den Großaktionär preiswerter war, wenn er die Aktionäre abfand. Diesen Weg ging zum Beispiel die Firma Sommer, indem sie den Aktionären der Tarkett Sommer AG ein großzügiges Abfindungsangebot machte. Man hatte keine Lust mehr, die Aktie an der Börse unter Wert dahindümpeln zu sehen, weil die Börse damals einfach blind war für Unternehmenswerte.

Sie könnten nun die Zahl der Emissionen in jedem Jahr messen und daran erkennen, ob die Zeit eher zu Käufen oder zu Verkäufen von Aktien reif ist. Bei vielen Emissionen verkaufen Sie, bei wenigen kaufen Sie. Aber auch dies eignet sich, wie die 200-Tage-Methode, mehr zur allgemeinen Stimmungsmessung als zu exakten Signalen für Käufe und Verkäufe. Im Jahr 2002 gab es kaum Neuemissionen, und trotzdem fielen die Kurse immer noch weiter.

Sind europäische Standardaktien mit den Kursen von 2005 fair bewertet?

Im Grunde lässt sich objektiv messen, wo faire Preise für einen Aktienindex wie den DAX liegen müssten. Jahrzehntelange Messungen in den USA haben ergeben, dass der Börsenwert eines Unternehmens (also die Anzahl der ausgegebenen Aktien der Firma mal dem Börsenkurs) bei vorsichtiger Bewertung durchschnittlich so hoch sein sollte wie der Jahresumsatz des Unternehmens. Das ist, wohlgemerkt, ein Durchschnittswert. Manche Unternehmen, die sehr rentabel arbeiten, dürfen das Doppelte kosten wie ihr Jahresumsatz. Andere, die es einfach nicht schaffen, ihre Möglichkeiten und ihre Mitarbeiter gewinnbringend einzusetzen, sind nicht einmal halb so viel wert wie ihr Jahresumsatz.

Aber immerhin: Das durchschnittliche Kurs-Umsatz-Verhältnis kann sehr aufschlussreich sein. Wenn es in den letzten 50 Jahren bei Industriekonzernen im Schnitt bei rund 1,00 lag (also fairer Börsenwert = Jahresumsatz), und wir stellen fest, dass es bei den wichtigsten zehn deutschen Industrietiteln (Deutsche Telekom, Siemens, BASF, VW, Daimler, E.ON, RWE, Bayer, Thyssen, Deutsche Post) nur bei durchschnittlich 0,5 bis 0,6 liegt, wie in den Jahren 2002 bis 2004, dann liegt der DAX nur etwa bei der Hälfte seines fairen Wertes.

Es gibt noch weitere Verfahren, mit denen man überprüfen kann, ob die Aktien im Durchschnitt, „fundamental" gesehen, über- oder unterbewertet sind. Wenn man den Börsenwert aller Aktien eines Landes (also die gesamte Börsenkapitalisierung) mit dem Bruttosozialprodukt desselben Landes vergleicht, so gibt es Erfahrungswerte, ob das Kursniveau zu hoch oder zu niedrig ist. Statistiken lehren nämlich, dass der Börsenwert aller US-Aktien zusammen seit 1925 im Durchschnitt bei 56 Prozent des Sozialprodukts eines Jahres liegt.

An dieser Zahl könnte man sich orientieren, wenn man wissen wollte, ob die Börsenkurse gerade angemessen sind oder nicht. Man muss diese Vergleiche allerdings mit einem gewissen Vorbehalt zur Kenntnis nehmen. Denn die Wirtschaftsleistung eines Landes wird ja nicht nur von börsennotierten Aktiengesellschaften erbracht. Dennoch ist so ein Vergleich ganz interessant.

In Deutschland beträgt die Börsenkapitalisierung bei einem DAX-Stand von 4000 nur etwa 40 Prozent des Bruttosozialprodukts! US-Aktien lägen aber bei einem S&P-500-Index von 1200 bei rund 100 Prozent des Sozialprodukts und wären damit nicht nur gegenüber deutschen Aktien mehr als doppelt so teuer, sondern sie wären auch, gemessen am historischen Durchschnitt, viel zu hoch.

Wenn wir uns mit der Frage der Aktienauswahl anhand von Unternehmensdaten beschäftigen, werden wir noch weitere Möglichkeiten kennen lernen, wie beurteilt werden kann, ob die Kurshöhe von einzelnen Unternehmen und auch der Durchschnitt aller, also der Index, fair bewertet sind. Allerdings helfen solche Erkenntnisse nur zur objektiven Tatsachenermittlung. Die Börse kümmert sich oft sehr lange nicht darum, ob die Kurse mit der Wirklichkeit übereinstimmen, wenn die Menschen, die an der Börse handeln, gerade in Euphorie- oder in Panikstimmung sind. Recht zu haben allein hilft an der Börse nicht; es gilt eben auch, zusätzlich im richtigen Trend mitzuschwimmen. Dabei wollen die „technischen Analysten" helfen.

Trendforschung

Ein Trendforscher oder technischer Analyst, wie sich die Vertreter dieser Methoden selbst nennen, interessiert sich weniger für veröffentlichte Unternehmensdaten, sondern vor allem für die Richtung des Kursverlaufs. Die Chartanalyse, also die Deutung von Kursverläufen anhand von Kurven, ist eine dieser Möglichkeiten. Wir werden uns damit, im Zusammenhang mit der Frage der Aktienauswahl, allerdings noch näher beschäftigen. Ich selbst wende ja auch technische Analyse an, wie Sie noch sehen werden. Die Ermittlung von Punkten, an denen die Trends beim Ölpreis, bei den Zinsen, beim Dollar oder bei einem Aktienindex als „gekippt" gelten können, ist unentbehrlich, um an der Börse handlungsfähig zu sein. Doch ich möchte bereits an dieser Stelle darauf hinweisen, dass ich nicht nur zu Chart-Analysen, sondern auch zu anderen Trendberechnungsmethoden einige Anfragen habe. Mich stört vor allem, dass ich dort nur sehr selten Statistiken darüber finde, welchen Erfolg diese oder jene Methode in der Vergangenheit verzeichnen konnte. Von einem Vermögensberater und Fondsmanager verlangt man ja auch, dass er seine bisherigen Ergebnisse vorweist. Es wäre die normalste Sache der Welt, wenn jemand eine erfolgreiche Methode gefunden hat und sie veröffentlicht, dass er angibt, wo es in der Vergangenheit genau Kauf- und Verkaufssignale gegeben hat und welches Ergebnis die Methode dann über die Jahre erzielt hat. Leider finde ich dies gerade bei „technischen Analysten" nur ganz selten. Die meisten, die ich daraufhin ansprach, antworteten mir: „Ja, das lässt sich deshalb nicht so genau sagen, weil es ja bei jeder Methode auch Einschränkungen und Bedingungen gibt, weshalb in der Regel mehrere Methoden kombiniert werden. Und bei Charts ist das ohnehin so schwierig, weil so viele unterschiedliche Hilfslinien eingezeichnet werden können."

Ich empfinde dies als Ausrede und vermute, dass die Veröffentlichung der Ergebnisse deshalb unterbleibt, weil die Methode entweder unklar ist oder schlicht und einfach nicht viel bringt. Klar ist eine Methode dann, wenn sie in ein Computerprogramm umgesetzt werden kann, das dann eindeutig und zu jedem Zeitpunkt sagt, ob man kaufen oder verkaufen soll, und zwar ohne Wenn und Aber. Wenn ich eine Methode einführe, muss sie kontrollierbar sein. Es muss nachweisbar sein, was geschehen wäre, wenn ich sie schon seit Jahrzehnten angewandt hätte.

Greifen bekannte Methoden auch in der aktuellen Börsenlage?

Nun war bereits davon die Rede, dass es bekanntlich immer wieder Zeitgenossen gibt, die der Ansicht sind, heutzutage funktioniere die Börse ja doch sehr viel anders als früher. Die Methoden, die einst zum Erfolg führten, ließen sich nicht mehr anwenden. Doch diese Ansicht gab es interessanterweise schon immer. Offenbar ist jede Generation immer wieder von neuem überzeugt, dass mit ihr eine „neue Zeit" angebrochen sei, die mit früheren Ereignissen und Zyklen überhaupt nicht vergleichbar sei. So glaubte man im Zeitalter des „Neuen Marktes" (1997–2001) an eine „Neue Ökonomie", die die bisher gültige Regeln der Volks- und Betriebswirtschaftlehre großenteils außer Kraft gesetzt habe. Ich hatte während der Hochphase des Aktien-Booms im Januar 2000 die Gelegenheit, bei einer Internationalen Kapitalanlegertagung in Zürich als Referent teilzunehmen und dabei auch andere Beiträge zu hören. Interessant war für mich besonders, wie der Schweizer Analyst Felix Zulauf die Aktien, die an der Technologiebörse Nasdaq in New York gehandelt werden, und den „Neuen Markt" deutete. Er berichtete, er habe einen befreundeten Fondsmanager gefragt, ob die irrsinnig hohen Kurs-Gewinn-Verhältnisse noch irgendeinen Bezug zur Realität hätten. Die Antwort des Fondsmanagers: „*Wir haben überhaupt keine Zeit, darüber nachzudenken. Wir können im Moment nur kaufen, dem Trend folgen und denken später darüber nach.*" Am 31. Januar 2000 schrieb ich darüber (und will das auch für künftige ähnliche Börsensituationen unterstreichen): *„Was mich am jetzigen Börsengeschehen stört, ist das Fehlen von solider Analyse; es wird gekauft, weil alle kaufen. Tatsache ist, dass an der Nasdaq jeder schwächere Tag genutzt wurde, um massiv einzusteigen – gerade so, als würde es morgen dort keine Aktien mehr zum Kauf geben. So etwas war in der Vergangenheit sehr häufig ein Zeichen der Endphase einer Hausse. Fondsmanager tun sich leicht. Sie können und müssen derzeit wohl voll investiert sein;*

die Anleger, die ihnen ihr Geld für eine bestimmte Anlageform geben, erwarten, dass dort auch schnellstens so angelegt wird. Insofern haben Fondsmanager nur dann Rechtfertigungszwang, wenn sie schlechter abschneiden als ein vorgegebener Index, an dem sie sich messen lassen müssen. Selbst wenn sie mit ihrem Fonds große Verluste einfahren: Hauptsache, der vergleichbare Index hat noch größere Verluste gemacht. Ein solches Anlageverhalten entspricht aber nicht dem, was sich die meisten Anleger wünschen. Sie erwarten natürlich, dass man vor einer Baisse rechtzeitig verkauft. Das dürfen sie von einem Fondsmanager nicht erwarten. Sein Job ist es zu kaufen. Verkäufe größeren Stils sind ihm weder aus rechtlichen noch aus markttechnischen Gründen möglich. Das ist der Grund, weshalb ich prinzipiell keine Fonds empfehle. Sie entheben den Anleger ja nicht der Entscheidung, den rechten Kauf- und Verkaufszeitpunkt selbst zu finden. Auch ist es sinnlos, lange nachforschen zu wollen, welche Fonds 1999 am besten abgeschnitten haben. Laut Statistik gelingt ihnen dieses Kunststück nur selten einmal zwei Jahre hintereinander.“

Im Februar 2000 erhielt ich daraufhin einen Brief, in dem so rührend naiv eine neue Zeit proklamiert wurde, dass ich ihn Ihnen nicht vorenthalten möchte:

„Gestatten Sie mir als langjährigem Leser ein wenig Kritik. Seit einiger Zeit habe ich ein unsicheres Gefühl beim Lesen Ihres Briefes. Mir scheint, dass Sie zu beharrlich an dem bisher gültigen Bewertungssystem festhalten wollen, ohne zu erwägen, dass möglicherweise zusätzlich neue Maßstäbe benutzt werden können. Die überall angeführte New Economy drückt sich immer deutlicher auch im Anlegerverhalten aus, und ich bin der Meinung, dass dies nicht nur eine Luftblase ist. Die Anzeichen für das Stattfinden der Informationstechnologie-Revolution werden immer klarer, Teile dieser Industrien wachsen mit ungewöhnlicher Stärke und verblüffen uns von Jahr zu Jahr mit steigender Geschäftstätigkeit. Zweifellos gibt es in diesem Bereich auch große Übertreibungen, die keine Berechtigung haben. Aber die Hinwendung bzw. Konzentration des Anlegerkapitals weg von den alten Industrien zu den Unternehmen der neuen, zukunftsträchtigen Branchen und Technologien ist vorhanden und spiegelt die enorm steigende Bedeutung dieser Entwicklungen wider. Es gibt hier Werte, die höchstes Gewinnwachstum besitzen und hervorragend im Markt positioniert sind. Diese Werte werden nach einer möglichen Korrektur, wenn wieder differenziert werden muss, genau wie heute verstärkt aufgesammelt. Sie werden auch dann wieder die alten Branchen überflügeln.“

Offenkundig ist dieser Brief ein Ausdruck der damaligen Stimmungslage. Keiner wunderte sich über das irrsinnig hohe Kursniveau. Viele Börsenteilnehmer waren ja damals der Überzeugung, die Börse enthalte *alle* Informationen, und hier werde *objektiv* über jeden Meinungsstreit abgestimmt. Deshalb war man auch so schnell bereit, die Höhenflüge der Kurse als Beginn einer neuen Zeit zu interpretieren. Aber die Börse ist auch immer nur am Suchen und Tasten, nimmt nur selektiv wahr und irrt sich immer wieder. Man sollte ihr nicht alles glauben; sie hat sowohl bei Währungen als auch bei Aktien in den vergangenen Jahren die unsinnigsten Kurssprünge in beide Richtungen geliefert und wieder korrigiert.

Übrigens war – erstens – nie klar, worin die so genannte „neue Ökonomie" bestehen sollte, die man da angeblich in den USA gefunden haben soll, um ein auf ewig inflationsfreies Wirtschaftswachstum bei Vollbeschäftigung zu gewährleisten. Zweitens ist eine Unterscheidung von „alten Industrien" und „neuen, zukunftsträchtigen Branchen und Technologien" immer fehl am Platz. Man beachte übrigens diese ziemlich tendenziöse Wortwahl: Unter „alten Industrien" stellt man sich kahle, unrentable Fabrikgebäude und rauchende Schornsteine vor. Ganz anders doch die schnelle, „saubere" Elektronik!

Doch auch „alte Industrien", zum Beispiel Auto- und Maschinenbauer, wenden neue Technik an. Denn überleben kann nur, wer die zwangsläufigen Preiskämpfe übersteht, die auf *alle* Unternehmen, die alten und die neuen, zukommen. Kleine müssen zusammenarbeiten oder sich bei Großen anhängen, um nicht ausgebootet zu werden. Eine unbegrenzte Gewinnsteigerung ist jedenfalls nicht möglich, und deshalb muss bei allen Vertretern der angeblich „neuen, zukunftsträchtigen Branchen" sehr wohl darauf geachtet werden, ob ihre jeweilige Börsenbewertung überhaupt realistisch ist.

Die wichtigste Lehre, die wir aus den Wirren der Jahre 1998 bis 2000 ziehen können, ist die, dass die Regeln, die die Weltbörsen seit eh und je bewegten, immer noch Gültigkeit haben, und dass die Kurse nach allen Übertreibungen und Panikverkäufen auch wieder realistische Bewertungen erfahren.

Zinssignale

Die Börse funktioniert also heute nicht anders als eh und je. Die Methoden, die wir anwenden müssen, um Kauf- und Verkaufssignale zu bekommen, sind dieselben wie vor 30 Jahren und länger. Ich habe früher fast ausschließlich eine einzige Methode favorisiert, nämlich den Zinstrend. Sie war allen anderen Methoden, die ich kannte, weit überlegen und hatte auch den Vorzug, nicht ständig wechselnde Signale zu geben. Sinkende Zinsen sind aus zwei Gründen ein Pluspunkt für die Aktien: Erstens senken sie für die Unternehmen die Kosten für Fremdkapital. Steigende Zinsen verteuern ja die Kreditzinsen. Da fast alle Unternehmen mit Fremdkapital arbeiten, hat die Zinshöhe einen großen Einfluss auf Kosten und Gewinne. Dazu kommt noch ein anderer Faktor: Bei hohen Zinsen für Anleihen haben Anleger attraktive Ausschüttungen zu erwarten. Wenn ich zum Beispiel in den achtziger Jahren risikolos 13 Prozent Dollar-Zinsen für meine zehnjährigen Anleihen bekomme, kaufe ich doch keine Aktien mehr! 13 Prozent Zinsen wären heute traumhaft. Doch das bekommt man jetzt freilich nicht mehr. Heute muss man sich mit vier Prozent begnügen. Da sagen sich natürlich die Anleger: „Das interessiert mich nicht, das sind doch keine Zinsen, da bekomme ich von manchen Unternehmen bessere Dividendenrenditen als für zehnjährige Anleihen!“

Deswegen sind niedrige Zinsen auch aus diesem anlagetechnischen Grund gut für Aktien.

Daher wird Gefahr gemeldet, wenn die Zinsen steigen. Es hat sich bewährt, etwa ein halbes bis Dreivierteljahr nach einem Zinsanstieg am Aktienmarkt auszusteigen. Wenn umgekehrt die Zinsen sinken, muss man spätestens ein halbes bis Dreivierteljahr später Aktien kaufen. Wenn sich in Amerika und in Europa das Zinsniveau nicht gleichermaßen entwickelt, was normalerweise der Fall ist, besteht nur dann Gefahr, wenn die Zinsen in beiden Regionen einheitlich steigen.

Der Faktor Zeitverzögerung wird selbst von manchen Börsenprofis immer noch nicht richtig verstanden. Es werden nämlich immer wieder Statistiken herumgereicht, denen zufolge sich die Aktienbörsen häufiger bei *steigenden* Zinsen gut entwickelt haben und bei sinkenden Zinsen eher stagnierten. Und daraus wird voreilig der Schluss gezogen: „Also, Leute, steigende Zinsen sind gar nicht schlimm; ihr könnt sie vergessen.“

Nun, das mag schon stimmen, dass die Aktien erst so richtig in Schwung kommen, wenn die Zinsen bereits wieder steigen. Steigende Zinsen bedeuten ja auch Kreditnachfrage und Investitionen; also geht es dann den Unternehmen offenbar gut. Aber nach einiger Zeit beginnen die steigenden Zinsen unangenehm zu werden, weil dann die negativen Seiten der Zinserhöhungen die Oberhand gewinnen.

Die Regel, dass sich Zinsbewegungen mit einer Zeitverzögerung von sechs bis neun Monaten auf die Aktienmärkte auswirken, habe ich durch umfangreiche Studien und Tests ermittelt.

Im Grunde genügt es, von neun Monaten auszugehen; die Signale kommen dann meist noch rechtzeitig.

Aus dieser Erkenntnis heraus habe ich bei einem Börsenseminar 1995 die „Monats-Schluss-Methode“ (MSM) entwickelt, die allein auf Zinsbewegungen beruht und deshalb auch so praktisch ist. Wer sich nach ihr gerichtet hätte, hätte zum Beispiel auch den ganz schlimmen Kurssturz des Jahres 2002 nicht mitgemacht. Die Zinsen hatten rechtzeitig gewarnt.

Bei dem System, das ich Ihnen in diesem Buch vorstelle, rechnen wir nicht in Monaten, sondern in Wochen.

Die Zinsmethode wird wie folgt angewandt:

1) Fertigen Sie eine Tabelle an mit den Freitag-Schlusskursen der deutschen Umlaufrendite und der Rendite der zehnjährigen US-Staatsanleihen (auch „Treasury Bonds“ genannt).
2) Überprüfen Sie, ob zuletzt bei diesen Zahlen ein 38-Wochen-Hoch oder ein 38-Wochen-Tief vorlag. (Erläuterung: Ein 38-Wochen-Hoch liegt vor, wenn die neueste Zahl höher liegt als alle vorhergehenden 37 Wochen.)
3) Nur für den Fall, dass *beide* Zahlen zuletzt ein 38-Wochen-Hoch gemeldet haben, geben die Zinsen ein weltweites Verkaufssignal. Ansonsten können Sie Aktien kaufen.

Hier zum Beispiel die Zinssignale im Jahr 2002 mit den Kursen des DAX:

01.03.02	Kaufen	5.097,41
08.03.02	Kaufen	5.359,55
15.03.02	Kaufen	5.401,11
22.03.02	Kaufen	5.366,13
29.03.02	Verkaufen	5.397,29
05.04.02	Verkaufen	5.260,53
12.04.02	Verkaufen	5.189,65
19.04.02	Verkaufen	5.284,55
26.04.02	Verkaufen	5.000,38
03.05.02	Verkaufen	4.882,77

10.05.02	Verkaufen	4.871,70
17.05.02	Verkaufen	5.036,41
24.05.02	Verkaufen	4.899,13
31.05.02	Verkaufen	4.818,30
07.06.02	Verkaufen	4.610,18
14.06.02	Verkaufen	4.303,85
21.06.02	Verkaufen	4.232,40
28.06.02	Verkaufen	4.382,56
05.07.02	Verkaufen	4.483,03
12.07.02	Verkaufen	4.130,80
19.07.02	Verkaufen	3.891,88
26.07.02	Verkaufen	3.579,00
02.08.02	Kaufen	3.532,49

Zinssignale im Jahr 2002 halfen, Verluste zu vermeiden.

Das Verkaufssignal Ende März 2002 kam gerade rechtzeitig, das Kaufsignal bereits Anfang August 2002 kam diesmal zu früh; der DAX fiel noch weiter bis Anfang Oktober auf 2700 Punkte.

Wer aufgrund meiner früheren Publikationen lieber noch mit der Monats-Schluss-Methode weiterarbeiten möchte, müsste statt 38 Wochen neun Monate beachten. Dann sind immer zum Monatsende die Kurse zu notieren. Man wird dann zu ähnlichen Zeitpunkten Signale erhalten.

Signale des Ölpreises

Freilich hat die Zinsmethode nicht immer wie gewünscht funktioniert. Beispielsweise warnte sie nicht immer bei politisch bedingten Krisen wie bei der Asien-Krise und bei der Russland-Krise 1998. Es liegt also nahe, die Zinssignale durch andere gute Indikatoren (wörtlich: „Anzeiger") zu ergänzen.

Vor allen Dingen der Ölpreis ist in den vergangenen Jahren sehr wichtig geworden. Lange Zeit habe ich an den Auswirkungen des Ölpreises auf die Aktienmärkte geforscht. Ich habe mir immer und immer wieder die Aktienkursentwicklungen und Charts des Ölpreises nebeneinander gelegt. Dass ein Zusammenhang bestehen musste, war klar. Denn steigende Ölpreise sind zusätzliche Kosten für Unternehmen und Verbraucher und schädigen damit die Konjunktur gleich in doppelter Weise. Aber was ich auch versuchte, ob gleitende Durchschnitte oder

Zwölf-Wochen-Hochs beziehungsweise -Tiefs beim Ölpreis: Nie ließ sich ein befriedigender Zusammenhang zum Aktienmarkt herstellen. Eines Tages versuchte ich es mit einer ganz kurzfristigen Methode, mit Sechs-Wochen-Hochs und Sechs-Wochen-Tiefs beim Ölpreis.

Ölpreis (Brent) in US-Dollar/Barrel
Oktober bis Dezember 2002

11.10.02	28,17	
18.10.02	28,31	
25.10.02	25,60	
01.11.02	25,49	
08.11.02	23,63	
15.11.02	23,33	6-Wo-Tief!
22.11.02	25,33	
29.11.02	25,85	6-Wo-Hoch!
06.12.02	25,88	6-Wo-Hoch!

Wir erhalten also Kaufsignale, wenn der Ölpreis ein Sechs-Wochen-Tief meldet, und Verkaufssignale, wenn er ein Sechs-Wochen-Hoch erreicht. Ein Sechs-Wochen-Tief bedeutet also, dass der Ölpreis an einem Wochenschluss (Freitagabend in New York) tiefer liegen muss als an allen vorhergehenden fünf Freitagen. Dieses Signal ist dann so lange gültig – unabhängig davon, ob noch weitere Tiefs erreicht werden –, bis ein Gegensignal in Gestalt eines Sechs-Wochen-Hochs kommt.

Ich mag so kurzfristige Methoden eigentlich gar nicht, weil die Signale zu oft wechseln. Das ist bei einer Sechs-Wochen-Methode leider nicht zu vermeiden. Denn das Ölpreissignal wechselt ständig. Als ich es aber einfach durchtestete, bemerkte ich, dass die Signale für den Aktienmarkt oft gerade zur rechten Zeit kamen. Anscheinend reagiert der Aktienmarkt auf starke Veränderungen beim Ölpreis recht intensiv und kurzfristig; deshalb funktioniert diese Sechs-Wochen-Ölpreis-Methode so gut. Aus diesem Grund ist der Ölpreis ebenso wichtig wie die Zinsen.

Signale des Ölpreises Oktober 2002 bis März 2003

11.10.02	Kaufen	2.930,74
18.10.02	Kaufen	3.163,67
25.10.02	Kaufen	3.102,01
01.11.02	Kaufen	3.165,16

08.11.02	Kaufen	3.079,10
15.11.02	Kaufen	3.191,76
22.11.02	Kaufen	3.320,88
29.11.02	Verkaufen	3.320,32
06.12.02	Verkaufen	3.207,53
13.12.02	Verkaufen	3.077,06
20.12.02	Verkaufen	3.024,22
27.12.02	Verkaufen	2.840,00
03.01.03	Verkaufen	3.092,94
10.01.03	Verkaufen	3.037,33
17.01.03	Verkaufen	2.918,82
24.01.03	Verkaufen	2.717,82
31.01.03	Verkaufen	2.747,83
07.02.03	Verkaufen	2.569,34
14.02.03	Verkaufen	2.674,46
21.02.03	Verkaufen	2.648,87
28.02.03	Verkaufen	2.547,05
07.03.03	Verkaufen	2.431,66
14.03.03	Kaufen	2.403,19

Die Ölpreissignale 2002/2003 nach der Sechs-Wochen-Methode funktionierten für einen Anleger in DAX-Werten ausgezeichnet.

Wir müssen uns nur einigen, welchen Ölpreis wir verwenden wollen. Der meist zitierte Ölpreis ist der von Brent-Nordsee-Öl in Dollar pro Barrel. Häufig nennen die Medien auch Preise für Ölsorten in den USA, die zwei bis drei Dollar teurer sind als der Preis für Brent, der in Europa am häufigsten verwendet wird. Da kommt es leicht zu Missverständnissen. Wir nehmen also stets Brent-Öl, wenn wir den Ölpreis nennen.

Der US-Dollar

Schon seit den achtziger Jahren wusste ich aus Erfahrung, dass auch der Dollar-Kurs eine Rolle bei der Entwicklung der Aktienmärkte spielt. Ein steigender Dollar ist besser für Aktien als ein fallender.

Heutzutage, seit Einführung des Euros, zitiert man ja den Wechselkurs Dollar-Euro anders als früher. Während wir früher immer danach fragten: „Was macht der Dollar?“, und damit seinen Kurs, gemessen in D-Mark, wissen wollten, wird jetzt in allen Medien nicht mehr der Dollar-Kurs, sondern der Euro-Kurs in Dollar genannt. Wir müssen unsere Regel also anders formulieren: Ein steigender Euro ist schlecht für die Aktienbörsen, ein fallender Euro ist gut für die Aktienbörsen.

Auch hier müssen wir die Frage stellen: Warum ist das so?

Für Europa und Asien ist das relativ einfach zu erklären. Ein starker Dollar und damit ein niedriger Euro (beziehungsweise Yen) machen europäische und japanische Waren in den USA billiger. Die Exportchancen werden erhöht.

Umgekehrt erhöht freilich auch ein schwacher Dollar die US-Exportchancen nach Europa oder Asien. Aber das spielt eine untergeordnete Rolle, denn die USA sind kein Exportstaat. Die wenigsten US-Konzerne trachten danach, in andere Länder zu exportieren. Ihr eigener Markt genügt ihnen. Für die Amerikaner ist viel wichtiger, dass ihre Importpreise niedrig bleiben. Und dazu hilft ihnen auch ein starker US-Dollar. Er senkt die Einfuhrpreise. Bei einem schwachen Dollar drohen den Amerikanern höhere Zinsen, was wiederum ihre Unternehmenskosten erhöht.

Aus diesem Grund ist ein starker Dollar gut für alle Industriestaaten.

Die nächste Frage lautet: Wie messen wir, ob der Dollar steigt oder fällt?

Auch hier habe ich zahlreiche Tests durchgeführt, um zu erklären, welcher Zeitrahmen der geeignete ist. Die Sechs-Wochen-Methode hat sich hier als zu kurzfristig erwiesen. Die Signale kommen zwar schnell, aber es häufen sich hierbei die Fehlsignale. Die 38-Wochen-Methode, wie bei den Zinsen, kommt viel zu spät. Ich nehme hier also 15-Wochen-Hochs und 15-Wochen-Tiefs. Die Signale sind brauchbar und wechseln nicht zu schnell.

Signale des US-Dollars (15-Wochen-Methode) 2002

29.03.02	Kaufen	5.397,29
05.04.02	Kaufen	5.260,53
12.04.02	Kaufen	5.189,65
19.04.02	Kaufen	5.284,55
26.04.02	Verkaufen	5.000,38
03.05.02	Verkaufen	4.882,77
10.05.02	Verkaufen	4.871,70
17.05.02	Verkaufen	5.036,41
24.05.02	Verkaufen	4.899,13
31.05.02	Verkaufen	4.818,30
07.06.02	Verkaufen	4.610,18

14.06.02	Verkaufen	4.303,85
21.06.02	Verkaufen	4.232,40
28.06.02	Verkaufen	4.382,56
05.07.02	Verkaufen	4.483,03
12.07.02	Verkaufen	4.130,80
19.07.02	Verkaufen	3.891,88
26.07.02	Verkaufen	3.579,00
02.08.02	Verkaufen	3.532,49
09.08.02	Verkaufen	3.760,86
16.08.02	Verkaufen	3.684,69
23.08.02	Verkaufen	3.828,26
30.08.02	Verkaufen	3.712,94
06.09.02	Verkaufen	3.485,68
13.09.02	Verkaufen	3.361,28
20.09.02	Verkaufen	3.065,73
27.09.02	Verkaufen	2.918,90
04.10.02	Verkaufen	2.714,62

Wer den Dollar-Signalen vertraute, konnte ebenfalls die Baisse 2002 vermeiden.

Die Dollar-Methode ist nicht einer der besten Ansätze. Ich habe aber festgestellt, dass sie mit anderen Methoden sehr gut zu kombinieren ist. Ich habe auch versucht, die Dollar-Methode ganz wegzulassen. Die Ergebnisse wurden sofort insgesamt deutlich schlechter. Die Dollar-Methode hat gerade oft in sehr kritischen Zeiten, zum Beispiel 1998, als es heftige Kursstürze am Aktienmarkt gab, gute Warnzeichen abgegeben. Man muss also nach wie vor auf den Dollar-Kurs achten.

Goldpreis und Inflationsraten als Indikatoren?

Immer wieder werde ich gefragt, ob nicht der Goldpreis und die Inflationsraten gute Signale für die Aktien geben. Was den Goldpreis betrifft, gibt es keine durchgängige Beziehung zwischen steigendem Goldpreis und fallenden Aktienkursen. Es gab Jahre, in denen Aktien und Gold kräftig gestiegen sind, zum Beispiel in der zweiten Jahreshälfte 1982 oder in der ersten Jahreshälfte 1987.

Der Goldpreis ist eine Frühwarnung vor Inflation und außerdem eine Warnung vor einem schwachen Dollar. Der Goldpreis steigt meistens dann, wenn der Dollar schwach ist. Insofern ist es zutreffend, dass ein steigender Goldpreis eher auf schwächere Aktienmärkte hindeutet. Aber es ist eben nicht durchweg so. Verschiedentlich habe ich versucht, den Goldpreis als Indikator für den Aktienmarkt mit aufzunehmen, und ich habe auch verschiedene Zeitabschnitte getestet. Die Ergebnisse waren nicht so, dass ich den Eindruck hatte, der Goldpreis müsste als Indikator für den Aktienmarkt mit aufgenommen werden. Im Dollar-Trend ist der Goldtrend ja auch indirekt enthalten. Ein schwacher Dollar bedeutet meistens auch einen steigenden Goldpreis. Wenn Gold fällt, dann steigt meistens der Dollar.

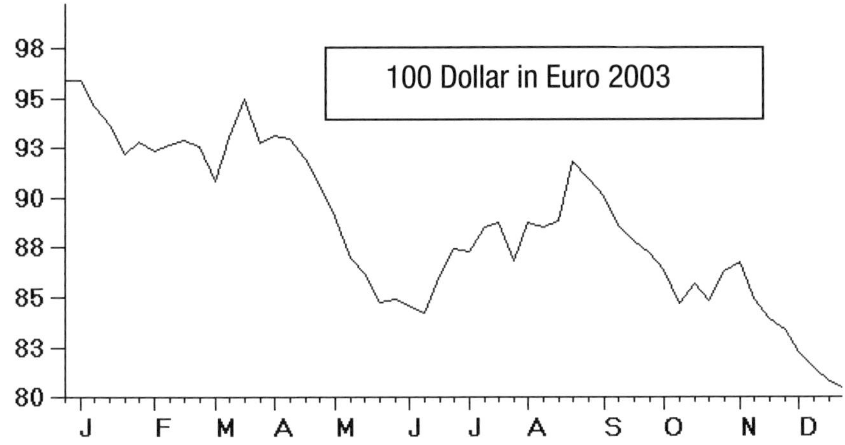

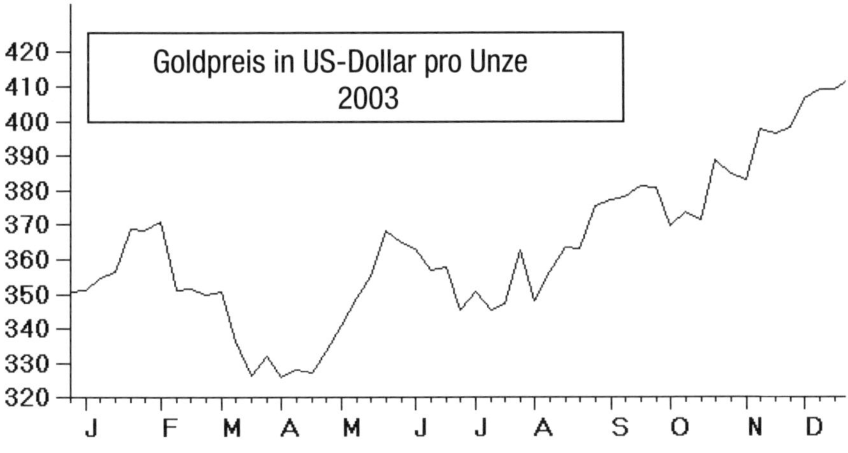

US-Dollar und Goldpreis bewegen sich in der Regel entgegengesetzt.

Die Inflation könnte sicherlich ein Indikator für die Aktien sein. Steigende Preise waren auf die Dauer stets schlecht für die Aktien, stabile Preise waren gut. Aber bedenken Sie, dass es im Grunde nicht nötig ist, die Verbraucherpreise oder Erzeugerpreise extra ins Gesamtsystem einzubringen. Denn höhere Inflation hat sich in der Regel sofort in steigenden Zinsen niedergeschlagen und dann auch noch im steigenden Ölpreis. Mit den Zinsen und dem Ölpreis haben wir eigentlich das Thema Inflation bereits einbezogen, und sogar meistens sehr frühzeitig, noch ehe sich höhere Inflationsraten in den Verbraucherpreisen zeigen. Da haben Ölpreis und steigende Zinsen schon gewarnt: Achtung, die Preise gehen beschleunigt nach oben!

Auftragseingänge und Geschäftsklima-Index als Indikatoren?

Die Statistiken der Auftragseingänge der Industrieunternehmen lassen sich nur schwer als Hinweise für die Richtung der Aktienkurse einbringen. Einzelne Großaufträge können die Statistik verzerren; zudem erfolgt die Veröffentlichung immer erst mit einem Monat Verspätung.

Etwas schnellere Hinweise kommen von den Ergebnissen des Geschäftsklima-Index, in dem sich die Aussagen von Top-Managern zur Lage und zu den Konjunkturerwartungen der befragten Unternehmen niederschlagen. Das *Handelsblatt* fasst schließlich in seinen zwei Konjunkturindikatoren für Deutschland und Europa die Auftragseingänge und den Geschäftsklimaindex zusammen.

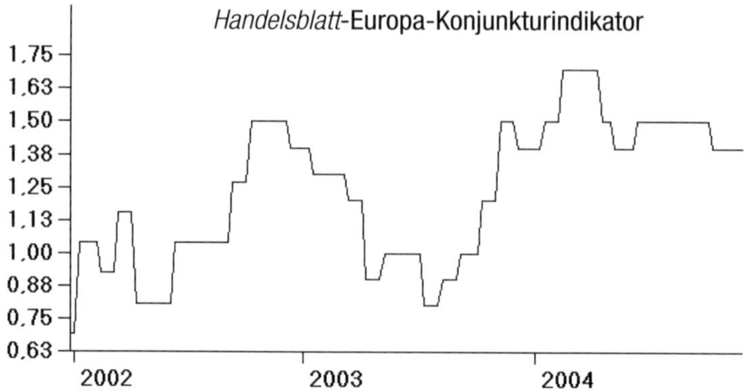

Der Konjunkturindikator des Handelsblatt *gibt mit einer Vorlaufzeit von drei Monaten in der Regel einen guten Einblick auf die zu erwartende konjunkturelle Lage.*

Verwechseln Sie bitte nicht den Konjunkturtrend mit dem Aktientrend! Der Konjunkturverlauf ist nicht unbedingt identisch mit dem, was die Börsen erwarten. Die Börsen reagieren meistens ein wenig schneller und schauen für gewöhnlich weiter voraus. So sanken die Erwartungen und die Stimmung im Jahr 2003 noch bis in den Sommer hinein, während sich die Aktienkurse von ihrem Tiefstand bereits seit April kräftig erholen konnten.

In Zeiten von Inflationsängsten sind gute Konjunkturdaten nicht immer gut für die Aktienkurse, weil dann gleich wieder Angst vor steigenden Zinsen aufkommt. In Zeiten allerdings, in denen die Angst vor einem Wirtschaftszusammenbruch überwiegt, so wie im März 2003, ist ein positiver Konjunkturausblick schon Balsam für die Seele der Aktionäre. Ich kann mich noch gut an die Situation im Frühjahr 2003 erinnern. Da klingelte bei mir öfters das Telefon als sonst, und die Anrufer erklärten mir, dass doch nun offenkundig alles zusammenkrache. Meine Antwort war nur: „Schauen Sie mal aus dem Fenster! Die Autos fahren noch, der Verkehr bewegt sich noch genau wie vor ein bis zwei Jahren. Dass jetzt alles am Zusammenbrechen ist, müssen Sie den Medien nicht unbedingt glauben.“

Es ist also unterschiedlich, wie sich die Konjunktur auf die Aktienmärkte auswirkt. Gute Auftragseingänge wirken sich für die betroffenen Unternehmen (Bau, Maschinenbau, Autoindustrie) freilich positiv aus. Steigen aber gleichzeitig die Zinsen, sind dann zum Beispiel bei den Finanztiteln bereits wieder Rückschläge am Aktienmarkt möglich.

Die Geldmenge als Kontra-Indikator?

Es wird auch behauptet, dass sich eine genaue Beobachtung der Zentralbank-Geldmenge zur Bestimmung der Richtung an den Aktienmärkten lohne. Weite diese sich zu sehr aus, müssten die Zentralbanken das Geld knapper halten, also beispielsweise die Leitzinsen anheben. Doch tun das auch die Zentralbanken immer rechtzeitig? Zunächst einmal wirkt sich eine Geldschwemme sehr positiv am Aktienmarkt aus. Das fiel besonders zur Jahrtausendwende auf, als die Zentralbanken aus Sorge um mögliche Computerabstürze und darauf folgende Engpässe in der Geldversorgung die Geldmenge ausweiteten und die überschüssigen Mittel in die Aktienmärkte strömten. Eng wird es erst dann, wenn die Zentralbanken Gegenmaßnahmen ergreifen, um die Geldmenge wieder einzudämmen. Doch sehen wir dies ja dann bereits an den steigenden

Zinsen, die uns warnen. Solange die US-Schuldenpolitik und die damit verbundene Ausuferung der Geldmenge nicht zu Zinserhöhungen oder zu einem Dollar-Absturz führt, besteht für Aktionäre kein Anlass, darüber unglücklich zu sein.

Der Saisonfaktor

Aus welchem Grund steigen die Aktien vor allem zwischen Ende Oktober bis Mitte April? Warum steigen sie zu diesem Zeitpunkt wesentlich öfter und stärker als in den Sommermonaten? Ich habe früher dafür keine Erklärung gefunden und mich auch lange geweigert, so etwas überhaupt in die Überlegungen über Anlagestrategien mit einzubeziehen. Zudem gibt es ja auch immer wieder Ausnahmejahre, in denen die Börse anders läuft als gewöhnlich. Beispielsweise waren die Monate Januar bis März 2003 äußerst schlechte Börsenmonate, ungeachtet der Erfahrung, dass Januar bis März sonst in der Regel gute Kursgewinne bringen.

Aber die Statistik sagt eindeutig: Wer in den vergangenen Jahrzehnten von Ende Oktober bis April angelegt hätte, der hätte wesentlich besser abgeschnitten, als wenn er das ganze Jahr engagiert gewesen wäre. Das ist nachweisbar, und an dieser Tatsache kommen wir nicht vorbei.

Warum aber ist dies so? Ich nehme an, es hängt ganz schlicht und einfach mit der Urlaubssaison zusammen. Die Leute brauchen ihr Geld im Sommer für den Urlaub und legen in dieser Zeit ihre verfügbaren Mittel nicht an der Börse an. Erst im Herbst geben sie dann ihre überschüssigen Gelder wieder in ihre Aktienfonds. Da haben sie wieder ein wenig übrig zum Anlegen, was im Sommer nicht der Fall ist. Und weil die Fonds dies wissen, richten sie sich entsprechend ein und verstärken dann diesen Saisontrend noch durch Zurückhaltung im Sommer und durch Käufe im Herbst und Winter.

Es war nicht immer der gesamte Zeitraum von Mitte April bis Ende Oktober gefährlich. Insgesamt waren es etwa 16 aufeinander folgende Wochen, in denen die Aktien schlechter abschnitten als sonst. Die gefährlichen 16 Wochen sind errechenbar, indem der Durchschnitt der jeweils vorangegangenen zehn Jahre zugrunde gelegt wird. Im Jahre 1973 lagen beispielsweise die kritischen 16 Wochen nach den Ergebnissen der Jahre 1963 bis 1972 zwischen dem 6. April und dem 27. Juli. In den achtziger Jahren war die Zeit Ende Juli bis Ende Oktober sehr gefährlich; erst in den letzten Oktober-Tagen konnte man damals davon ausgehen, dass die schwierige Börsensaison ausgestanden war und die Zeit der Kurssteigerungen begann. Seit 1998 drohte bereits nach dem 9. Oktober in der Regel keine Gefahr mehr.

Meine Regel lautet daher: Überprüfe, welche 16-Wochen-Zeitspanne des Jahres im Durchschnitt der letzten zehn Jahre das schlechteste Ergebnis brachte. Sei in diesem Zeitraum besonders vorsichtig!

Derzeit gilt es – im Hinblick auf die Statistik der Jahre 1994 bis 2004 – besonders in den Monaten Juni bis September besonders aufzupassen. In dieser Zeit gibt die Saisonmethode also negative Signale. In der übrigen Zeit des Jahres, acht Monate lang, gibt sie positive Signale. Der Oktober darf derzeit nicht mehr als schlechter Börsenmonat gewertet werden. Man muss sich aber alle Jahre wieder die Mühe machen und seine Statistik jeweils dem Stand der letzten zehn Jahre anpassen.

Der Trend der Aktien

Bisher wurden folgende Indikatoren vorgestellt, die uns Signale für den Aktienmarkt geben sollen: die Zinsen, der Ölpreis, der Dollar und der Saisonfaktor. Ergänzen wollen wir die Indikatoren noch durch den Trend, den die Aktien weltweit selbst vorgeben. Das ist nicht unproblematisch. Denn die Ermittlung dieses Trends beruht ja nur auf technischer Analyse; nach den Gründen wird nicht gefragt. Kommen wir denn nicht immer viel zu spät, wenn wir erst dann reagieren, wenn die Aktien schon eindeutig eine bestimmte Richtung eingenommen haben? Die Antwort lautet: Wenn wir die richtigen Aktienindizes nehmen, kommen die Signale zwar spät, aber nicht zu spät.

Die Sechs-Wochen-Indizes-Methode

Wie ermitteln wir nun einen weltweiten Trend der Aktienmärkte? Eine Möglichkeit wäre, sehr viele Aktienindizes, zum Beispiel 50, weltweit zu verfolgen und am Wochenschlusstag (Freitag) zu überprüfen: Wie viele von ihnen erreichten gerade an diesem Freitag ein Sechs-Wochen-Hoch, wie viele ein Sechs-Wochen-Tief? Überwiegen die

Hochs oder die Tiefs? Wenn wir so vorgehen, bekommen wir sehr oft Signalwechsel. Denn die Methode ist sehr empfindlich; sie gibt Trendveränderungen verhältnismäßig schnell an. Denn sechs Wochen sind ja keine große Zeitspanne. Wenn sich der allgemeine Trend weltweit nur geringfügig nach unten verändert, dann gibt es schon einige Aktienindizes, die bereits neue Sechs-Wochen-Tiefs melden, während bisherige Favoriten keine neuen Hochs mehr zustande bringen. So haben wir dann bereits einen negativen Trend.

Wie schnell diese Methode Gefahren anzeigt, sehen wir etwa am Beispiel Juli 1998, als die Weltbörsen sehr schnell von Euphorie in Panik umschlugen:

Datum	**Anzahl Hochs zu Tiefs**	**Kaufen oder Verkaufen?**	**Stand des DAX**
03.07.98	22 zu 5	K	5961
10.07.98	16 zu 4	K	6001
17.07.98	38 zu 1	K	6147
24.07.98	3 zu 5	V	6035
31.07.98	2 zu 16	V	5900
07.08.98	0 zu 32	V	5581
14.08.98	0 zu 34	V	5447
21.08.98	0 zu 27	V	5163
28.08.98	0 zu 33	V	4993
04.09.98	0 zu 29	V	4820
11.09.98	1 zu 19	V	4737
18.09.98	2 zu 18	V	4598
25.09.98	4 zu 12	V	4584
02.10.98	4 zu 21	V	4019
09.10.98	6 zu 18	V	3973
16.10.98	18 zu 1	K	4469

Die Sechs-Wochen-Indizes-Methode hat in der kritischen Zeit der Asien-Krise 1998 durchgehend gewarnt.

Ein Anleger, der in DAX-Aktien engagiert war, aber auf die Warnung vom 24. Juli hörte und verkaufte, wäre durch diese Methode vor 35 Prozent Verlust bewahrt worden. Der Wiedereinstieg erfolgte zwar nicht zum tiefsten Punkt, aber doch noch rechtzeitig, um den folgenden Aufschwung nicht zu verpassen.

Aber weil diese Methode so schnell reagiert, gibt sie auch immer wieder viele Fehlsignale. Schlimm sind vor allem wechselnde Signale von Woche zu Woche. Denn kein Anleger kann Woche für Woche sein Depot neu aufbauen und wieder abräumen. Immerhin hat die Methode zwar bisher vor jeder Baisse gewarnt. Solange sie Kaufsignale gab, konnte man beruhigt sein, selbst wenn andere Methoden Alarm schlugen. Aber allein auf diese Methode könnte man keinen Ein- und Ausstieg planen.

Ein weiterer Nachteil ist der Arbeitsaufwand. Für mich ist es zwar nur eine Sache von 15 Minuten, schnell 50 Aktienindizes vom Videotext-Bildschirm abzulesen und in den Computer einzugeben. (Wer es nicht ganz so eilig hat, kann sich die Aktienindizes auch eine Weile nach Börsenschluss aus Internetseiten herunterladen.) Aber diese Zeit möchte man ja im Grunde nur dann aufwenden, wenn die Methode unter dem Strich phantastische Ergebnisse bringt. So gut aber ist sie auch nicht, wie Sie in der Erfolgstabelle sehen können.

Die 13-18-Wochen-Methode

Wenn Sie einen Aktienindex beobachten, wie zum Beispiel den DAX, und messen möchten, wenn eine Trendwende kommt, dann benötigen Sie klare Regeln. Die Charttechnik mit ihren vieldeutigen Trendlinien halte ich dafür in den meisten Fällen für ungeeignet.

Es gibt aber präzise Möglichkeiten, Trends zu definieren. In der Vergangenheit habe ich öfters die *Quartalmethode* von W. D. Gann empfohlen: *Kaufe, wenn der Kurs erstmals höher liegt als der bisher höchste Kurs in diesem und im letzten Kalenderquartal! Verkaufe, wenn der Kurs erstmals tiefer liegt als der bisher tiefste Kurs in diesem und im letzten Kalenderquartal!*

Man kann diese Methode noch ein wenig vereinfachen und damit auch leichter als Excel-Datei programmieren, wenn man die Regeln wie folgt festlegt:

Regel 1: Wenn ein Aktienindex ein 13-Wochen-Hoch meldet, ist er im Aufwärtstrend.
Regel 2: Wenn ein Aktienindex ein 18-Wochen-Tief meldet, ist er im Abwärtstrend.
Regel 3: Solange kein neues Hoch oder Tief erfolgt, gilt der bisherige Trend.

Diese Regeln werfen einige Fragen auf. Zunächst: Warum sollten wir erst bei neuen Hochs und Tiefs reagieren und nicht lieber gleitende Durchschnitte anwenden? Kommen da die Signale nicht schneller?

Schnellere Signale sind nicht immer besser. Es gibt in der Trendanalyse nichts Schlimmeres als jede Woche veränderte Signale. Es ist schon wichtig, dass dieses Missgeschick durch die Auswahl des Systems verhindert wird. Nach einem neuen Hoch für einen bestimmten Zeitraum muss einige Zeit vergangen sein, ehe durch ein neues Tief ein Gegensignal gemeldet werden kann. Spätere Signale sind dann wenigstens zuverlässiger. Aus diesem Grund bevorzuge ich die Analyse mit Hochs und Tiefs anstelle gleitender Durchschnitte.

Aber warum nun ausgerechnet diese Zahlen 13 und18? Und warum gilt ein Aufwärtstrend bereits bei einem 13-Wochen-Hoch und ein Abwärtstrend erst bei einem 18-Wochen-Tief? Das habe ich ganz einfach durch Ausprobieren und Erfolgsmessung festgestellt. Zu kurz darf der Zeitraum nicht sein, sonst gibt es dauernd Fehlsignale. Zu lang darf er aber auch nicht sein, sonst kommen die Signale viel zu spät. Auch Gann hat 1942 schon entdeckt, dass dieser Zeitraum von drei bis fünf Monaten für die Trendbestimmung eines Index der optimale ist. Ich habe es auch mit verschiedenen anderen Zeiträumen versucht und dabei entdeckt, dass eine Wende nach oben schneller erfolgt als die Wende nach unten; daher die unterschiedlichen Zahlen.

Übrigens funktioniert diese Methode ausgerechnet beim DAX und auch beim Euro-Stoxx-50-Index nicht so gut, wie Sie dann in der Erfolgstabelle sehen werden. Das Ergebnis seit 1973 wäre sogar etwas schlechter als beim DAX-Daueranleger. Aber zum Glück haben wir andere Indizes, die den DAX stark beeinflussen. Sie werden sie gleich kennen lernen.

Sie müssen übrigens nicht unbedingt mit einem Computer arbeiten, um diese Systeme ausprobieren zu können. Ich habe mir jahrzehntelang nur mit einem Taschenrechner geholfen. Es war zwar zeitraubend, aber es war möglich. Sie können die Methode auch ohne Computer anwenden, wenn Sie sich mindestens 18 Wochen hintereinander die Index-Werte in eine Tabelle eingetragen haben. Sie werden dann auch mit bloßem Auge erkennen, wenn eine Trendwende erfolgt.

Um Missverständnisse zu vermeiden: Ein 13-Wochen-Hoch bedeutet nicht, dass der Kurs nur höher ist als der Kurs vor zwölf Wochen. Sondern er muss höher sein als *jeder* Kurs der zurückliegenden zwölf Wochen. Mit einem Excel-Programm können Sie das auf einfachste Weise einrichten.

Dow-Jones-Utility-Index und Nasdaq-Composite-Index

Gute und präzise Signale, auch für den deutschen Anleger, der in seinem Depot hauptsächlich europäische Standardwerte oder DAX-Titel hält, bieten zwei US-Aktienindizes, der Dow-Jones-Utility-Index und der Nasdaq Composite.

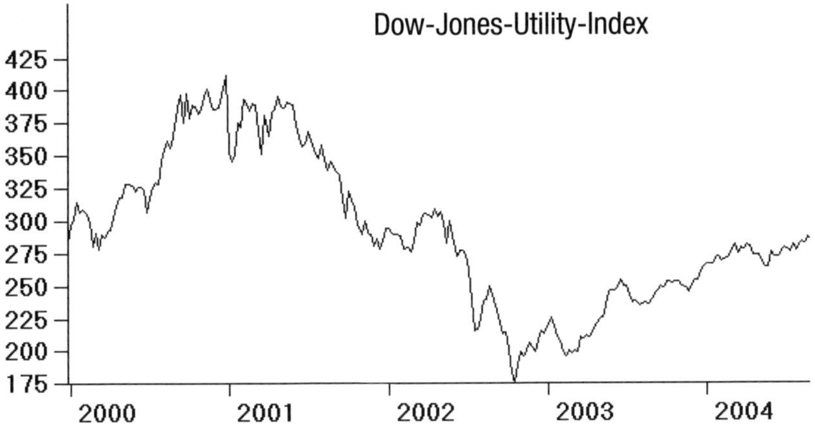

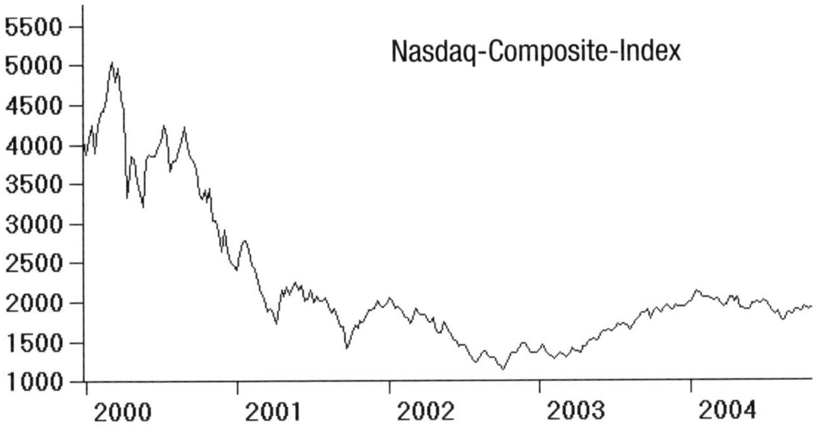

Der Dow-Utility-Index und der Nasdaq-Composite-Index geben in Kombination die besten Signale von Indizes für den Gesamtmarkt.

Der Dow-Jones-Index der Versorger-Aktien (kurz: Dow Utility) war unter Trendforschern lange Zeit sehr beliebt. Er enthält „langweilige“

Energieversorger wie American Electric Power, Exelor, First Energy, Enterprise Group und Consolidated Edison, um nur einige zu nennen.

Was machte diesen Index so interessant, dass ihn John Murphy in „Technische Intermarket-Analyse" 1991 als „Frühindikator für die Aktienkursentwicklung" empfahl und ich mich in meinem Buch „Aktien ohne Stress" 1996 dieser Beurteilung anschloss?

Die Tatsache, dass die Gewinne dieser Unternehmen nicht sehr stark schwankten, machte diesen Index zu einem berechenbaren Faktor dafür, ob Aktien im Verhältnis zu Zinspapieren eher über- oder unterbewertet sind. Deshalb gab dieser Index mit seinen „langweiligen" Aktien meist sehr viel schneller die künftige Richtung der Aktienmärkte vor als etwa der Dow Jones Industrial oder der S&P 500.

Ich muss gestehen, dass ich seit Mitte 2000 sehr im Zweifel war, ob der Dow Utility noch gute Signale gibt, seit die US-Energiebehörde die Preise nicht mehr reguliert und die Gewinne der Energielieferanten daher auch nicht mehr genau kalkulierbar sind. Dennoch bleiben die Erfolge dieses Frühindikators aus der Sicht der vergangenen 30 Jahre beeindruckend: Der als Enron-Skandal bekannte betrügerische Konkurs eines Energielieferanten und die US-Energiekrise hatten zwar in den Jahren 2001 bis 2002 ein wenig Unruhe in diesen Index gebracht. Aber das hat sich inzwischen gelegt, und der Dow-Utility-Index ist dabei, seine frühere mittelfristige Verlässlichkeit wieder zurückzugewinnen.

Wenden wir die 13-18-Wochen-Methode auf den Dow Utility an und legen nach seinen Signalen in DAX-Werten an, dann kann man über das Ergebnis nur staunen: Die Erfolgsbilanz ist so gut wie bei den Zinssignalen!

Nicht ganz so gute Ergebnisse bringt ein anderer US-Index, der Nasdaq. Im Gegensatz zu den „langweiligen" Energie-Aktien des Dow Utility enthält die Nasdaq-Börse sehr dynamische Hochtechnologiewerte, die sehr viel stärkere Kursschwankungen aufweisen. Es gibt zwei verschiedene Indizes mit diesem Namen, die nicht miteinander verwechselt werden dürfen. Der Nasdaq 100 enthält nur die 100 größten an dieser Technologiebörse gehandelten Aktien. Häufiger zitiert wird aber der Nasdaq Composite, der alle Aktien dieser Börse berücksichtigt, sie aber nach Größe gewichtet. Diesen Index meine ich, wenn vom „Nasdaq" die Rede ist.

Die Technologieunternehmen, die in diesem Index enthalten sind, arbeiten großenteils noch mit Verlust und sind daher reine Hoffnungswerte. Daher unterliegen diese Aktien heftigen Schwankungen, und deshalb reagieren sie sehr schnell – sowohl auf eine drohende Aktien-

Baisse als auch auf Kursgewinnaussichten. Die Signale, die der Nasdaq uns gibt, liegen in der Erfolgsstatistik zwar deutlich hinter denen des Dow Utility, aber sie sind weit besser als die Signale, die uns der DAX nach der 13-18-Wochen-Methode präsentiert.

Aber die bereits sehr guten Signale der beiden US-Indizes lassen sich noch verbessern, wenn man sie miteinander kombiniert. Wir vermeiden nämlich Fehlsignale dadurch, dass wir folgende Regel aufstellen:

Für eine Trendwende nach oben und nach unten müssen die Signale des Nasdaq und des Dow Utility in die gleiche Richtung zeigen. Meldet nur einer der beiden Indizes eine Trendwende, so gilt noch das bisherige Signal!

Die Signale dieser Kombination sind so stark, dass es sich lohnt, sie als eigenes System stehen zu lassen; dies zeigt die Erfolgstabelle.

Erfolgsstatistik der Methoden

Welche unterschiedlichen Ergebnisse die verschiedenen Methoden erbrachten, können Sie der folgenden Statistik entnehmen, die die Anlageerfolge verschiedener Methoden seit 1973 aufzeigt.

Vom 29. Dezember 1972 bis 1. Oktober 2004 wurden aus 100 Euro Anlage bei Beachtung der Kauf- und Verkaufssignale unter der Annahme, dass der DAX gekauft und verkauft worden wäre, folgende Summen:

Kombinierte Methode	6.412,64 €	Jährliche Rendite	14,86 %
Saison + Öl + Dollar	5.861,71 €	Jährliche Rendite	13,53 %
Dow Utility + Nasdaq	3.158,75 €	Jährliche Rendite	12,18 %
Saisonmethode	2.728,52 €	Jährliche Rendite	10,87 %
Dow Utility	2.564,43 €	Jährliche Rendite	10,64 %
Zinsmethode	2.205,44 €	Jährliche Rendite	10,13 %
Ölpreis-Methode	2.082,90 €	Jährliche Rendite	9,95 %
Nasdaq	1.365,80 €	Jährliche Rendite	8,48 %
Sechs-Wo-Indizes-Methode	958,46 €	Jährliche Rendite	7,29 %
Dollar-Methode	878,68 €	Jährliche Rendite	7,02 %
Daueranleger im DAX	751,45 €	Jährliche Rendite	6,47 %
DAX 13-18-Wo-Methode	683,88 €	Jährliche Rendite	6,17 %

Übrigens wurden sämtliche Systeme so getestet, dass die Signale erst am darauf folgenden Werktag (in der Regel Montag) vormittags ausgeführt wurden.

Wie messen wir objektiv, wie erfolgreich eine Methode war? Das ist gar nicht so einfach. Nehmen wir an, wir beginnen mit der Messung der Erfolgsstatistik im Jahr 1973. Dann dürfen wir zum Beispiel nicht einfach nach jedem Ein- und Ausstieg den prozentualen Gewinn oder Verlust ausrechnen und am Ende zusammenzählen. Das könnte dann so aussehen: beim ersten Geschäft 50 Prozent gewonnen, danach 25 Prozent verloren, bliebe also unter dem Strich ein Plus von 25 Prozent. Das aber ist mathematisch völlig falsch. So darf man nicht arbeiten. Der Gewinn unter dem Strich ist nämlich nur 12,5 Prozent in diesem Beispiel!

Wie erhalten wir richtige Ergebnisse? Man muss einfach simulieren: Was wäre gewesen, wenn ich am 29. Dezember 1972 (letzter Freitag im Jahr) mit 100 Euro zum Beispiel den DAX gekauft hätte? Danach folge ich einer bestimmten Methode, beispielsweise der Saisonmethode. Da hätte ich dann am 6.April 1973 verkaufen müssen. Messe ich mein Ergebnis am DAX, dann wäre der Einstieg am 29. Dezember 1972 bei einem Stand von 536,40 Punkten erfolgt, der Verkauf nach dem 6. April 1973 (DAX-Stand von 567,40 Punkten). Fairerweise darf ich nun auch nicht davon ausgehen, dass ich noch am 6. April zum DAX-Schlusskurs verkaufen konnte. Das mag bei der Saisonmethode noch zulässig sein, aber nicht bei anderen Methoden, bei denen ich die Schlusskurse aus New York benötige. Ich muss also annehmen, dass ich erst am darauf folgenden Werktag (in der Regel Montag) vormittag zur Eröffnung verkaufen konnte. Da stand der DAX bei 563,00. Ich bin mit 100 Euro am 29. Dezember 1972 zum Kurs 536,40 eingestiegen und habe nun zum Kurs 563,00 verkauft. Mein Vermögen beträgt jetzt 104,96 Euro. Spesen rechne ich bei diesen Geschäften nicht mit, da diese sehr unterschiedlich sind, je nach Anlagesumme und nach Bank. Dafür rechne ich auch keine Zinsen auf das freigewordene Kapital in den Zeiten, in denen ich keine Aktien habe.

Mit dem Vermögen von 104,96 Euro wäre ich dann nach der Saisonmethode auf Grund des Signals vom 27. Juli 1973 wieder eingestiegen, aber auch hier erst am darauf folgenden Werktag zum Eröffnungskurs. Der DAX lag hier bei 442 Punkten. Der nächste Ausstieg erfolgte zum Signal vom 5. April 1974, also am 8. April 1974 zum Kurs 417,50. Das Vermögen von 104,96 Euro wäre nun auf 99,14 Euro geschrumpft, wie man leicht ausrechnen kann. Das nächste Kaufsignal wäre dann nach der Saisonmethode am 26. Juli 1974 erfolgt (Kurs am 29. Juli 1974 bei

390,50), und ich wäre zu diesem Kurs mit meinem nunmehrigen Vermögen von 99,14 Euro eingestiegen. Nur so ist die Erfolgsrechnung auch mathematisch in Ordnung.

Warum beginne ich mit der Erfolgsstatistik erst im Jahr 1973? Weil erst seit etwa 1970 der Dollar-Kurs und erst seit 1972 der Ölpreis nennenswerte Schwankungen aufwiesen, die sich für eine Überprüfung der Methoden eignen. Vorher stand der Dollar fast immer konstant bei vier D-Mark, und am Ölmarkt gab es kaum Bewegung. Die Zinsmethode und die Index-Methoden konnte ich auch noch bis in die fünfziger Jahre zurückverfolgen; dabei hat die Zinsmethode besonders gute Signale gegeben.

Auch eine andere Frage ist zu beantworten: Warum gehe ich bei der Erfolgskontrolle von einer Depotzusammensetzung aus, die dem DAX entspricht? Ich hätte auch einen anderen Index nehmen können. Die Ergebnisse wären ganz ähnlich geworden, weil die Weltbörsen mehr oder weniger in dieselbe Richtung laufen. Aus Erfahrung weiß ich, dass die Depots deutscher Anleger noch am ehesten dem DAX vergleichbar aufgebaut sind. Insofern ist es schon ein Anhaltspunkt für die Qualität einer Methode, wie sie nach einer dem DAX entsprechenden Depotzusammensetzung abschneidet.

Wenn ich bei Vorträgen referiere, welche Ergebnisse die Methoden, denen ich folge, erzielt haben, ernte ich immer wieder ungläubiges Staunen, wenn ich erzähle, wie etwa nach der Saison+Öl+Dollar-Methode in 32 Jahren aus 100 Euro 5862 Euro entstanden sind. Es entspricht nur einer jährlichen Durchschnittsrendite von rund 13,5 Prozent. Das ist ein schöner Erfolg, aber er ist keineswegs sensationell. Im Übrigen hoffen wir ja auch, solche Renditen dadurch überbieten zu können, dass wir eben nicht einen Index kaufen, sondern Aktien, die in der Mehrzahl höhere Kursgewinne liefern als der Index.

Die Saison+Öl+Dollar-Methode

Um unser Signalsystem zu optimieren, ist es nötig, Methoden zu kombinieren. Das muss aber in der richtigen Art und Weise geschehen. Es ist zum Beispiel nicht zweckmäßig, in der Weise vorzugehen, dass ich mein Vermögen auf beispielsweise fünf Methoden verteile und mit je einem Fünftel der Saisonmethode, der Zinsmethode, der Dollar-Methode, der Ölmethode und der 13-18-Wochen-Dow-Utility-Methode folge. Dann streue ich zwar mein Risiko, aber mein Ergebnis liegt dann insgesamt nicht besser als der Durchschnitt jeder dieser Methoden – in dem genannten Fall bei 2092 Euro. Eine gute Kombination muss vor allem Fehlsignale einzelner Methoden ausfiltern und dadurch ein sehr viel besseres Ergebnis vorweisen als jede einzelne Methode.

Die Saison+Öl+Dollar-Methode, wie ich sie einmal nennen will, erfüllt diese Bedingung ganz vortrefflich. Sie funktioniert nach einem einfachen Punktesystem: Wenn zwei dieser drei Methoden Kaufsignale geben und eine ein Verkaufssignal, dann lautet das Gesamtsignal „Kaufen". Die Mehrheit entscheidet; die drei Methoden stimmen sozusagen demokratisch ab.

Nun wird der Leser möglicherweise einwenden, dass die Dollar-Methode doch bei weitem schwächer ist als die Saisonmethode und die Ölpreismethode. Die jährliche Rendite der Dollar-Methode beträgt nur 7,02 Prozent; aus 100 Euro wären nur 878,68 Euro geworden. Das ist nicht sehr viel besser, als ein Daueranleger im DAX erzielt hätte. Dürfen wir sie dann mit jenen gleichgewichten? Ja, wir dürfen! Denn meine Tests haben ergeben, dass die Dollar-Methode gerade in kritischen Zeiten eine ausgezeichnete Hilfe war. Wenn wir ihre Signale ganz weglassen, wird das Gesamtergebnis sofort wesentlich schlechter.

Die Ölpreis-Sechs-Wochen-Methode weist allein ein starkes Ergebnis mit einer jährlichen Rendite von 9,95 % auf. In den kritischen Jahren 2000 bis 2003 wäre die Ölpreismethode sogar die beste Methode gewesen. Aber ihre kurzfristigen Signale führen eben dazu, dass es auch oft Fehlalarm gibt.

Wie treffsicher die Signale der Saisonmethode waren, der Dritten im Bunde, wurde ja bereits erwähnt. Freilich gibt es auch hier Fehlsignale, beispielsweise die viel zu späte Warnung vor dem kräftigen Kurseinbruch zur Jahresmitte 2002.

Wie gehen wir mit den zahlreichen Signalwechseln um?

Auf einen Nachteil dieser großartigen Methode möchte ich Sie aber dennoch hinweisen:

Es kommt sehr häufig zu wechselnden Signalen. Von 1973 bis 2004 gab es insgesamt 146 neue Signale bei diesem System; viele davon mussten binnen kurzer Zeit wieder korrigiert werden. Im Schnitt gab es alle 2,6 Monate ein neues Signal!

Im Grunde kann ein Anleger so nicht arbeiten. Wir können nicht alle zweieinhalb Monate unser Depot ganz abräumen und nach weiteren zweieinhalb Monaten wieder neu aufbauen. Das kostet enorm viel

Spesen, wenn man bei seiner Bank mit einem Prozent Provision bei jedem Kauf und Verkauf rechnen muss.

Dazu kommt noch die Sache mit der einjährigen Spekulationsfrist. In Deutschland und Österreich müssen nämlich Kursgewinne dann versteuert werden, wenn zwischen Kauf und Verkauf nicht zwölf Monate liegen. In der Schweiz besteht das Problem gar nicht; da muss gar nichts versteuert werden. Da gibt es gar keine Spekulationsgewinne; es ist jedermanns Privatsache, wie viele Kursgewinne er macht. Es würde an dieser Stelle zu weit führen, das Für und Wider der Versteuerung von Kapitalgewinnen zu erörtern. Aber eine politische Führung sollte sich entscheiden, wie sie eigentlich eine Anlage in Aktien ansehen will: als notwendige Altersvorsorge und Alterssicherung oder als kapitalistisches Spiel, bei dem man die Teilnehmer gar nicht genügend besteuern kann. Dass der deutsche Staat stattdessen jahrzehntelang Kapitallebensversicherungen steuerlich begünstigt hat, die den Anlegern nur Minirenditen brachten und ohne die steuerliche Begünstigung niemals eine Konkurrenz zu anderen Geldanlagen wie Aktien oder Anleihen gewesen wären, ist in keiner Weise zu rechtfertigen. Vermutlich traute man dem Normalbürger nicht zu, dass er sein Geld auch selbst zweckmäßig da investieren kann, wo es die Versicherer platzieren.

Jedoch kommen Anleger mit einer einjährigen Spekulationsfrist noch gut zurecht, wenn danach die Kursgewinne steuerfrei sind. In den USA müssen Kursgewinne grundsätzlich immer besteuert werden; dafür sind die Höchststeuersätze aber wesentlich niedriger als in Deutschland. Freilich ist unser System auch so angelegt, dass wir nur dann bereits nach verhältnismäßig kurzer Zeit verkaufen, um Verluste zu begrenzen, nicht aber, um hohe Gewinne mitzunehmen. Optimal wäre es, dafür zu sorgen, dass die meisten unserer erfolgreichen Aktien länger als ein Jahr im Depot liegen.

Und es wäre auch aus Spesengründen wichtig, wenn wir nicht ständig unser gesamtes Depot abräumen und neu bestücken müssten.

Was tun? Hilft es, wenn wir noch andere Indikatoren mit einbeziehen? Bis jetzt haben wir ja in die Saison+Öl+Dollar-Methode die Indizes und die Zinsen noch gar nicht mit einbezogen.

Wenn wir das tun würden, also für die Zinssignale und die Richtung der Aktienindizes auch noch Punkte verteilen und mit auswerten, könnten wir einerseits das System noch verbessern und die Zahl der Fehlsignale etwas reduzieren. Wir könnten auf eine durchschnittliche Rendite von über 14 Prozent und auf eine Durchschnittszahl von sieben Monaten kommen für den Zeitraum bis zu einem Gegensignal.

Die Lösung: die kombinierte Methode

Mein Vorschlag lautet, neben der Saison+Öl+Dollar-Methode noch zwei andere Systeme entweder gleichberechtigt stehen zu lassen oder mit ihr zu kombinieren: die Zinssignale und die Indexkombination Dow Utility+Nasdaq. Zwar weisen diese nicht die hohe Erfolgsquote auf, aber sie haben den großen Vorteil, dass ihre Signale ziemlich konstant sind. Die Zinssignale geben im Schnitt nur alle 18 Monate ein neues Signal und die Kombination Dow Utility+Nasdaq nur alle zehn Monate.

In der Tabelle der Erfolgsstatistik nimmt die „kombinierte Methode“ Platz eins ein mit einer jährlichen Rendite von 14,86 Prozent.

Sie besteht aus drei Methoden:

a) Saison+Öl+Dollar-Methode
b) Kombination Dow Utility+Nasdaq
c) Zinsmethode

Nachdem es drei Methoden sind, entscheidet bei Uneinigkeit die Mehrheit. Und siehe da: Nicht nur das Gesamtergebnis wird erneut besser, auch die Zahl der Fehlsignale wird wesentlich geringer. In 32 Jahren hat die kombinierte Methode nur 59-mal das Signal gewechselt, also im Schnitt nur alle sieben Monate!

Es ist freilich auch möglich, diese kombinierte Methode so anzuwenden, dass das Engagement am Aktienmarkt auf die drei in ihr enthaltenen Methoden aufgeteilt wird. Melden alle drei „Kaufen“, dann sind Sie zu 100 Prozent in Aktien engagiert. Meldet eine „Verkaufen“, dann reduzieren Sie Ihre Aktienzahl um ein Drittel. Melden zwei Methoden „Verkaufen“, dann sind Sie nur noch mit 33 Prozent am Aktienmarkt und steigen ganz aus, wenn alle drei Methoden „Verkaufen“ angeraten haben.

Allerdings läge Ihre jährliche Rendite seit 1973 dann nur noch bei 12,81 Prozent, was eben dem Durchschnitt der drei Methoden entspricht. Auf die Verstärkung durch die Kombination (Rendite 14,86 Prozent) hätten Sie dann verzichtet. Aber zugegebenermaßen hätten Sie auch Ihr Risiko etwas vermindert. Während Sie immer Ihr gesamtes Depot abräumen und neu bestücken müssen, wenn Sie sich nach der Kombination richten, bräuchten Sie bei einem Verkaufssignal etwa nach der Saison+Öl+Dollar-Methode nur ein Drittel aller Aktien aus dem Depot nehmen. Das wäre auch bei einem Fehlsignal nicht schlimm, weil dies vermutlich schwache Aktien beträfe, die möglicherweise ohnehin ausgetauscht werden sollten.

Und eine Rendite von über zwölf Prozent ist ja auch ein schöner Erfolg. In den Zeiten, in denen die Weltbörsen durch heftige Kursverluste erschüttert wurden (März bis September 1973, Oktober bis November 1987, August bis September 1990, April bis Juli 2002), wäre man nach dieser Vorgehensweise ohnehin nach allen drei Methoden den Aktienbörsen fern geblieben.

Wie Sie die kombinierte Methode anwenden, möchte ich Ihnen überlassen. Am einfachsten verwenden Sie ein Excel-Programm. Sie legen mehrere Spalten nebeneinander an, so dass Sie dort untereinander wöchentlich die Zahlen für den Nasdaq, den Dow Utility, die Renditen der 10jährige US-Staatsanleihenden (T-Bonds), der Deutsche Umlaufrendite, den Euro in Dollar und den Ölpreis (Brent-Öl) eintragen können. Mit einer entsprechenden Formel für die Hochs und Tiefs in weiteren Spalten werden Ihnen dann die entsprechenden Signale mitgeteilt. Wer schon mit Excel gearbeitet hat, wird sich hier selbst ganz leicht ein Programm zusammenstellen können. Eine Excel-Tabelle mit den nötigen historischen Zahlen finden Sie im Internet unter *www.boersensignale.de*, wo Sie auch die neuesten Wochenschlusskurse abrufen können.

Das Datum, an dem Sie die Kurse eintragen, ist immer der Wochenschluss. Ist der Freitag ein Feiertag, dann nehmen Sie die Donnerstag-Schlusskurse. An der Datumsvorgabe, die immer auf den Freitag bezogen ist, müssen Sie deshalb nichts ändern.

Ein Excel-Programm ist eine gute Hilfe; aber Sie können diese Systeme auch ohne Computer anwenden; Sie müssen aber die Daten mindestens 38 Wochen lang gesammelt haben (oder auf der angegebenen Internetseite ablesen), um mit allen Systemen arbeiten zu können.

Teil 3

Wie sich die kombinierte Methode bewährt hat

Die Ölkrise 1973, ihre Folgen und das Rezessionsjahr 1975

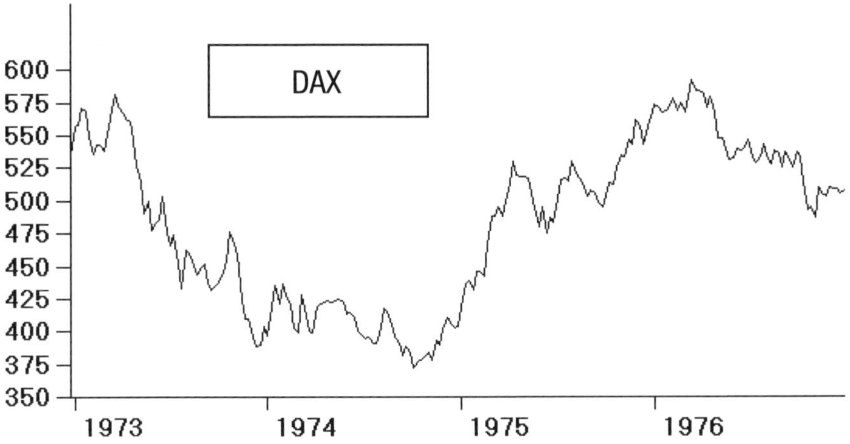

Bittere Krisenjahre für die Weltwirtschaft Mitte der siebziger Jahre.

	US-Dollar, Öl, Saison	Dow Utility +Nasdaq	Zinssignale	DAX
21.09.73	Verkaufen	Verkaufen	Verkaufen	432
28.09.73	Verkaufen	Kaufen	Verkaufen	435,5
05.10.73	Verkaufen	Kaufen	Verkaufen	438,1
12.10.73	Verkaufen	Kaufen	Verkaufen	445,6

19.10.73	Kaufen	Kaufen	Verkaufen	454,5
26.10.73	Kaufen	Kaufen	Verkaufen	476,9
02.11.73	Kaufen	Kaufen	Verkaufen	466,5
09.11.73	Kaufen	Kaufen	Verkaufen	458,3
16.11.73	Kaufen	Verkaufen	Verkaufen	424,6
23.11.73	Kaufen	Verkaufen	Verkaufen	409,8
30.11.73	Kaufen	Verkaufen	Verkaufen	409,6

Der Ölpreis und die Zinsen waren seit dem Frühjahr 1973, als der DAX einen Höchststand erreicht hatte, kräftig gestiegen. Dazu war der US-Dollar sehr schwach. Also ein klassischer Fall: Nichts wie raus aus Aktien! Seit dem 23. Februar 1973 hatten alle drei Methoden Verkaufssignale gegeben. Erst im Herbst schien zaghaft eine Wende begonnen zu haben, obwohl die Zinsen noch hoch blieben. Doch da begann am 6. Oktober ein neuer Krieg zwischen Ägypten/Syrien und Israel. Offensichtlich unterschätzten die Börsen anfangs die Brisanz der mit diesem Krieg verbundenen arabischen Drosselung der Ölproduktion, die am 17. Oktober beschlossen wurde. Die USA und die Niederlande sollten überhaupt kein Öl mehr erhalten, bis Israel sich aus den arabischen Gebieten zurückgezogen habe. Die Niederlande reagierten mit einem ersten Sonntagsfahrverbot am 4. November, um Benzin zu sparen, Deutschland folgte am 25. November. Seit dem 16. November meldete die kombinierte Methode mehrheitlich wieder Verkaufen.

Seit 1974 gab es wieder Öl, aber zu einem sehr viel höheren Preis als bisher.

	US-Dollar, Öl, Saison	**Dow Utility +Nasdaq**	**Zinssignale**	**DAX**
01.11.74	Kaufen	Verkaufen	Verkaufen	384
08.11.74	Verkaufen	Kaufen	Verkaufen	378
15.11.74	Verkaufen	Kaufen	Verkaufen	393,5
22.11.74	Verkaufen	Kaufen	Kaufen	390,4
29.11.74	Kaufen	Kaufen	Kaufen	401,1
06.12.74	Kaufen	Kaufen	Kaufen	411,1
13.12.74	Kaufen	Kaufen	Kaufen	406,9
20.12.74	Kaufen	Kaufen	Kaufen	402,6
27.12.74	Kaufen	Kaufen	Kaufen	404,2
03.01.75	Verkaufen	Kaufen	Kaufen	419,4
10.01.75	Verkaufen	Kaufen	Kaufen	437,2

Der hohe Ölpreis blieb nicht ohne Folgen: Die Weltwirtschaft glitt in eine Rezession ab, das heißt, sie schrumpfte. Das geschah 1975.

Da die Börse aber die wirtschaftliche Entwicklung oft sehr frühzeitig ahnt, stiegen die Kurse bereits wieder ab Herbst 1974. Unsere Methoden haben die Wende in der Mehrzahl geahnt. Seit dem 22. November gab es nach einem Jahr Aktien-Abstinenz wieder mehrheitlich Kaufsignale, die bis Mitte 1976 durchhielten. Der DAX stand am 11. Juni 1976 bei 537,7 Punkten. Das kombinierte System hatte sich in der äußerst kritischen Lage dieser Jahre ausgezeichnet bewährt.

Das Rezessions- und Finanzkrisenjahr 1982 und die Super-Hausse 1983

Die Aktionäre mussten von 1979 bis 1982 ein Jahr der Enttäuschung nach dem anderen hinnehmen. Die Mullahs hatten im Iran 1979 die Macht übernommen, die US-Botschaft wurde durch islamische Fanatiker besetzt, die Sowjets marschierten Anfang 1980 in Afghanistan ein, der Goldpreis schnellte auf 850 Dollar hoch, und der Ölpreis stieg erneut kräftig. Die US-Außenpolitik unter Jimmy Carter stand vor einem Scherbenhaufen. Im September 1981 stiegen die zehnjährigen US-Anleihenzinsen auf 14 Prozent, in Deutschland auf elf Prozent. Gleichzeitig lagen die Steigerungen der Verbraucherpreise in beiden Ländern bei rund sieben Prozent.

Wenigstens stieg 1981 der US-Dollar wieder, nachdem er zwischen 1969 und 1980 von vier auf 1,70 D-Mark abgesackt war. Dies war aber auch politisch bedingt durch die Angst vor militärischen Auseinandersetzungen in Europa. Die Demokratiebewegung in Polen wurde unterdrückt, über eine NATO-Nachrüstung wurde heiß diskutiert, und US-Reisebüros warben mit dem Spruch „Besuchen Sie Europa, solange es noch steht“.

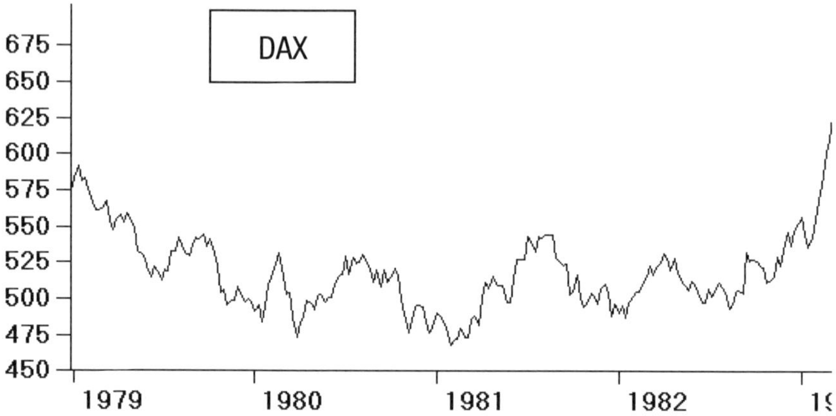

Durststrecke von vier Jahren für den DAX, dann aber Kursexplosion 1983.

	US-Dollar, Öl, Saison	**Dow Utility +Nasdaq**	**Zinssignale**	**DAX**
15.06.79	Kaufen	Kaufen	Verkaufen	522,4
22.06.79	Verkaufen	Kaufen	Verkaufen	518,5
29.06.79	Verkaufen	Kaufen	Verkaufen	512,6
06.07.79	Verkaufen	Kaufen	Verkaufen	520,4
13.07.79	Verkaufen	Kaufen	Verkaufen	518,7
20.07.79	Verkaufen	Kaufen	Verkaufen	533,1
27.07.79	Verkaufen	Kaufen	Verkaufen	532,4
03.08.79	Verkaufen	Kaufen	Verkaufen	541,8
10.08.79	Verkaufen	Kaufen	Verkaufen	536,5
17.08.79	Verkaufen	Kaufen	Verkaufen	531,5
24.08.79	Verkaufen	Kaufen	Verkaufen	529,8
31.08.79	Verkaufen	Kaufen	Verkaufen	538,0
07.09.79	Verkaufen	Kaufen	Verkaufen	542,3
14.09.79	Verkaufen	Kaufen	Verkaufen	541,2
21.09.79	Verkaufen	Kaufen	Verkaufen	543,9
28.09.79	Verkaufen	Kaufen	Verkaufen	535,6
05.10.79	Verkaufen	Kaufen	Verkaufen	540,9
12.10.79	Verkaufen	Kaufen	Verkaufen	534,4
19.10.79	Verkaufen	Verkaufen	Verkaufen	522,4

Unser kombiniertes System verabschiedete sich ab Mitte 1979 langsam, aber sicher von Aktien. Doch sehr weit fielen die Kurse gar nicht mehr. Offenbar waren alle schlimmen Befürchtungen schon in den Kursen enthalten. Ende 1980 (neuer Präsident Ronald Reagan) begann sogar ein kleiner Börsenaufschwung, vor allem in den USA, Japan und Italien.

	US-Dollar, Öl, Saison	**Dow Utility +Nasdaq**	**Zinssignale**	**DAX**
07.11.80	Kaufen	Kaufen	Kaufen	476,3
14.11.80	Kaufen	Kaufen	Kaufen	486,7
21.11.80	Kaufen	Kaufen	Kaufen	495,1
28.11.80	Verkaufen	Kaufen	Kaufen	495,3
05.12.80	Verkaufen	Kaufen	Kaufen	494,5
12.12.80	Verkaufen	Kaufen	Kaufen	484,1
19.12.80	Kaufen	Kaufen	Kaufen	476,8
26.12.80	Kaufen	Kaufen	Kaufen	481,2
02.01.81	Kaufen	Kaufen	Kaufen	490,0
09.01.81	Kaufen	Kaufen	Kaufen	488,3
16.01.81	Kaufen	Kaufen	Kaufen	483,9
23.01.81	Kaufen	Kaufen	Kaufen	479,8
30.01.81	Kaufen	Kaufen	Verkaufen	468,4
06.02.81	Kaufen	Kaufen	Verkaufen	471,7
13.02.81	Kaufen	Kaufen	Verkaufen	472,2
20.02.81	Kaufen	Kaufen	Verkaufen	480,1
27.02.81	Kaufen	Kaufen	Verkaufen	473,3
06.03.81	Kaufen	Kaufen	Verkaufen	473,3
13.03.81	Kaufen	Kaufen	Verkaufen	486,1
20.03.81	Kaufen	Kaufen	Verkaufen	487,9
27.03.81	Kaufen	Kaufen	Verkaufen	481,7
03.04.81	Kaufen	Kaufen	Verkaufen	500,6
10.04.81	Kaufen	Kaufen	Verkaufen	511,8
17.04.81	Kaufen	Kaufen	Verkaufen	507,5
24.04.81	Kaufen	Kaufen	Verkaufen	515,5
01.05.81	Kaufen	Kaufen	Verkaufen	510,4
08.05.81	Kaufen	Kaufen	Verkaufen	509,5
15.05.81	Kaufen	Kaufen	Verkaufen	509,5
22.05.81	Kaufen	Kaufen	Verkaufen	497,6
29.05.81	Kaufen	Kaufen	Verkaufen	497,9
05.06.81	Kaufen	Kaufen	Verkaufen	514,4
12.06.81	Kaufen	Kaufen	Verkaufen	527,2

19.06.81	Kaufen	Kaufen	Verkaufen	527,6
26.06.81	Kaufen	Kaufen	Verkaufen	527,5
03.07.81	Kaufen	Kaufen	Verkaufen	543,6
10.07.81	Kaufen	Kaufen	Verkaufen	539,5
17.07.81	Kaufen	Kaufen	Verkaufen	532,2
24.07.81	Kaufen	Kaufen	Verkaufen	543,3
31.07.81	Kaufen	Kaufen	Verkaufen	542,7
07.08.81	Kaufen	Kaufen	Verkaufen	544,2
14.08.81	Kaufen	Kaufen	Verkaufen	544,0
21.08.81	Verkaufen	Kaufen	Verkaufen	544,1
28.08.81	Verkaufen	Kaufen	Verkaufen	528,7
04.09.81	Verkaufen	Kaufen	Verkaufen	526,4
11.09.81	Verkaufen	Kaufen	Verkaufen	523,4
18.09.81	Verkaufen	Verkaufen	Verkaufen	524,4

Die Verkaufssignale im Spätsommer 1981 kamen gerade noch rechtzeitig, denn dann zeigten sich wieder die wirtschaftlichen Folgen der Ölpreiserhöhungen von 1979 und der hohen Zinsen zur Bekämpfung der Inflation. Die Weltwirtschaft glitt erneut in eine Rezession ab. Alle Hoffnungen auf einen Börsenaufschwung waren im Sommer 1982 dahin. Die Weltwirtschaftskrise kostete im Herbst 1982 den deutschen Bundeskanzler Helmut Schmidt sein Amt.

Doch dann nahmen die Weltbörsen die erwartete konjunkturelle Wende endlich vorweg, und unser System reagierte rechtzeitig mit Kaufsignalen.

	US-Dollar, Öl, Saison	**Dow Utility +Nasdaq**	**Zinssignale**	**DAX**
30.07.82	Kaufen	Verkaufen	Kaufen	508,5
06.08.82	Kaufen	Verkaufen	Kaufen	505,3
13.08.82	Kaufen	Verkaufen	Kaufen	494,0
20.08.82	Kaufen	Verkaufen	Kaufen	496,5
27.08.82	Verkaufen	Kaufen	Kaufen	505,5
03.09.82	Verkaufen	Kaufen	Kaufen	505,9
10.09.82	Verkaufen	Kaufen	Kaufen	503,9
17.09.82	Verkaufen	Kaufen	Kaufen	532,8
24.09.82	Verkaufen	Kaufen	Kaufen	526,5
01.10.82	Verkaufen	Kaufen	Kaufen	527,0
08.10.82	Verkaufen	Kaufen	Kaufen	526,1

15.10.82	Verkaufen	Kaufen	Kaufen	523,2
22.10.82	Verkaufen	Kaufen	Kaufen	522,4
29.10.82	Kaufen	Kaufen	Kaufen	511,6
05.11.82	Verkaufen	Kaufen	Kaufen	514,0
12.11.82	Kaufen	Kaufen	Kaufen	516,3
19.11.82	Kaufen	Kaufen	Kaufen	529,4
26.11.82	Kaufen	Kaufen	Kaufen	523,5
03.12.82	Verkaufen	Kaufen	Kaufen	538,6
10.12.82	Kaufen	Kaufen	Kaufen	546,5
17.12.82	Kaufen	Kaufen	Kaufen	537,3
24.12.82	Kaufen	Kaufen	Kaufen	548,0
31.12.82	Kaufen	Kaufen	Kaufen	552,8
07.01.83	Kaufen	Kaufen	Kaufen	557,5
14.01.83	Kaufen	Kaufen	Kaufen	545,3
21.01.83	Kaufen	Kaufen	Kaufen	535,6
28.01.83	Kaufen	Kaufen	Kaufen	543,6
04.02.83	Kaufen	Kaufen	Kaufen	555,1
11.02.83	Kaufen	Kaufen	Kaufen	568,2
18.02.83	Kaufen	Kaufen	Kaufen	578,7
25.02.83	Kaufen	Kaufen	Kaufen	601,3
04.03.83	Kaufen	Kaufen	Kaufen	611,1
11.03.83	Kaufen	Kaufen	Kaufen	626,7
18.03.83	Kaufen	Kaufen	Kaufen	631,1
25.03.83	Kaufen	Kaufen	Kaufen	658,7
01.04.83	Kaufen	Kaufen	Kaufen	661,4
08.04.83	Verkaufen	Kaufen	Kaufen	669,2

Der Börsenaufschwung hielt noch Monate an und wurde erst Anfang 1984 bei einem DAX-Stand von 800 abgebremst; erst hier meldete unser System dann mehrheitlich Verkaufssignale.

Der Börsencrash 1987

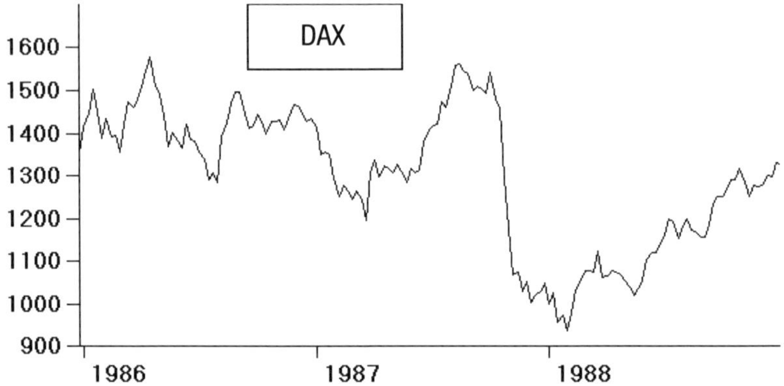

Der DAX wurde vom Börsencrash 1987 härter getroffen als die US-Börse.

Bis April 1986 waren vor allem die europäischen Aktien und auch die D-Mark-Währung kräftig gestiegen, bis es dann durch die Katastrophe von Tschernobyl einen ersten Dämpfer gab, der zu Gewinnmitnahmen führte. Die US-Börse setzte jedoch ihre Hausse noch fort. Mitte 1987 schienen auch die deutschen Aktien nach einem Jahr Seitwärtsbewegung wieder Tritt zu fassen. Die Oktober-Ausgabe der Zeitschrift *Capital* titelte „Nutzen Sie jetzt Ihre Chance! 50 Aktien vor neuem Boom".

Eine Minderheit von Analysten wies allerdings auf die stark gestiegenen Zinsen und das hohe Kursniveau hin; so könne es doch nicht weitergehen.

Der Börsenkrach begann am 19. Oktober in den USA mit einem Kursrutsch um über 20 Prozent an einem Tag, nachdem die vorhergehenden Börsentage schon äußerst schwache Kurse aufgewiesen hatten. In Europa war man zunächst auch schockiert, aber die größten Kursverluste traten hierzulande erst im November und Dezember ein.

Unser System hatte seit Anfang September mehrheitlich zum Ausstieg geklingelt. Die Dow-Utility/Nasdaq-Methode brachte diesmal ihr Verkaufssignal sehr spät. Aber wer nach dem Verkaufssignal vom Freitag, den 16. Oktober, am Montagvormittag, den 19. Oktober, noch seine letzten Aktien verkaufte, bekam von dem Crash in New York am Nachmittag nichts mehr zu spüren. Zum tiefsten Punkt, Ende Januar 1988, erfolgte mehrheitlich das Signal zum Einstieg!

Das Nachrichtenmagazin *DER SPIEGEL* berichtete Anfang 1988 darüber, dass der Pfarrer Uwe Lang einer der wenigen war, die vor dem

Crash klare Verkaufssignale gemeldet hatten. Ich hatte mich damals sehr stark an den Zinsen orientiert, die schon seit dem Frühsommer eindeutig gewarnt hatten. Freilich las meine Publikationen damals nur ein ganz kleiner Bezieherkreis.

	US-Dollar, Öl, Saison	**Dow Utility +Nasdaq**	**Zinssignale**	**DAX**
14.08.87	Kaufen	Kaufen	Verkaufen	1.563,10
21.08.87	Kaufen	Kaufen	Verkaufen	1.546,70
28.08.87	Kaufen	Kaufen	Verkaufen	1.540,20
04.09.87	Verkaufen	Kaufen	Verkaufen	1.500,20
11.09.87	Verkaufen	Kaufen	Verkaufen	1.509,90
18.09.87	Verkaufen	Kaufen	Verkaufen	1.502,60
25.09.87	Verkaufen	Kaufen	Verkaufen	1.492,60
02.10.87	Verkaufen	Kaufen	Verkaufen	1.543,10
09.10.87	Verkaufen	Kaufen	Verkaufen	1.478,90
16.10.87	Verkaufen	Verkaufen	Verkaufen	1.458,50
23.10.87	Verkaufen	Verkaufen	Verkaufen	1.292,70
30.10.87	Verkaufen	Verkaufen	Verkaufen	1.177,40
06.11.87	Verkaufen	Verkaufen	Verkaufen	1.067,40
13.11.87	Verkaufen	Verkaufen	Verkaufen	1.075,90
20.11.87	Verkaufen	Verkaufen	Verkaufen	1.027,30
27.11.87	Verkaufen	Verkaufen	Verkaufen	1.052,60
04.12.87	Verkaufen	Verkaufen	Verkaufen	1.003,50
11.12.87	Verkaufen	Verkaufen	Verkaufen	1.017,30
18.12.87	Verkaufen	Verkaufen	Verkaufen	1.029,90
25.12.87	Kaufen	Verkaufen	Verkaufen	1.049,80
01.01.88	Kaufen	Verkaufen	Verkaufen	1.000,00
08.01.88	Kaufen	Verkaufen	Verkaufen	1.025,28
15.01.88	Kaufen	Verkaufen	Verkaufen	958,15
22.01.88	Verkaufen	Verkaufen	Verkaufen	971,39
29.01.88	Kaufen	Kaufen	Verkaufen	935,57
05.02.88	Kaufen	Kaufen	Kaufen	980,46
12.02.88	Kaufen	Kaufen	Kaufen	1.032,98
19.02.88	Kaufen	Kaufen	Kaufen	1.050,85

Die Kaufsignale blieben mehrheitlich bis zum 23. März 1990 erhalten; der DAX war da auf 1932 Punkte geklettert.

Wiedervereinigung Deutschlands und der Irak-Kuwait-Konflikt 1990

Die Ereignisse in der DDR und die absehbare Wiedervereinigung hatten sich sehr positiv auf die Aktienbörsen ausgewirkt. Steigende Zinsen, ein höherer Ölpreis und ein schwacher Dollar ließen Mitte 1990 jedoch alle Alarmglocken läuten. Der Einmarsch Iraks in Kuwait Anfang August 1990 war dann nur noch ein Auslöser für die längst fällige Aktien-Baisse.

	US-Dollar, Öl, Saison	**Dow Utility +Nasdaq**	**Zinssignale**	**DAX**
09.03.90	Kaufen	Kaufen	Verkaufen	1.858,70
16.03.90	Kaufen	Kaufen	Verkaufen	1.889,70
23.03.90	Kaufen	Verkaufen	Verkaufen	1.932,10
30.03.90	Kaufen	Verkaufen	Verkaufen	1.968,50
06.04.90	Kaufen	Verkaufen	Verkaufen	1.947,80
13.04.90	Kaufen	Verkaufen	Verkaufen	1.918,10
20.04.90	Kaufen	Verkaufen	Verkaufen	1.884,30
27.04.90	Kaufen	Verkaufen	Verkaufen	1.825,50
04.05.90	Kaufen	Verkaufen	Verkaufen	1.912,80
11.05.90	Kaufen	Verkaufen	Verkaufen	1.875,00
18.05.90	Verkaufen	Verkaufen	Verkaufen	1.843,50
25.05.90	Verkaufen	Verkaufen	Verkaufen	1.823,10
01.06.90	Kaufen	Verkaufen	Verkaufen	1.856,90
08.06.90	Kaufen	Verkaufen	Verkaufen	1.822,20
15.06.90	Kaufen	Verkaufen	Verkaufen	1.792,20
22.06.90	Kaufen	Verkaufen	Verkaufen	1.872,90
29.06.90	Kaufen	Verkaufen	Verkaufen	1.879,90
06.07.90	Kaufen	Verkaufen	Verkaufen	1.932,80
13.07.90	Verkaufen	Verkaufen	Verkaufen	1.931,30
20.07.90	Verkaufen	Verkaufen	Verkaufen	1.947,40
27.07.90	Verkaufen	Verkaufen	Verkaufen	1.919,80
03.08.90	Verkaufen	Verkaufen	Verkaufen	1.840,90
10.08.90	Verkaufen	Verkaufen	Verkaufen	1.749,30
17.08.90	Verkaufen	Verkaufen	Verkaufen	1.665,80
24.08.90	Verkaufen	Verkaufen	Verkaufen	1.559,00
31.08.90	Verkaufen	Verkaufen	Verkaufen	1.629,50
07.09.90	Verkaufen	Verkaufen	Verkaufen	1.562,90

14.09.90	Verkaufen	Verkaufen	Verkaufen	1.554,00
21.09.90	Verkaufen	Verkaufen	Verkaufen	1.446,50
28.09.90	Verkaufen	Verkaufen	Verkaufen	1.334,80

Noch vor dem Angriff der US-Truppen auf den Irak im Januar 1990 meldeten unsere Systeme wieder mehrheitlich Kaufsignale.

	US-Dollar, Öl, Saison	**Dow Utility +Nasdaq**	**Zinssignale**	**DAX**
16.11.90	Verkaufen	Verkaufen	Verkaufen	1.425,60
23.11.90	Verkaufen	Verkaufen	Kaufen	1.483,30
30.11.90	Verkaufen	Verkaufen	Kaufen	1.441,20
07.12.90	Verkaufen	Verkaufen	Kaufen	1.512,87
14.12.90	Verkaufen	Verkaufen	Kaufen	1.522,40
21.12.90	Kaufen	Kaufen	Kaufen	1.414,80
28.12.90	Kaufen	Kaufen	Kaufen	1.398,20
04.01.91	Kaufen	Kaufen	Kaufen	1.396,00
11.01.91	Kaufen	Kaufen	Kaufen	1.382,20
18.01.91	Kaufen	Kaufen	Kaufen	1.405,00
25.01.91	Kaufen	Kaufen	Kaufen	1.382,00
01.02.91	Kaufen	Kaufen	Kaufen	1.426,50
08.02.91	Kaufen	Kaufen	Kaufen	1.467,80
15.02.91	Kaufen	Kaufen	Kaufen	1.531,10
22.02.91	Kaufen	Kaufen	Kaufen	1.582,50
01.03.91	Kaufen	Kaufen	Kaufen	1.516,70
08.03.91	Kaufen	Kaufen	Kaufen	1.602,20

Asien-Krise 1997/98 und die Jahrhundert-Hausse 1999/2000

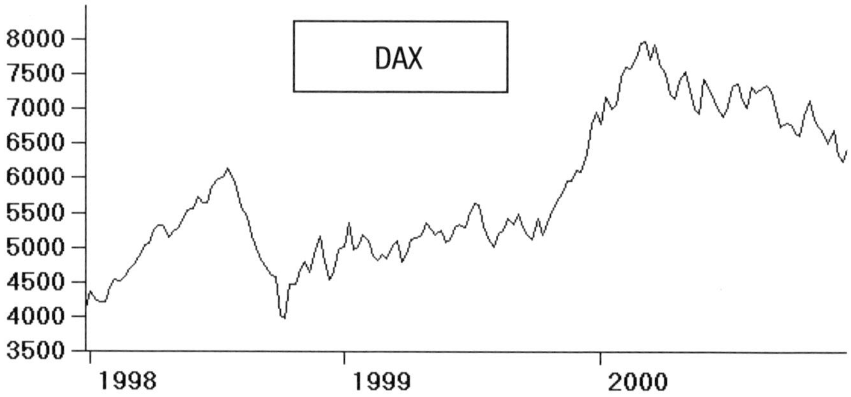

Asien-Krise 1998 und Jahrhundert-Hausse beim DAX Oktober 1999 bis März 2000.

Die Asien-Krise 1997/98 ist heute, da Aktien aus Ostasien wieder in Mode sind, schon fast vergessen. Damals herrschte jedoch eine Riesenangst vor der Zahlungsunfähigkeit ganzer Staaten, die in einer Kettenreaktion einen Zusammenbruch ganzer Märkte und Wirtschaftszweige zur Folge haben konnten. Zuerst hatte man diese Gefahr kaum beachtet, wie der ungebremste Anstieg des DAX im ersten Halbjahr 1998 um 50 Prozent zeigte. Danach übertrumpften sich die Medien förmlich in der Darstellung von Katastrophenszenarien. Zur Asien-Krise kamen im Sommer 1998 auch noch Ängste über eine Zahlungsunfähigkeit Russlands und eines Hedge-Fonds, der sich übernommen hatte, hinzu.

Das Jahr 1999 war zunächst von Abwarten geprägt. Als die Weltwirtschaft aufgrund von Befürchtungen eines Crashs als Folge von Computerabstürzen zur Jahrtausendwende mit einer riesigen Geldmenge förmlich eingedeckt wurde, kam es dann zu der irrationalen Aktien-Hausse von November 1999 bis März 2000, die den Früheinsteigern riesige Gewinne einbrachte. Denjenigen hingegen, die erst im Laufe des Januar bis März 2000 auf den steigenden Aktienmarkt aufmerksam wurden, brachte der Einstieg Riesenverluste, auf denen sie zum großen Teil noch heute sitzen.

Wie haben unsere Systeme auf all diese Ereignisse reagiert?

	US-Dollar, Öl, Saison	Dow Utility +Nasdaq	Zinssignale	DAX
31.10.97	Verkaufen	Kaufen	Kaufen	3.753,66
07.11.97	Kaufen	Kaufen	Kaufen	3.715,38
14.11.97	Kaufen	Kaufen	Kaufen	3.676,65
21.11.97	Kaufen	Kaufen	Kaufen	3.941,91
28.11.97	Kaufen	Kaufen	Kaufen	3.972,08
05.12.97	Kaufen	Kaufen	Kaufen	4.191,81
12.12.97	Kaufen	Kaufen	Kaufen	4.061,91
19.12.97	Kaufen	Kaufen	Kaufen	4.055,35
26.12.97	Kaufen	Kaufen	Kaufen	4.121,79
02.01.98	Kaufen	Kaufen	Kaufen	4.364,32

Bei der Aktien-Hausse im ersten Halbjahr 1998 waren unsere Systeme voll dabei. Beim Ausstieg im Sommer kamen sie teilweise ein wenig spät, aber seit November 1998 waren wir wieder engagiert.

	US-Dollar, Öl, Saison	Dow Utility +Nasdaq	Zinssignale	DAX
26.06.98	Kaufen	Kaufen	Kaufen	5.870,49
03.07.98	Kaufen	Kaufen	Kaufen	5.961,45
10.07.98	Kaufen	Kaufen	Kaufen	6.001,24
17.07.98	Verkaufen	Kaufen	Kaufen	6.147,87
24.07.98	Verkaufen	Kaufen	Kaufen	6.035,28
31.07.98	Verkaufen	Kaufen	Kaufen	5.861,19
07.08.98	Verkaufen	Kaufen	Kaufen	5.581,22
14.08.98	Verkaufen	Kaufen	Kaufen	5.447,90
21.08.98	Verkaufen	Kaufen	Kaufen	5.163,51
28.08.98	Verkaufen	Verkaufen	Kaufen	4.993,54
04.09.98	Verkaufen	Verkaufen	Kaufen	4.820,25
11.09.98	Verkaufen	Verkaufen	Kaufen	4.737,15
18.09.98	Verkaufen	Verkaufen	Kaufen	4.598,58
25.09.98	Verkaufen	Verkaufen	Kaufen	4.584,41
02.10.98	Verkaufen	Verkaufen	Kaufen	4.019,31
09.10.98	Verkaufen	Verkaufen	Kaufen	3.973,44
16.10.98	Verkaufen	Verkaufen	Kaufen	4.469,12

23.10.98	Verkaufen	Verkaufen	Kaufen	4.480,43
30.10.98	Verkaufen	Verkaufen	Kaufen	4.690,99
06.11.98	Kaufen	Kaufen	Kaufen	4.809,73

Im Jahr 1999 klingelten die Systeme im Sommer vorübergehend zum Ausstieg, waren aber im November großenteils wieder mit von der Partie. Die Zinssignale ließen sich allerdings von der Aktien-Euphorie nicht erweichen; sie blieben bei ihren Verkaufssignalen.

	US-Dollar, Öl, Saison	**Dow Utility +Nasdaq**	**Zinssignale**	**DAX**
09.07.99	Kaufen	Kaufen	Verkaufen	5.638,95
16.07.99	Verkaufen	Kaufen	Verkaufen	5.619,94
23.07.99	Verkaufen	Kaufen	Verkaufen	5.310,63
30.07.99	Verkaufen	Kaufen	Verkaufen	5.101,87
06.08.99	Verkaufen	Kaufen	Verkaufen	5.010,47
13.08.99	Verkaufen	Kaufen	Verkaufen	5.219,43
20.08.99	Verkaufen	Kaufen	Verkaufen	5.254,14
27.08.99	Verkaufen	Kaufen	Verkaufen	5.420,36
03.09.99	Verkaufen	Kaufen	Verkaufen	5.336,22
10.09.99	Verkaufen	Kaufen	Verkaufen	5.483,95
17.09.99	Verkaufen	Kaufen	Verkaufen	5.303,94
24.09.99	Verkaufen	Kaufen	Verkaufen	5.186,53
01.10.99	Verkaufen	Kaufen	Verkaufen	5.124,55
08.10.99	Verkaufen	Kaufen	Verkaufen	5.419,26
15.10.99	Verkaufen	Kaufen	Verkaufen	5.184,23
22.10.99	Verkaufen	Kaufen	Verkaufen	5.357,75
29.10.99	Verkaufen	Kaufen	Verkaufen	5.525,40
05.11.99	Kaufen	Kaufen	Verkaufen	5.658,10
12.11.99	Kaufen	Kaufen	Verkaufen	5.791,05
19.11.99	Kaufen	Kaufen	Verkaufen	5.955,97
26.11.99	Kaufen	Kaufen	Verkaufen	5.958,07
03.12.99	Kaufen	Kaufen	Verkaufen	6.119,17
10.12.99	Kaufen	Kaufen	Verkaufen	6.097,90
17.12.99	Kaufen	Kaufen	Verkaufen	6.353,90
24.12.99	Kaufen	Kaufen	Verkaufen	6.782,39
31.12.99	Kaufen	Kaufen	Verkaufen	6.958,14
07.01.00	Kaufen	Kaufen	Verkaufen	6.780,96
14.01.00	Kaufen	Kaufen	Verkaufen	7.173,22

21.01.00	Kaufen	Kaufen	Verkaufen	6.992,75
28.01.00	Kaufen	Kaufen	Verkaufen	7.066,60
04.02.00	Kaufen	Kaufen	Verkaufen	7.444,61
11.02.00	Kaufen	Kaufen	Verkaufen	7.611,55
18.02.00	Kaufen	Kaufen	Verkaufen	7.573,78
25.02.00	Kaufen	Kaufen	Verkaufen	7.738,68
03.03.00	Kaufen	Kaufen	Verkaufen	7.960,03
10.03.00	Kaufen	Kaufen	Verkaufen	7.975,95
17.03.00	Kaufen	Kaufen	Verkaufen	7.710,92
24.03.00	Kaufen	Kaufen	Verkaufen	7.932,42
31.03.00	Kaufen	Kaufen	Verkaufen	7.599,39
07.04.00	Kaufen	Kaufen	Verkaufen	7.522,20
14.04.00	Kaufen	Kaufen	Verkaufen	7.214,83
21.04.00	Kaufen	Kaufen	Verkaufen	7.157,95
28.04.00	Kaufen	Kaufen	Verkaufen	7.414,68
05.05.00	Kaufen	Kaufen	Verkaufen	7.530,82
12.05.00	Kaufen	Kaufen	Verkaufen	7.269,28
19.05.00	Kaufen	Kaufen	Verkaufen	6.998,76
26.05.00	Kaufen	Kaufen	Verkaufen	6.938,33
02.06.00	Kaufen	Kaufen	Verkaufen	7.438,95
09.06.00	Kaufen	Kaufen	Verkaufen	7.254,53
16.06.00	Verkaufen	Kaufen	Verkaufen	7.131,40

Die Anschläge vom 11. September 2001 und die tiefe Baisse im Jahr 2002

Der Verkauf Mitte Juni 2000 war freilich nicht der Schlusspunkt der Aktien-Turbulenzen. Kauf- und Verkaufssignale wechselten sich noch bis August 2001 immer wieder ab – ein Zeichen für die große Unsicherheit, die die Märkte erfasst hatte. Beim Aktien-Crash als Folge der Anschläge am 11. September 2001 waren die Systeme – außer den Zinsen, die von US-Seite her kräftig gesenkt worden waren – mehrheitlich seit einem Monat auf Verkaufen programmiert und stiegen erst anschließend und sehr frühzeitig wieder ein.

	US-Dollar, Öl, Saison	Dow Utility +Nasdaq	Zinssignale	DAX
03.08.01	Kaufen	Kaufen	Kaufen	5.735,88
10.08.01	Verkaufen	Verkaufen	Kaufen	5.433,49
17.08.01	Verkaufen	Verkaufen	Kaufen	5.222,12
24.08.01	Verkaufen	Verkaufen	Kaufen	5.387,50
31.08.01	Verkaufen	Verkaufen	Kaufen	5.188,18
07.09.01	Verkaufen	Verkaufen	Kaufen	4.730,67
14.09.01	Verkaufen	Verkaufen	Kaufen	4.115,98
21.09.01	Verkaufen	Verkaufen	Kaufen	3.787,23
28.09.01	Kaufen	Verkaufen	Kaufen	4.308,15
05.10.01	Kaufen	Verkaufen	Kaufen	4.487,69

Rechtzeitig vor den schweren Kurseinbrüchen 2002 verließen die Systeme wieder mehrheitlich den Aktienmarkt.

	US-Dollar, Öl, Saison	Dow Utility +Nasdaq	Zinssignale	DAX
22.03.02	Kaufen	Verkaufen	Kaufen	5.366,13
29.03.02	Kaufen	Verkaufen	Verkaufen	5.397,29
05.04.02	Kaufen	Verkaufen	Verkaufen	5.260,53
12.04.02	Kaufen	Verkaufen	Verkaufen	5.189,65
19.04.02	Kaufen	Verkaufen	Verkaufen	5.284,55
26.04.02	Verkaufen	Verkaufen	Verkaufen	5.000,38

Fünf Monate später lag der DAX bei 2700 Punkten.

Wie Sie gesehen haben, sind die Systeme nicht unfehlbar. Das haben Sie ja wohl auch nicht erwartet. Das Börsengeschehen lässt sich nicht so genau berechnen. Kurzfristig läuft es häufig anders ab, als es nach allen Regeln eigentlich ablaufen müsste. André Kostolany hat dies einmal mathematisch so formuliert: 2x2 = 5-1.

Aber alles in allem können wir mit den Signalen zufrieden sein. Die Meinung, dass an den Börsen überhaupt keine Signale und keine Aussagen möglich seien, ist damit endgültig widerlegt.

Teil 4

Die Aktienauswahl

Aktienindizes

Kann sich ein Anleger nicht die Aktienauswahl sparen, wenn er einfach einen ganzen Aktienindex, zum Beispiel den DAX, kauft? Sie finden beispielsweise von der ABN Amro Bank, die Marktführer in Indexzertifikaten ist, sehr viele Vorschläge, wie Sie auch in *Aktienindizes* investieren können. Ein DAX-Index-Zertifikat ist so zusammengesetzt, dass es sich im Kurs so bewegt wie der DAX, der seinerseits aus 30 Werten zusammengesetzt ist, die je nach ihrem Börsenwert darin entsprechend gewichtet sind. Die schwersten Aktien im DAX sind Siemens, Allianz, Deutsche Telekom, Daimler, E.ON, RWE und Deutsche Bank. Wenn Sie sich aus diesen Aktien ein Depot zusammensetzen, haben Sie praktisch den DAX gekauft. Der schweizerische Swiss Market Index (SMI) besteht zwar aus 20 Titeln, wird aber fast ausschließlich von Nestlé, Novartis, Roche, UBS und Credit Suisse bestimmt, die darin hoch gewichtet sind. Klar könnte ein Anleger einfach ein Index-Zertifikat anstelle dieser Aktien erwerben, wenn er nicht den Ehrgeiz hat, besser abzuschneiden als der Index. Das gilt umso mehr für Länder, in denen er sich nicht auskennt. Es ist verständlich, wenn manche Anleger lieber in den Index von Korea, Thailand oder Taiwan investieren wollen, wenn sie sich nicht direkt an Aktien solcher Länder heranwagen. Zertifikate, die den Aktienindex eines Landes abdecken, finden Sie übrigens nicht nur bei der ABN Amro, sondern auch bei anderen Großbanken. Sie sollten sich freilich vor dem Kauf genauestens von Ihrem Kreditinstitut über die Chancen, Risiken und auch die Kosten beraten lassen. Denn manche dieser Zertifikate unterschlagen die Dividendenzahlung. Andere sind mit einem so genannten „Hebel“ ausgestattet. Dieser Hebel garantiert hohe Gewinnchancen bei Kursbewegungen in die „richtige“ Richtung, aber einen möglichen Totalverlust, wenn der Kurs in die „falsche“ Richtung läuft. Studieren Sie am besten die Prospekte über diese Zertifikate, die Ihnen Ihre Bank besorgt, damit sie wirklich das Richtige finden.

Ich rate Ihnen übrigens nicht, solche Zertifikate zu kaufen. Ich bevorzuge Aktien und nicht einen Aktienindex. In der Regel sollten wir mit unserer Aktienauswahl besser abschneiden als der Index. Und von den gebührenaufwändigen Aktienfonds sollten Sie die Finger lassen. Das haben Sie nach der Lektüre dieses Buchs ohnehin nicht mehr nötig. Aktienfonds sind bei vielen nichtsahnenden Börsenanfängern immer noch sehr beliebt. Sie wissen eben noch nicht, dass die meisten Fonds schlechter als ein vergleichbarer Aktienindex abschneiden und zusätzlich unverschämte Gebühren verlangen. Besonders teuer sind die so genannten Spezialfonds, zum Beispiel Asien-Fonds, Technologiefonds oder Wachstumsfonds. Sie werden nicht dann aufgelegt, wenn ein neuer Trend einsetzt, von dem die Anleger profitieren könnten, sondern dann, wenn der Trend bereits in aller Munde ist. Dann lassen sich nämlich entsprechende Fonds am leichtesten verkaufen.

Welche Kriterien gibt es für die Aktienauswahl?

Bei der Aktienauswahl sollten Sie behutsam vorgehen. Es kommt dabei eben nicht nur auf die Qualität des Unternehmens an. Sie müssen auch noch auf den allgemeinen Trend Rücksicht nehmen. Sie können im Grunde mit der Aktienauswahl erst dann richtig beginnen, wenn Sie überzeugt sind, dass ein allgemeiner Aufschwung am Aktienmarkt begonnen hat. Die besten Unternehmen nützen nichts, wenn die Aktienbörsen erst einmal sechs oder zwölf Monate Flautezeit durchmachen müssen, ehe die Hausse beginnt. Selbst hervorragende Kaufkandidaten steigen nicht, wenn der zündende Funke fehlt. Sie kaufen dann zum falschen Zeitpunkt, und Ihre Favoriten werden Ihnen möglicherweise noch durch ein Neun-Monats-Tief ausgestoppt, falls Sie auf dieser Basis einen Stopp gesetzt oder sich dies vorgenommen haben. Wenn Sie vor kurzer Zeit erst verkauft haben, weil Sie weitere Kursrückgänge befürchten mussten, werden Sie vermutlich zu Beginn der wirklichen Hausse draußen bleiben, weil Sie wiederum befürchten, dass es sich nur um ein Fehlsignal handelt. Das ist ein Problem, das nicht immer so einfach zu lösen ist.

Sie sollten auf sieben Punkte achten, wenn Sie Aktien zum Kauf auswählen:

a) Die Aktienkurse sollten im Trend nach oben gehen.
b) Das Unternehmen sollte breit gehandelt werden. Wenig gehandelte Aktien können Sie dann ja auch nur wieder schlecht verkaufen. Verdächtig ist es, wenn Sie in Ihrer Zeitung neben der Kursangabe häufig die Buchstaben „G", „B" oder „T" finden. G heißt Geld; es ist nur Nachfrage da, kein Angebot zu diesem Preis. B heißt Brief; es werden also Aktien angeboten, aber niemand kauft zu diesem Kurs. Und T heißt „taxiert"; der Kurs wurde nur geschätzt und kam nicht durch Börsenumsätze zustande. Es sollte also möglichst schon an deutschen Börsenplätzen ein umfassender Handel stattfinden. Das gilt auch für Auslandswerte. In größeren Stückzahlen sollten die Aktien wenigstens in Amsterdam, Wien, Zürich, Paris oder New York gehandelt werden können, ohne dass die Spesen wesentlich höher sind als in Deutschland (in der Regel ein Prozent vom Kurswert).
c) Wichtig ist auch, dass Sie die Aktien Ihres Depots möglichst auf verschiedene Branchen und Länder verteilen. Börsenneulinge haben meist viel zu viele Elektronik- und Internet-Aktien im Depot, weil diese in den Medien offenbar häufiger besprochen werden. Streuen Sie Ihr Depot so weit wie möglich, wobei Sie freilich bei einer einzelnen Aktienposition zumindest 2.000 Euro investieren sollten! Hier bin ich ganz und gar nicht der Meinung von Warren Buffett, der in seinen Regeln über die richtige Aktienanlage erklärt haben soll: *„Konzentrieren Sie Ihre Geldanlage auf wenige ausgesuchte Werte. Denn es ist genauso, als ob Sie gleichzeitig mehrere Geliebte hätten. So würden Sie nie jede Einzelne richtig kennen lernen können. Deshalb kommen Sie bitte nie in Versuchung, zeitgleich mehr als allerhöchstens zehn bis zwölf Aktien zu besitzen!"*

Ob dieser Vergleich des Aktienbesitzes mit geliebten Menschen so glücklich gewählt ist, bezweifle ich. Es verbirgt sich dahinter ein sehr eigenartiges Pascha-Denken, zumal wenn es Buffett offenbar für möglich hält, gleichzeitig zwölf Geliebte zu haben. Buffett verfolgt aber auch ein ganz anderes System, als ich Ihnen vorschlage. Denn er verkauft in der Regel seine Unternehmen nicht mehr, sondern identifiziert sich mit ihnen. Sie sind tatsächlich seine Geliebten. Nachdem wir aber immer wieder erfahren, welchen Schwankungen der Aktienmarkt unterworfen ist, müssen wir ab und zu auch einmal alle Aktien unseres Depots verkaufen, um später wieder preiswert einsteigen zu können. Und da wir nicht Großanleger sind wie Buffett und auch nicht beabsichtigen, die Kontrolle über „unsere" Unternehmen zu gewinnen, können wir es uns leisten, aus Sicherheitsgründen breit zu streuen.

Wer nur auf etwa fünf Werte setzt, kann leicht das Pech haben, dass gerade bei einem seiner Titel eine Gewinnwarnung kommt; dann ist gleich das ganze Depot in Mitleidenschaft gezogen.

Bei einem von 20 Werten nehmen Sie auch Gewinnwarnungen und übertriebene Verkäufe von Fonds gelassener hin und sind nicht zu hektischen Verkäufen gezwungen.

Ich selbst habe rund 680 Aktien aus aller Welt zwar nicht im Depot, aber im Blick. Das sind die Werte, die für Anleger in Deutschland interessant sein könnten. Auf der Internetseite *www.boersensignale.de* finden Sie eine Möglichkeit, diese Daten zu bestellen und ggf. auch zu abonnieren.

d) Kaufen Sie niemals die aktuellen „Marktlieblinge" der Medien! Börsenneulinge kaufen immer wieder bestimmte Aktien, die irgendein Börsenguru im Börsenfernsehen (n-tv, 3Sat, N24 oder Bloomberg) empfohlen hat oder die immer wieder besprochen wurden. Die meisten dieser Aktien sind zu teuer, denn ihr Bekanntheitsgrad ist inzwischen in die Kursbildung mit eingeflossen. Suchen Sie sich im Gegenteil Aktien heraus, die möglichst gerade nicht im Blickfeld sind und von niemandem besprochen werden. Werden diese Qualitätstitel dann auch von der Öffentlichkeit entdeckt, haben Sie sie längst im Depot.
e) Beim Kauf von Aktien aus einem Nicht-Euroland sollte das Land, aus dem Sie eine Aktie kaufen, vom Devisenkurs her nicht überbewertet sein. Denn Kursverluste beim Devisenkurs wirken sich ja dann, in Euro gerechnet, auch negativ auf Ihre Aktie aus. Sie können sich hier etwa an einem Dreijahresdurchschnitt orientieren. Der US-Dollar lag im Jahr 2000 zeitweilig um mehr als 20 Prozent über seinem Dreijahresdurchschnitt gegenüber dem Euro. Da sollten Sie nicht ausgerechnet zu diesem Zeitpunkt US-Aktien kaufen! Man sollte allerdings seine Aktien nicht in erster Linie nach Währungsgesichtspunkten auswählen. Wenn Ihnen etwa eine asiatische Aktie von den Unternehmensdaten her sympathisch ist, sollten Sie nicht dauernd überlegen, ob der koreanische Won oder der thailändische Baht gegenüber dem Euro abgewertet werden. Währungsverluste können immer vorkommen. Aber die Abwertung einer Währung vergrößert auch die Chancen für die Unternehmen dieses Landes, die exportieren. Deren Kursgewinne können dann so hoch sein, dass sie den Währungsverlust wieder

aufheben. Dennoch würde ich bei einem Abwärtstrend des US-Dollars Aktien aus dem Dollar-Raum, zu dem auch Lateinamerika und Ostasien wegen ihrer Anbindung an den US-Dollar zählen, untergewichten. Beim Schweizer Franken müssen Sie nicht sonderlich aufpassen. Er war in den Jahren 2000 bis 2003 sehr fest gegenüber dem Euro, pendelte sich aber 2004 auf ein vernünftiges Niveau ein. Die dortige Zentralbank versucht nun, Währungsveränderungen gegenüber dem Euro weitgehend zu vermeiden.

f) Die Relative Stärke sollte deutlich besser als der Durchschnitt sein. Was es damit auf sich hat, werden Sie in den nächsten Abschnitten dieses Buchs sehen.

g) Die Aktie darf noch nicht zu teuer sein. Das Kurs-Umsatz-Verhältnis ist ein möglicher Maßstab, und der Börsenkurs kann als preiswert gelten, wenn das KUV noch unter 1 liegt. Wir beschäftigen uns damit noch näher, und Sie werden noch weitere Hilfen zur Interpretation von Unternehmensdaten bekommen.

Auswahl nach Branchen?

Viele Anleger setzen immer nur auf bestimmte Aktien bestimmter Branchen. In Zeiten schwacher Konjunktur wählt man gern Branchen aus, die Waren oder Dienstleistungen anbieten, die immer benötigt werden und damit nicht von der Konjunktur abhängig sind. Dazu gehören zum Beispiel Pharmawerte, Nahrungsmittel oder Haushalts- und Kosmetikartikel.

In Zeiten sinkender Zinsen werden Finanztitel bevorzugt, weil dort dann auf größere Gewinnspannen gehofft wird.

Aber alles hat seine Zeit. Dass bestimmte High-Tech-Branchen wie elektronische Bauteile, Computersoftware und Telekommunikation fast drei Jahre lang favorisiert wurden (von 1998 bis Mitte 2000), ist eine Ausnahme. Für gewöhnlich setzt nach sechs bis zwölf Monaten bereits wieder eine Branchenrotation ein.

Aus diesem Grund ist es fraglich, ob ein Anleger große Rücksicht darauf nehmen sollte, welche Branchen momentan besonders gut im Trend liegen. Ich halte es für zweckmäßiger, im Depot von Anfang an den Aktienanteil auf die wichtigsten Branchen zu streuen.

Von folgenden zehn Branchen sollten Sie mindestens einen Wert im Depot haben:

Autobauer und -zulieferer
Banken und Versicherungen
Baugewerbe und -zulieferer
Chemie
Elektronik und Computerhardware/-software
Energie und Öl
Luftfahrtgesellschaften, Transportdienstleistung
Maschinen und Anlagenbau
Pharma, Pharmahandel und Medizintechnik
Telekommunikation

Feste Meinungen und Kursziele

Ich erhielt vor einigen Jahren einen Anruf mit der Frage: „Was meinen Sie, geht es jetzt rauf oder runter?“ Als ich auf die bekannten Signalmethoden verwies und meinte, die Mehrheit dieser Signale sehe doch ganz gut aus, es gehe wohl nach oben, da antwortete der Anrufer: „So, jetzt will ich aber von Ihnen wissen, was denken Sie wirklich?“ Als ich nochmals auf meine Signalmethoden verwies, wurde er fast aggressiv: „Sie müssen doch eine Meinung haben! Sagen Sie mir die, und dann reden wir darüber, welche Trends es gerade gibt!“

Gespräche dieser Art sind außerordentlich mühsam. Mit „festen Meinungen“ sind schon viele Gewinnmöglichkeiten versäumt und auch viele Depots in den Keller gefahren worden. Ein Börsianer hat keine „festen Meinungen“, sondern ist relativ flexibel. Wer sich zu sehr auf eine bestimmte Meinung festlegt, wird immer wieder Überraschungen erleben. Es ist besser, seinen objektiven Indikatoren („Anzeigern“) zu vertrauen, die einem sagen, wo wahrscheinlich im Moment der Zug hinfährt. Da macht man wahrscheinlich weniger Fehler, als wenn man einer bestimmten Meinung hinterherläuft.

Neulich hat mich jemand gefragt, warum ich keine Kursziele für Aktien angebe. „Sie müssen doch eine Meinung haben, wenn Sie eine Aktie empfehlen, auf welchen Kurs sie steigen solle.“ Nein, eine Meinung dazu habe ich nicht. Künftige Kurse hängen von so vielen Dingen ab, dass ich nicht sagen kann, auf welchen Kurs so eine Aktie jetzt steigen wird. Es kann sein, dass wir in zwei Monaten schon wieder die Aktie verkaufen müssen, obwohl die Aktie kaum gestiegen ist, weil sich der allgemeine Trend völlig geändert hat und weil es überhaupt höchste Zeit ist auszusteigen.

Was soll ich dann mit irgendwelchen Kurszielen anfangen, die einst in die Welt gesetzt wurden?

Ich wundere mich immer, warum sich Aktienanalysten von den Journalisten dazu hinreißen lassen, Kursziele immer für das nächste Jahresende anzugeben. Wo steht der DAX Ende 2005 oder 2006? Das weiß ich doch nicht! Er kann bei 3.000 stehen, er kann bei 7.000 stehen, es ist beides möglich. Wichtig ist für mich nicht, mit irgendeiner Prognose Recht zu bekommen. Sondern es ist wichtig, *im entscheidenden Moment* die richtigen Signale zu erhalten, was zu tun ist. Das ist die Hauptsache.

Lohnt sich die Beachtung der Insider-Käufe und -Verkäufe?

Nach internationalem Recht sind so genannte „Insider" – also die führenden Mitarbeiter in einem Unternehmen und andere Geheimnisträger – verpflichtet, ihre Käufe und Verkäufe zu melden. Mancher Anleger versucht, aus diesen veröffentlichten Zahlen, die freilich mit erheblicher Verspätung an die Öffentlichkeit gelangen, Schlüsse zu ziehen, ob die Insider eher auf der Käufer- oder Verkäuferseite sind. Denn von ihnen sollte man ja annehmen, dass sie wissen, ob die Aktie ihrer Firma über- oder unterbewertet ist. Überraschend war, dass diese Informationen keineswegs so gute Indikatoren gewesen wären, selbst wenn die Zahlen sehr frühzeitig zur Verfügung gestanden hätten. Insider-Verkäufe gab es zum Beispiel reichlich Ende 2002 und Anfang 2003, als die Aktienkurse spottbillig waren. Hingegen waren die Insider-Käufe zur Jahresmitte 2000 sehr hoch – also zu einem Zeitpunkt, von dem wir heute wissen, dass damals die meisten Aktien viel zu teuer waren.

Wenn dies so ist, dann ist die Beobachtung des Insiderhandels ja im Grunde wertlos. Vielleicht überwiegen bei Top-Managern ja auch ganz andere Gesichtspunkte für ihren Handel als die Frage, ob ihre Aktie gerade sehr preiswert ist oder nicht.

Natürlich muss man auch fragen, ob immer alle Käufe und Verkäufe wirklich gemeldet werden. Denn Insidergeschäfte unter Ausnutzung von Geheiminformationen sind ja verboten. Im Februar 2000 galt diese Insiderregel nach deutschen Recht übrigens noch nicht. Damals galt für Gründer einer Firma, die am Neuen Markt gehandelt wurde, aber eine andere Regel: Sie durften ihre Aktien innerhalb einer gewissen Sperrfrist nicht verkaufen. Thomas Haffa, der Chef von EM-TV, tat es trotzdem. Es war rechtswidrig, hatte aber keine harten Sanktionen zur Folge. Haffa verteidigte sich später, als sein Verkauf publik wurde, er habe dies aus Rücksichtnahme auf seine Familie tun müssen. Denn er wusste, dass seine Aktien beinahe um das Einhundertfache überhöht notierten.

Im Grunde ist es ja für aufmerksame Anleger ganz günstig, wenn einige Börsenteilnehmer mehr wissen. Denn nur so ist die Tatsache zu erklären, dass es relativ starke und relativ schwache Aktien gibt. Fällt eine Aktie scheinbar ohne Grund, obwohl sie preiswert erscheint und vielleicht sogar die Dividendenrendite hoch ist, dann gilt es, besonders vorsichtig zu sein. Manchmal sind massive Verkäufe einer Aktie einfach mit einer übertriebenen Reaktion nervöser Fondsmanager nach Analystenkommentaren oder enttäuschenden Quartalsberichten zu erklären. Gefährlicher sind die Kursbewegungen, für die es keine offensichtliche Erklärung gibt. Da könnten Insider am Werk sein, die oft sehr genau wissen, warum sie verkaufen. Deshalb sollten Sie im Zweifelsfall lieber eine Aktie aus Ihrem Depot entfernen, die im Trend sehr schwach liegt und etwa ein neues Jahrestief meldet. Denn man weiß nicht, was hinter diesen Verkäufen steckt. Es könnten eben Insiderverkäufe sein.

Charttechnik

Aus einem Chart können Sie mehrere Dinge mit Sicherheit ablesen: erstens, wohin der Trend der Aktie oder des ganzes Marktes geht, und zweitens können Sie ablesen, wenn ein Trend gebrochen wird. Drittens sehen Sie, wo der Kurs der Aktie früher schon einmal stand, also wo ihr Höchstkurs und wo ihr absolutes Tief war. Das ist in gewisser Weise auch ein Hilfsmittel für Kursprognosen; das will ich nicht in Abrede stellen. Wenn eine Aktie früher einmal doppelt so hoch notiert war wie heute und jetzt im Aufwärtstrend ist, dann kann ich eventuell damit rechnen, dass sie ihren früheren Kurs wieder erreichen kann. Das könnte also ein mögliches Kursziel sein. Aber ich weiß es nicht sicher. Wenn vorher der allgemeine Markt kippt, dann wird die Aktie eben diesen alten Kurs nicht mehr erreichen.

Mehr aber können Charts nicht leisten. Vor einiger Zeit kam mir ein Prospekt ins Haus geflattert, in dem für einen Chartdienst geworben wurde. Vielleicht kennen Sie ihn auch. Die Überschrift lautete: „Lügen, Lügen, Lügen!“ Mit diesen Lügen meinte aber der Anbieter des Chartdienstes nicht sich, sondern Bankberater, die seiner Meinung nach Lügen über Aktien verbreiteten. Die größte Lüge aber stammte von ihm, denn er behauptete wörtlich, es sei mit Hilfe seiner Charttechnik möglich, „die Kursentwicklung jeder Aktie in Ihrem Depot sicher vorhersagen zu können“.

Der Mann hat Mut, alle Achtung! Aber er muss seine Leser für ganz schön dumm halten. Wenn ich die Kursentwicklung jeder Aktie in meinem Depot *„sicher hervorsagen"* kann, dann gebe ich keinen Chart-Börsenbrief mehr heraus. Da bin ich in einem Jahr Millionär und habe ich so etwas gar nicht nötig. Im Übrigen ist es auch unklug, solche Sätze zu schreiben, die juristisch höchst anfechtbar sind. Denn man kann nicht die Kursentwicklung jeder Aktie im Depot sicher vorhersagen. Das geht mit keiner Methode, das ist absolut unmöglich!

Es gibt auch Analysten, die die Charttechnik als völligen Unsinn abtun; sie sei etwa so einzuschätzen wie Kursvorausberechnungen auf astrologischer Basis. Einer dieser Kritiker ist der Volkswirtschaftler Max Otte in seinem Buch „Investieren statt sparen – Wie Sie mit Aktien alle 5 Jahre Ihr Vermögen verdoppeln", München 2000. Sie merken es schon am Untertitel, wann sein Buch geschrieben sein muss. Denn heute würde es niemand mehr wagen, solche Prognosen über Vermögensverdoppelungen in fünf Jahren in einen Buchtitel zu stellen. Jedenfalls beurteilt Otte die Chartanalyse äußerst negativ; die dort üblicherweise besprochenen Formationen seien jedenfalls nicht geeignet, um aus ihnen Schlüsse für die Zukunft zu ziehen.

Doch man sollte auch hier nicht das Kind mit dem Bade ausschütten. Charts haben schon einen bestimmten Vorteil. Die Trendlinien, die darin gezogen werden können, sind eine gewisse Hilfe. Wenn die Aktienkurve die Trendlinie zum Beispiel nach unten schneidet, dann ist zumindest eine Aussage folgerichtig: „Dieser Trend setzt sich jetzt so nicht mehr fort!" Mein Standardbeispiel ist hier immer wieder die Bewegung des Deutschen Aktienindex DAX im ersten Halbjahr 1998, die mit einer Aufwärtstrendlinie unterlegt werden konnte. Als sie Ende Juli 1998 nach unten durchbrochen wurde, konnte man freilich nicht ahnen, dass dies ein ganz wichtiges Warnsignal war. Denn objektiv war aus dem Trendverlauf nur abzulesen, dass sich der Trend nicht mehr so fortsetzt wie bisher. Der Aufwärtstrend hätte nämlich trotzdem weitergehen können. Wäre der DAX wieder gestiegen, so hätte man eine neue Trendlinie ansetzen können, die nun ein wenig flacher verlaufen wäre.

Dass der DAX damals nach dem Bruch der Trendlinie so scharf einknickte, hätten auch Chartisten nicht mit Sicherheit vorhersagen können.

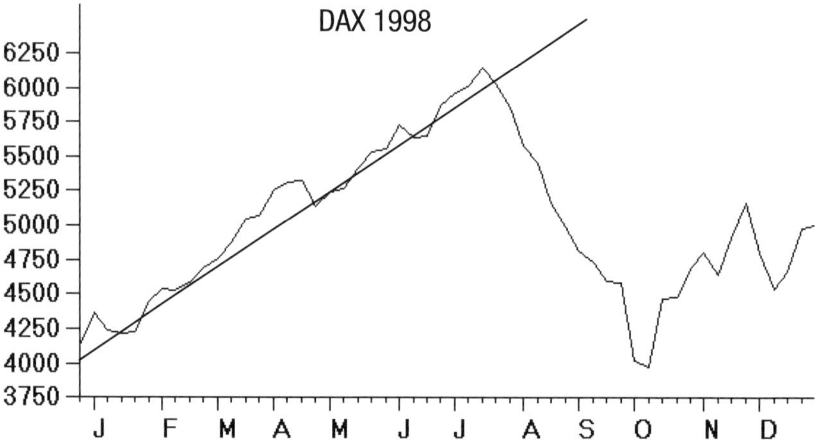

Als der DAX Ende Juli 1998 seine Aufwärtstrendlinie nach unten schnitt, war es Zeit zum Ausstieg.

Dieses Beispiel ist faszinierend, aber nicht typisch. Chartlinien können ja im Grunde nur mitteilen, ob sich ein Trend wie bisher fortsetzt oder nicht. Der Trend kann kippen, oder er kann sich auch anders als bisher fortsetzen. Hier sind viele Fehlinterpretationen möglich. Das Börsengeschehen ist viel zu komplex, als dass es in *einem* Chart darstellbar wäre. Der DAX ist in seiner Entwicklung ja auch davon abhängig, wie sich andere Aktienindizes verhalten. Nur ein vernetztes Denken, in dem mehrere Indikatoren kombiniert werden, hilft weiter und bringt Klarheit.

Es gibt aber noch andere gute Gründe, Kursverläufe anhand von Charts zu beobachten. Es hilft, von dem Einfluss der Tagesstimmungen wegzukommen. Die meisten Privatanleger werden immer wieder durch die Medien beeinflusst, vor allem durch das Börsenfernsehen. Stimmungen übertragen sich sofort. Aber sie wechseln auch sehr schnell. Haben wir am Montag eine gedrückte Stimmungslage an der Börse, so kann diese am Mittwoch bereits wieder völlig umgeschlagen sein. Wenn Sie Chartkurven verfolgen, die etwa ein bis zwei Jahre zurückreichen, dann sehen Sie den Kursverlauf auch am aktuellen Tag aus einer heilsamen Distanz. Sie können eine Tagesbewegung in einen größeren Rahmen einordnen und sehen sie nicht gleich als dramatisch oder gar endgültig an.

Insofern sind Charts auf jeden Fall auch eine psychologische Stütze, weshalb ich es nicht prinzipiell ablehne, sich mit ihnen zu befassen. Ob man damit allerdings mit ihrer Hilfe Prognosen stellen kann, bezweifle ich. Vor allen Dingen können Sie die Erfolge von Chartisten nicht messen – eine Tatsache, die mich schon immer geärgert hat. Wie Sie an den Methoden für allgemeine Kauf- und Verkaufssignale gesehen haben, die in diesem Buch besprochen werden, kann man diese messen und genau angeben, wie viel Prozent Gewinn man mit ihnen in den letzten 30 Jahren gemacht hätte. So eine objektive Erfolgsmessung können Sie bei Charts nie durchführen, weil ein Chart immer unterschiedlich interpretierbar ist. Hören Sie einmal im Börsenfernsehen einem Charttechniker genau zu. Er wird Ihnen Kursentwicklungen der Vergangenheit blendend erklären können, aber immer unsicherer werden, wenn es um die aktuelle Lage geht. Dann kommen Formulierungen wie „Wir müssten jetzt noch wissen, ob diese Linie da hält und ob jener Index nicht doch diese Unterstützung durchbrechen wird oder wenn jener Widerstand noch überwunden wird, dann kann man davon ausgehen, dass...". Es werden also meistens sehr, sehr viele Einschränkungen gemacht. Da gibt es dann nur selten klare Signale, an denen man eine Erfolgsmessung durchführen könnte.

Test: Welche Aktie war in den folgenden zwölf Monaten die bessere?

Manchen wir doch einmal ein Experiment, weil es so anschaulich ist. Sie sehen jetzt die Kursentwicklung zehn verschiedener Aktien vom Herbst 2001 bis Herbst 2003. Finden Sie anhand der Charts die fünf Aktien heraus, die in den folgenden zwölf Monaten überdurchschnittlich stiegen! Die übrigen fünf mussten Kursverluste hinnehmen. Welche? Die Lösung finden Sie gleich im Anschluss an die Charts.

Aktie 1
25
20
15
10
5
Sep 01
Jan 02
Mai 02
Sep 02
Jan 03
Mai 03
Sep 03

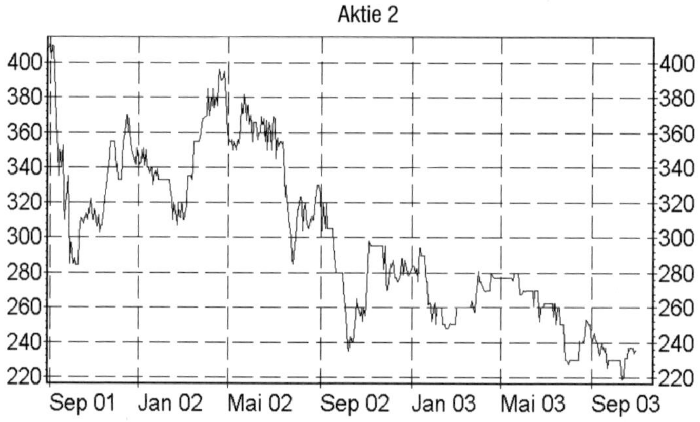
Aktie 2
400
380
360
340
320
300
280
260
240
220
Sep 01
Jan 02
Mai 02
Sep 02
Jan 03
Mai 03
Sep 03

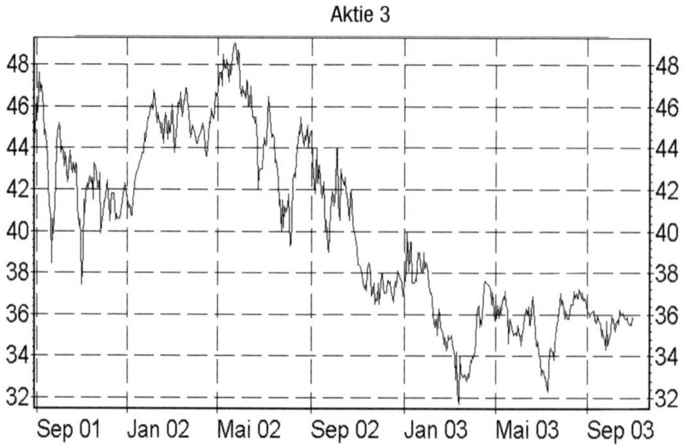
Aktie 3
48
46
44
42
40
38
36
34
32
Sep 01
Jan 02
Mai 02
Sep 02
Jan 03
Mai 03
Sep 03

Aktie 4

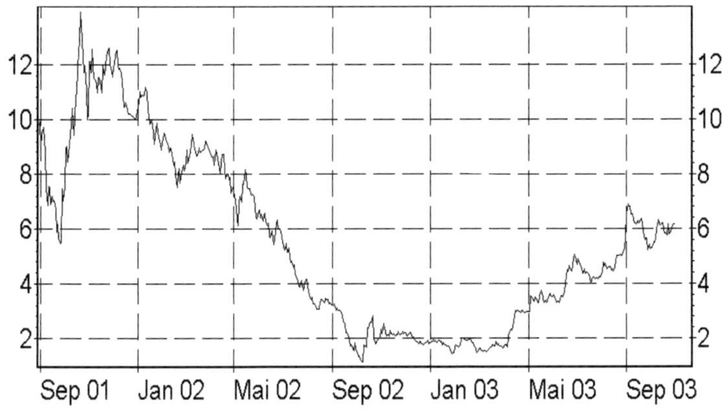

Aktie 5

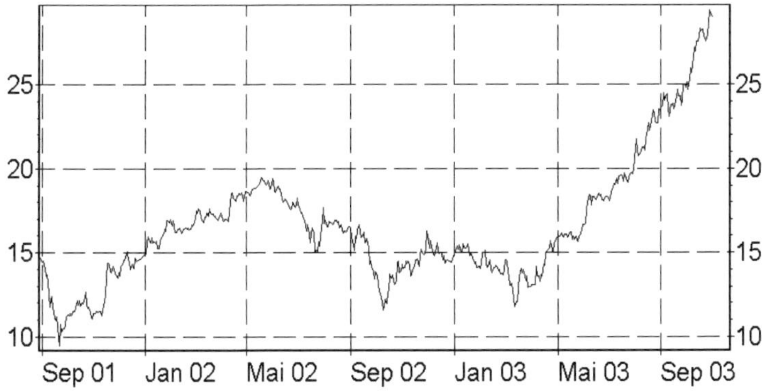

Aktie 6

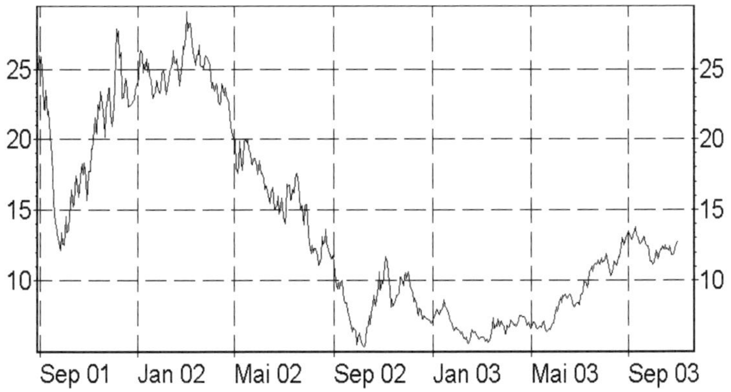

Aktie 7

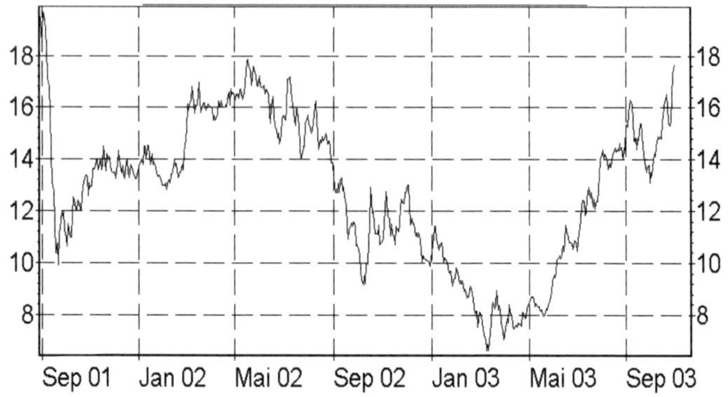

Aktie 8

Aktie 9

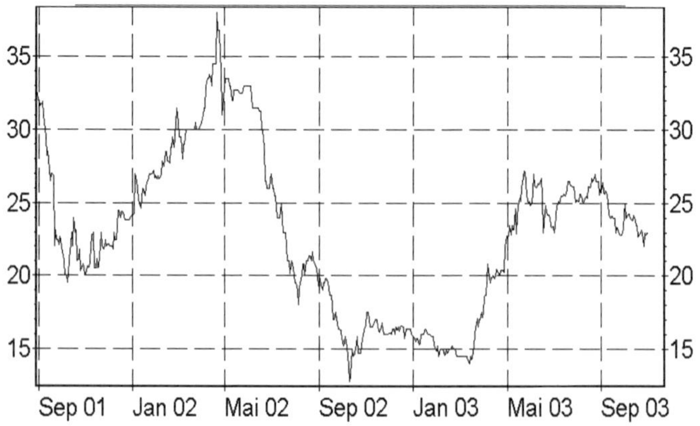

Aktie 10

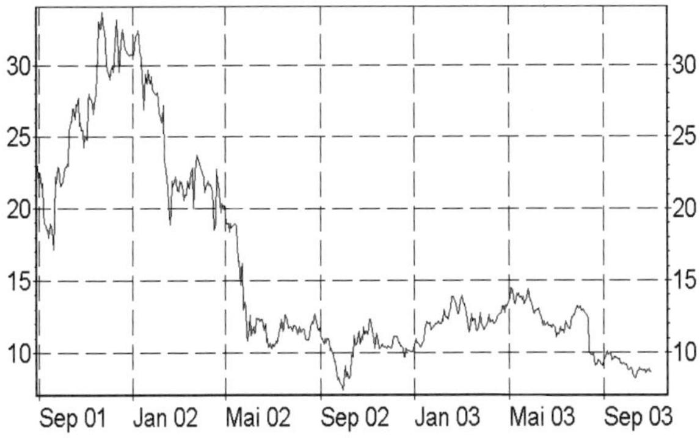

Wenn es möglich wäre, aus dem bisherigen Kursverlauf heraus die künftige Entwicklung abzulesen, dann müsste es doch ganz leicht sein, die künftigen fünf Gewinner von den künftigen fünf Verlierern zu unterscheiden.

Die Treffer waren stets die Aktien mit den ungeraden Zahlen (1, 3, 5, 7 und 9), die Fehlschläge waren alle Aktien mit den geraden Ziffern. Haben Sie das selbst herausgefunden?

Aktie 1 war die schweizerische Ascom, ein Telekomunikationszulieferer; Kurs ein Jahr später bei rund 10,50 Euro.

Aktie 2 war die schweizerische Forbo, ein Bauzulieferer; Kurs ein Jahr später bei rund 144 Euro.

Aktie 3 war der Pharmahändler Celesio; Kurs ein Jahr später bei rund 57 Euro.

Aktie 4 war Evotec (Biotechnologie); Kurs ein Jahr später bei rund 2,80 Euro.

Aktie 5 war der Reifenhersteller Continental; Kurs ein Jahr später bei etwa 43,80 Euro.

Aktie 6 war der Chiphersteller Infineon; Kurs ein Jahr später bei etwa 8,60 Euro.

Aktie 7 war der Flugzeugbauer EADS; Kurs ein Jahr später bei rund 23 Euro.

Aktie 8 war Teleplan (Niederlande, Monitorservice); Kurs ein Jahr später bei rund 1,26 Euro.

Aktie 9 war der österreichische Maschinenbauer VA Technologie; Kurs ein Jahr später bei 55 Euro.

Aktie 10 war der Notebook-Hersteller Gericom; Kurs ein Jahr später bei etwa 3,20 Euro.

Ich habe diesen Test auch in einem Börsenseminar im Herbst 2004 durchgeführt. Es war der überwiegenden Mehrzahl der Teilnehmer nicht möglich, die fünf Favoriten eindeutig zu identifizieren. Die Mehrheit erzielte keine höhere Trefferquote als 50 Prozent – also ebenso viel, wie man durch Würfeln hätte erzielen können.

Bestimmte Kriterien hätte es freilich gegeben. Anfänger wählen ihre Aktien oft nach dem Prinzip aus: „Welche sind am meisten zurückgeblieben in der Kursentwicklung und haben den größten Nachholbedarf? Die muss ich kaufen, denn ich darf natürlich nicht die wählen, die schon davongezogen sind."

Aber genau dies ist grundfalsch und einer der größten Anfängerfehler. Aus den Charts hätte man zumindest schön ablesen können, dass die Aktien Nr. 2 (Forbo), Nr. 8 (Teleplan) und Nr. 10 (Gericom) in einer Zeit, in der die meisten Aktien hohe Kursgewinne erzielten, die Aufwärtsbewegung überhaupt nicht mitmachten. Wer in guten Zeiten schon nichts erreicht, wird in schwierigeren Jahren, wie es dann 2004 der Fall war, wahrscheinlich Verluste hinnehmen müssen. Das wäre die richtige Schlussfolgerung gewesen. Denn es gibt immer einige Insider, die mehr wissen über ein Unternehmen als die breite Masse (Spezialanalysten, Management, Großaktionäre). Deren Käufe und Verkäufe, so vorsichtig sie auch getätigt werden, lassen doch erkennen, ob eine Aktie begehrt ist oder nicht. Und deshalb sollte ein Privatanleger stets versuchen, sich an die Käufe der Großinvestoren anzuhängen. Man spricht hier vom Prinzip der Relativen Stärke einer Aktie; wir werden uns damit noch näher beschäftigen. Auch aus Charts ist die Relative Stärke zumindest teilweise ablesbar. Dass die Aktien Nr. 4 (Evotec) und Nr. 6 (Infineon) im Jahr 2004 so schwach abschneiden würden, war aber auch von den Charts und von der Relativen Stärke her keinesfalls erkennbar; das hätte im Herbst 2003 höchstens an den Unternehmensdaten erkannt werden können, die auf Überbewertung dieser Aktien hindeuteten.

Ein Chartbild kann auch kurzfristige Übertreibungen nach oben recht anschaulich darstellen. So zögere ich auf jeden Fall, Aktien zu empfehlen, die von allen Daten her gut aussehen, aber deren Kursentwicklung mir einfach zu steil nach oben ausgerichtet erscheint. Ich warte da dann lieber noch einmal eine Gegenbewegung nach unten ab, ehe ich kaufe oder den Kauf empfehle. Vor allem so genannte „Fahnenstangen" (Kurs geht tagelang fast senkrecht nach oben) sind mir verdächtig.

Es gibt immer noch Anleger, die versuchen, mit Hilfe dicker Charthefte oder entsprechender Computer-Chartprogramme die besten Aktien herauszufinden. Aber allein das Durchblättern so vieler Seiten, gleichgültig ob im Heft oder im Computer, ist eine Wahnsinnsarbeit. Und wie wenig treffsicher dies ist, zeigte unser kleines Experiment. Ich bevorzuge für die Auswahl der Aktien Tabellen mit Relativer Stärke und Unternehmensdaten. Chartisten würden sich jetzt natürlich nun heftig wehren und einwenden, dass sie im Verlaufe des Jahres 2004 mit Sicherheit die schwachen Aktien noch ausgesiebt hätten, sobald die ersten Unterstützungslinien nach unten durchbrochen worden sind. Aber die Fälle Forbo, Teleplan und Gericom zeigen auch, dass man nicht so lange warten muss, bis auch ein Chart die Schwäche anzeigt. Mit Hilfe einer Relative-Stärke-Tabelle sieht man das schneller und besser.

Relative Stärke

In der folgenden Tabelle finden Sie eine Liste von 100 Aktien. Es sind die nach der Mitarbeiterzahl weltweit größten 100 Unternehmen. Geordnet sind sie nach der Relativen Stärke, das heißt die im Trend am besten liegenden Aktien sind oben in der Tabelle, die schwächsten liegen ganz hinten. Der Zeitpunkt dieser „Momentaufnahme“ ist Januar 2005.Die Buchstaben H und T werden anschließend erklärt.

Nr	Titel	Branche	RS		KUV	KBV
1	Vinci	Bau 1	28,73	H	0,47	2,84
2	Bouygues	Bau 1	24,99	H	0,52	2,13
3	Telecom Italia	Telekomm.	124,79		1,58	3,11
4	Michelin	Autozulieferer	123,54	H	0,41	1,44
5	Halliburton	Energie	123,41		1,08	7,06
6	RWE	Energie	120,97		0,53	3,62
7	Tesco	Konsumgüter	120,74	H	0,80	3,11
8	Toys R US	Konsumgüter	120,71		0,38	1,07
9	ING	Finanz	120,43	H	k. A.	2,18
10	Telefónica	Telekomm.	120,28	H	2,43	4,13
11	Suez Lyonnaise	Umwelt	120,27	H	0,49	1,66
12	Dt. Telekom	Telekomm.	117,85	H	1,25	2,07
13	Securitas	Dienstleister	116,80	H	0,70	3,67
14	France Télécom	Telekomm.	116,56	H	1,30	4,86
15	State Bank Ind.	Finanz	116,02		k. A.	1,01
16	Bayer	Chemie	115,96	H	0,63	1,21
17	Tyco	Elektronik	115,86		1,96	2,52
18	Saint Gobain	Bauzulieferer	115,51	H	0,52	1,36

19	EADS	Flugtechnik	115,16		0,58	1,06
20	Metro	Konsumgüter	114,77	H	0,24	3,33
21	Thyssen-Krupp	Maschinen	113,78	H	0,23	1,18
22	Hutchison (HK)	Beteiligungen	113,64	H	2,90	1,24
23	Allianz	Finanz	112,28	H	k. A.	1,01
24	Altria	Nahrung	111,06		1,53	4,74
25	BT Group	Telekomm.	110,43		0,94	6,17
26	ABN Amro	Finanz	110,02	H	k. A.	2,61
27	Bridgestone	Autozulieferer	110,00		0,73	1,89
28	Santander	Finanz	109,58		k. A.	2,76
29	Société Générale	Finanz	109,52		k. A.	1,79
30	McDonald's	Nahrung	109,45		2,39	3,35
31	Peugeot	Autobau	109,15		0,21	0,95
32	Johnson	Medizintechnik	108,92		4,52	6,71
33	Exxon	Energie	108,58		1,59	3,68
34	Boeing	Flugtechnik	108,50		0,89	5,20
35	Sears Roebuck	Konsumgüter	108,17		0,29	1,76
36	BNP Paribas	Finanz	107,90		k. A.	1,61
37	Lloyds TSB	Finanz	107,31	H	k. A.	2,68
38	Walt Disney	Medien	107,25		2,12	2,32
39	Total Fina	Energie	106,87		1,01	3,32
40	Siemens	Elektronik	106,54		0,75	2,50
41	PetroChina	Energie	106,38		2,62	2,24
42	Renault	Autobau	105,63		0,45	1,30
43	Utd. Technol.	Flugtechnik	105,54		1,74	4,56
44	Home Depot	Bauzulieferer	105,50		1,56	4,00
45	Gazprom	Energie	104,92		1,73	0,61
46	Surgutneftegaz	Energie	104,31		3,65	1,50
47	Royal Bk. Scotl.	Finanz	103,92		k. A.	1,98
48	Royal Dutch	Energie	103,82		0,81	2,48
49	BP	Energie	103,58		0,79	2,54
50	Deutsche Post	Transport	103,18		0,47	3,31
51	Gen. Electric	Elektronik	102,41		2,77	4,28
52	HSBC	Finanz	101,89		k. A.	2,23
53	DaimlerChr.	Autobau	101,82		0,26	1,08
54	Danone	Nahrung	101,64		1,38	3,55
55	Bank America	Finanz	101,63		k. A.	2,79
56	Verizon	Telekomm.	101,62		1,67	3,37
57	China Telecom	Telekomm.	101,50		1,95	1,76
58	Matsushita	Elektronik	101,44		0,49	1,07

59	Toyota	Autobau	100,78		0,94	1,68
60	Honda Motor	Autobau	100,52		0,60	1,71
61	Anglo American	Rohstoffe	98,30		1,62	1,53
62	Glaxo	Pharma	97,73		3,34	13,67
63	Accor	Touristik	97,52		0,95	1,78
64	Canon	Bürotechnik	97,42		1,50	2,56
65	IBM	Comp.Hardw.	96,95		1,86	5,76
66	Honeywell	Elektronik	96,80		1,32	2,84
67	Fujitsu	Comp.Hardw.	96,43		0,28	1,59
68	BMW	Autobau	96,20		0,52	1,39
69	Procter&Gamble	Konsumgüter	96,17		3,33	8,42
70	Nestlé NA	Nahrung	95,66		1,36	3,18
71	SBC	Telekomm.	95,64		2,11	2,22
72	Hitachi Ltd.	Elektronik	95,33		0,27	1,05
73	Unilever	Nahrung	94,22		1,12	4,86
74	ABB Inh.	Maschinen	94,20		0,71	3,42
75	Ford	Autobau	94,07		0,17	2,08
76	Toshiba	Comp.Hardw.	94,04		0,25	1,84
77	PepsiCo	Nahrung	93,81		3,32	7,16
78	Fiat St.	Autobau	93,19		0,12	0,85
79	Pin. Printemps	Konsumgüter	93,16		0,37	1,30
80	Sony	Elektronik	92,23		0,48	1,50
81	JPMorgan	Finanz	91,73		k. A.	1,71
82	Hewlett-Packard	Comp.Hardw.	91,60		0,89	1,64
83	GAP	Bekleidung	90,28		1,19	3,96
84	Philips	Elektronik	90,27		0,85	1,94
85	Lufthansa	Luftfahrt	90,08		0,26	1,82
86	Citigroup	Finanz	89,88		k. A.	2,53
87	VW	Autobau	89,86		0,15	0,54
88	Ahold	Konsumgüter	88,34		0,16	1,85
89	Kroger	Nahrung	87,98		0,24	2,95
90	Nissan Motor	Autobau	86,65		0,61	2,23
91	Wal-Mart	Konsumgüter	86,17	T	0,90	5,27
92	Alcoa	Rohstoffe	85,98	T	1,28	2,27
93	Carrefour	Konsumgüter	85,15		0,35	3,95
94	AMR	Luftfahrt	84,97		0,10	k. A.
95	NTT (Nipp. Tel.)	Telekomm.	81,54		0,63	1,10
96	Gen. Motors	Autobau	79,67		0,12	0,87
97	Rentokil	Dienstleister	78,79		1,11	5,58
98	NEC	Comp.Hardw.	76,86		0,24	1,69

99	Pfizer	Pharma	73,07	T	4,59	3,01
100	Karstadt	Konsumgüter	41,42		0,12	0,60

Kaufenswert sind Aktien, die in der Rangliste der Relativen Stärke **auf den vorderen Plätzen** liegen. Dazu kann man die Aktien in ihrer Gesamtheit nach der Relativen Stärke ordnen, so wie in der obigen Tabelle die 100 größten, oder teilt sie zunächst separat nach Ländern oder nach Branchen ein und ordnet sie dann nach ihrer Relativen Stärke.

Die Relative Stärke wird folgendermaßen berechnet: Aktueller Kurs (in Euro, also einheitlich für jedes Land) x 100 geteilt durch den 15-Monats-Kursdurchschnitt der Aktie.

Beispiel: Eine Relative Stärke von 130 bedeutet: Die Aktie notiert 30 Prozent über ihrem 15-Monats-Durchschnitt. Eine Relative Stärke von 73 bedeutet: Die Aktie notiert 27 Prozent unter ihrem 15-Monats-Durchschnitt.

Zur Berechnung des 15-Monats-Durchschnittes ist es nicht nötig, tatsächlich sämtliche Tageskurse der letzten 15 Monate zu verwenden. Möglich wäre dies ja. Aber es genügt, wenn Sie von allen Aktien die Kurse von den gleichen Daten der Vergangenheit nehmen, also beispielsweise die fünf letzten Quartals-Schlusskurse.

Beispiel: Wir haben jetzt Freitag, den 15. Juli 2005, und möchten die Relative Stärke unserer 650 Aktien berechnen, die wir beobachten. Welche Kurse nehmen wir? Ich schlage vor, Sie bewahren sich immer eine Zeitung, in der alle benötigten Kurse enthalten sind, zum Quartalsende auf. In diesem Beispiel benötigen wir die Kurse von Ende Juni 2004, Ende September 2004, Ende Dezember 2004, Ende März 2005 und Ende Juni 2005. Aus diesen fünf Kursen berechnen wir unseren 15-Monats-Durchschnitt. Die Relative Stärke errechnet sich dann nach folgender Formel: Neuer Kurs vom 15. Juli mal 100 geteilt durch den errechneten 15-Monats-Durchschnitt. Das können Sie sogar mit einem Taschenrechner machen; einfacher geht es freilich, wenn Sie die Kurse der Aktien, die Sie benötigen, in einer Excel-Datei gespeichert haben.

H und **T** bezeichnen Aktien, die neue Neun-Monats-Hochs oder -Tiefs melden. Das qualifiziert sie zusätzlich für Käufe beziehungsweise Verkäufe. Wer im hinteren Drittel einer Liste liegt und dazu noch ein neues Tief (T) meldet, sollte unbedingt verkauft werden. Wer in der hinteren Hälfte liegt und schon ein „H" meldet, steht möglicherweise vor einer

Erholung, die aber noch unsicher ist. Umgekehrt muss auch eine Aktie, die in der vorderen Hälfte liegt und schon „T“ meldet, nicht gleich verkauft werden.

In den Spalten KUV (= Kurs-Umsatz-Verhältnis) und KBV (= Kurs-Buchwert-Verhältnis) finden Sie in der Tabelle wichtige Unternehmensdaten; wir beschäftigen uns damit noch gesondert.

Übrigens: Wenn Ihnen alle diese Berechnungen zu mühsam sind, können Sie bei der Relativen Stärke auch ein anderes, sehr brauchbares Verfahren anwenden: Sie nehmen eine umfassendes Kursblatt aus einer guten Tageszeitung oder Zeitschrift, in der die Höchst- und Tiefstkurse der letzten 52 Wochen angegeben sind. Alle Aktien, deren aktueller Kurs sich in der Nähe der Höchstkurse befindet, sind relativ stark. Die, die sich in der Nähe der Tiefstkurse befinden, sind schwach und sollten auf jeden Fall gemieden werden. Freilich ist es dann etwas mühsam, aus dem Kursblatt diesen Sachverhalt bei jedem einzelnen Wert erforschen zu müssen. Wenn Sie Wert auf die übersichtlichen Tabellen nach dem Muster unserer Abbildung hier legen, so finden Sie dies in meinem 14-tägig erscheinenden Info-Dienst BÖRSENSIGNALE.

Das Prinzip der Relativen Stärke wird immer wieder bestritten. So wird behauptet, man dürfe für die Zukunft nicht auf die bisher starken Aktien setzen, sondern auf die schwachen. Sie hätten doch „Nachholbedarf“. Das *Handelsblatt* veröffentlichte Ende 2003 eine Studie der Landesbank Baden-Württemberg (LBBW), die bis 1988 zurückreicht, unter dem irreführenden Titel „Wer auf DAX-Verlierer setzt, gewinnt“. Die verantwortlichen Redakteure der Zeitung scheinen sich aber mit der Studie nicht gründlich befasst zu haben. Wer sich in den Inhalt der Studie wirklich vertiefte, konnte nachlesen, dass die fünf Gewinner der letzten zwölf Monate auch in den folgenden zwölf Monaten besser abschnitten als die fünf schlechtesten Aktien der letzten zwölf Monate. Und darauf kommt es ja schließlich an. Das Irreführende an der Studie war, dass auch zahlreiche kürzere Zeiträume, angefangen bei zwei Tagen, untersucht wurden, bei denen dann immer wieder in der Folgezeit die bisherigen Verlierer die Nase vorne hatten. Das muss ja auch so sein, besonders bei großen Standardwerten. Nach kurzfristigen Übertreibungen in der einen oder anderen Richtung gleicht die Börse diese anschließend wieder aus, sofern es keine neuen Nachrichten gibt. Aber bei Zeiträumen von rund zwölf Monaten sickern dann eben schon wieder neue Meldungen durch. Dann stellt sich heraus, dass da einige eben doch mehr gewusst hatten, deren Käufe und Verkäufe sich in der Relativen Stärke niederschlugen. Bei zu kurzen Zeiträumen hingegen kann die

Relative Stärke nicht funktionieren; das habe ich auch immer wieder betont. Scheinbare Gegenbeispiele wie Altria (Philip Morris), die in einem Kalenderjahr prächtig liefen und im nächsten total abstürzten (und umgekehrt), sind Ausnahmen und hatten ganz bestimmte Ursachen. Bei Altria (Philip Morris) waren es juristische Überlegungen über Schadensersatzforderungen, die hier jeweils den Ausschlag für Kursgewinne und -verluste gaben.

Es ist keine Frage, dass die Favoriten im Laufe eines Jahres immer wieder einmal wechseln. Aber auf „mittlere Sicht“ (zwölf bis 18 Monate) fährt man mit den bisherigen Favoriten im Schnitt eindeutig besser als mit den Verlierern. Das ist nicht nur meine Erfahrung, sondern das hat auch O'Shaughnessy in seiner Langfriststudie „What works on Wall Street“ (beginnend seit 1950) eindeutig nachgewiesen. *„Die Verlierer des Vorjahres sind meist auch im Folgejahr die schlechteste Wahl“* lautet sein Fazit. Starke Aktien bleiben oft jahrelang stark, zumindest bis zum Ende einer laufenden Hausse-Bewegung, und schwache Aktien neigen häufig weiter zur Schwäche. Dass man Aktien ins Depot nehmen sollte, die schon ein Stück weit gestiegen sind, eventuell sogar nahe ihrem Jahreshoch notieren beziehungsweise ein Sechs-Monats-Hoch („H“) aufweisen, ist richtig, auch wenn es viele Anleger nicht verstehen. Es kommt darauf an, diejenigen Aktien zu besitzen, die von den Großanlegern ins Depot genommen werden, nicht diejenigen, die niemand haben will.

Die Relative Stärke kann hingegen nicht einfach auf Branchen oder gar Länder übertragen werden. Da gibt es immer wieder alle sechs bis zwölf Monate so genannte Rotationen. Verlassen Sie sich also nicht darauf, dass ein Land oder eine Branche, das beziehungsweise die im Moment die Nummer eins ist, diese Position halten kann. Setzen Sie daher auf mehrere Branchen und auch auf mehrere Länder!

Die Relative Stärke warnt manchmal auch vor Ereignissen, die noch gar nicht bekannt sind

Am 2. April 2002 hatte ich nach einigem Zögern den Verkauf der Supermarktkette Ahold zum Kurs von 25,16 Euro empfohlen, weil die Aktie in der RS-Tabelle Niederlande in die untere Hälfte abgerutscht war und ein neues Tief gemeldet hatte. Das geschah eigentlich nur aus Vorsicht. Ich vermutete allenfalls Probleme in Argentinien und hatte später sogar angenommen, dass die Börse einmal wieder nach unten übertrieben hatte. Denn die Unternehmenszahlen erschienen günstig.

Am 24. Februar 2003 erfuhr man, dass Bilanzen gefälscht worden waren. Der Kurs stürzte weiter ab, fast bis auf zwei Euro.

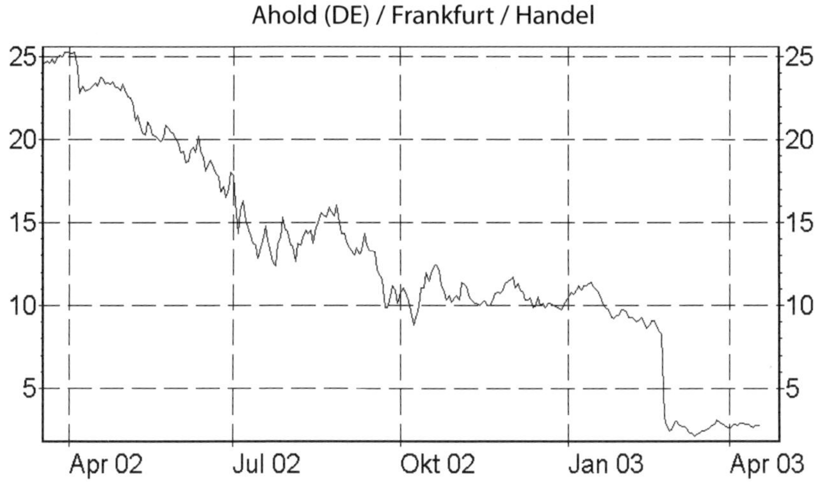

Das Beispiel dieses Weltkonzerns zeigt: Auch wenn man noch so sehr davon überzeugt ist, dass sich die Börse irrt, sollte man handeln, wenn die Relative Stärke einer Aktie gar zu schwach aussieht.

Wenn auf veröffentlichte Unternehmensdaten nicht mehr genügend Verlass ist, dann wird es auch künftig umso wichtiger sein, die Relative Stärke als wichtigen Filter für die Aktienauswahl zu beachten. Welches Ausmaß die Betrügereien an der Börse vor allem in den USA Ende der neunziger Jahre und Anfang 2000 genommen hatten, wurde teilweise erst Jahre später durch Veröffentlichungen bekannt. So zahlten Investmentbanken an Analysten mehr als 100.000 Dollar, wenn sie Gefälligkeitsstudien über neu herausgegebene Unternehmensanteile veröffentlichten. „Die größeren Häuser haben die kleineren bestochen, nette Studien zu schreiben“ erklärte Bob Phillips, Chef von Walnut Asset Management, dem *Handelsblatt* am 5. Mai 2003.

Da der Bush-Regierung eine schärfere Kontrolle nicht sehr am Herzen liegt, darf man durchaus davon ausgehen, dass sich diese Praxis – wenn auch vorsichtiger – weiter fortsetzen wird. Unser Instrument der Relativen Stärke ist der einzige Schutz gegen solche Manipulationen. Wo die Berechnung der Relativen Stärke noch nicht möglich ist, weil das Unternehmen erst neu an die Börse kam, sollte man sich eben mit größeren Engagements zurückhalten.

Die Relative Stärke muss längerfristig gemessen werden

Ist es nicht möglich, mit Hilfe der Tabellen der Relativen Stärke zu erkennen, wenn Aktien, die bisher ausgezeichnet im Trend lagen, plötzlich Schwäche zeigen und in der Tabelle nach unten abzurutschen *beginnen*? Klare Antwort: Nein, es ist nicht möglich! Nehmen wir an, eine Aktie liegt in der Tabelle der 30 DAX-Aktien an fünfter Stelle, zwei Wochen später aber an neunter Stelle. Sie können aus dieser Schwäche der letzten 14 Tage nichts schließen! Denn zu unterscheiden, ob es sich nur um eine kurzfristige Schwäche auf Grund einer Konsolidierung beziehungsweise auf Grund einer falschen Einschätzung von Analysten handelt oder ob tatsächlich neue, fundierte Erkenntnisse vorliegen, die eine Abstufung rechtfertigen, ist allein aufgrund des jüngsten Trends der Aktie nicht zu ermitteln. Dauerhafte Schwächen können Sie daran ablesen, dass eine Aktie weit zurückgefallen ist, beispielsweise auf Platz 25 von 30 Werten. In so einem Fall sollten Sie wirklich darüber nachdenken, sie aus dem Depot zu nehmen. Ich persönlich neige dazu, Aktien, von denen ich bisher überzeugt war, im Zweifelsfall lieber noch zu behalten und sie nur dann zu tauschen, wenn die Aktie in der Tabelle der Relativen Stärke sehr weit zurückfällt und außerdem noch ein Neun-Monats-Kurstief meldet.

Wer nur den Trends vertraut ...

Die Relative Stärke ist ein Trendsignal. Als solches ist sie von Großanlegern und Meinungsmachern abhängig. Die aber liegen an der Börse auch nicht immer richtig. Wer sich ausschließlich auf die Trendanalyse, Charttechnik und Relative Stärke verlässt, kann ebenfalls in die Irre geführt werden.

So verführte der gegenüber dem Euro starke Dollar in den Jahren 1999 bis 2001 immer wieder zu der verfehlten Annahme, die US-Wirtschaft sei der europäischen weit überlegen.

Europäische Unternehmen, die sich viel zu teuer in den USA einkauften, weil sie sich einbildeten, auf dem US-Markt präsent sein zu müssen, vernichteten dort Milliarden an Kapital. Warum aber wies dann die US-Wirtschaft ständig ein Handelsbilanzdefizit auf? Das fragte niemand.

Und was gab es doch um die Jahrtausendwende am *Aktienmarkt* für Absurditäten, nur weil alle Börsenteilnehmer ausschließlich in „Trends“

dachten und niemand mehr daran interessiert war, was wirklich in den Unternehmen los war!

Beispiele:

1. Die Purdue Universität Indiana untersuchte zwischen Januar 1998 und März 1999, ob eine *Namensänderung* Einfluss auf den Börsenkurs habe, wenn der neue Name auf Internet-Geschäfte hinweise, etwa ein „com“ oder „net“ hinter dem bisherigen Namen. Das Ergebnis: Die Kurse von rund 50 untersuchten kleineren US-Unternehmen kletterten schon fünf Tage nach der Namensänderung im Schnitt um über 100 Prozent und wiesen damit zu Unrecht eine hervorragende Relative Stärke auf!
2. Tochtergesellschaften mit Schwerpunkt Informationstechnologie waren an der Börse mehr wert als deren Muttergesellschaften, die noch 70 Prozent der Anteile hielten.
3. Ein Filmhändler wie EM.TV war nach seinem Börsenwert (Aktienzahl mal Börsenkurs) so viel wert wie der VW-Konzern.
4. Ein Internet-Verkäufer von Flugbuchungen war mehr wert als die fünf größten US-Fluggesellschaften zusammen.
5. Der Kurs der Deutschen Telekom, Anfang März 2000 bei 100 Euro gelegen (zwei Jahre später zehn Euro), wurde von „Technischen Analysten“ auf 150 Euro prognostiziert.
6. Der gesamte Börsenwert der australischen Konzerne war im März 2003 so hoch wie der von *allen* deutschen Aktiengesellschaften zusammen. Australien bringt aber allenfalls ein Fünftel der deutschen Wirtschaftsleistung auf, gemessen am Bruttosozialprodukt.

Fazit: Unternehmen müssen sowohl nach ihren betriebswirtschaftlichen Daten als auch nach ihrer Relativen Stärke kaufenswert sein. Auf beides muss geachtet werden.

Wenn Aktienkurse künstlich verzerrt werden

Die 30 nach ihrem Börsenwert größten Unternehmen werden im DAX-Index geführt. Die Unternehmen der zweiten Kategorie findet man im MDAX. Dazu gibt es noch einen TecDAX, in dem Hochtechnologieunternehmen enthalten sind, die die Aufnahme in den DAX nicht geschafft haben, und einen SDAX mit der Gruppe der nächstkleineren Werte.

Wenn in den Börsenkursen schon die wichtigsten Informationen über ein Unternehmen berücksichtigt sind, dann sind diese fair bewertet. Darf es aber für die Kursbildung eine Rolle spielen, ob ein Unternehmen im DAX, im MDAX oder im SDAX liegt? Theoretisch nein, praktisch ja.

Denken Sie an einen Fonds, der in seiner Zusammensetzung den DAX nachzubilden versucht. Wird eine Aktie in den DAX neu aufgenommen, dann sieht er sich gezwungen, diese Aktie zu kaufen, damit seine Zusammensetzung wieder stimmt. Und da es viele Fonds gibt, müssen viele kaufen. Dadurch wird aber der Börsenwert des Unternehmens erhöht. Es muss möglicherweise im DAX stärker gewichtet werden. Die Fonds müssen also noch mehr Stücke von dieser Aktie kaufen.

So können im Grunde unsachliche Kriterien die Börsenkurse von manchen Aktien stark verzerren.

In der zweiten Hälfte der neunziger Jahre beispielsweise wollten alle Anleger im Wesentlichen DAX-Aktien kaufen. Der MDAX wurde vernachlässigt. Denn die Fonds, also die Großanleger, sparten sich das Geld, das sie für Analysen hätten aufwenden müssen. Sie mussten dann nicht lange Unternehmen untersuchen, sondern streuten ihren Kapitaleinsatz einfach quer auf den DAX. Sie sagten sich: Wir kaufen einfach die größten Aktien; wir nehmen DAX-Werte, basta. Kleineres blieb vernachlässigt, weil es auch problematisch ist für einen Fonds, wenn er in engere Märkte investieren möchte. Da muss er immer aufpassen, dass sein Kauf dann nicht den Kurs nach oben treibt.

Durch die einseitige Auswahl können auf diese Weise Schieflagen entstehen, die jahrelang anhalten. DAX-Aktien waren um 2000 viel zu hoch bewertet und MDAX-Aktien unterbewertet. Nach vier weiteren Jahren hatte sich die Situation geändert. Der MDAX erreichte im November 2004 wieder ein neues historisches Hoch, während sich der DAX um diese Zeit noch hätte verdoppeln müssen, bis er seine Höchststände wieder erreicht hätte.

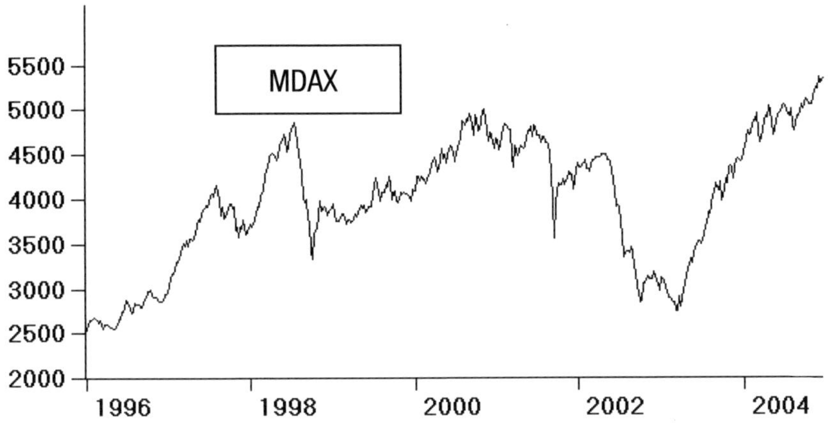

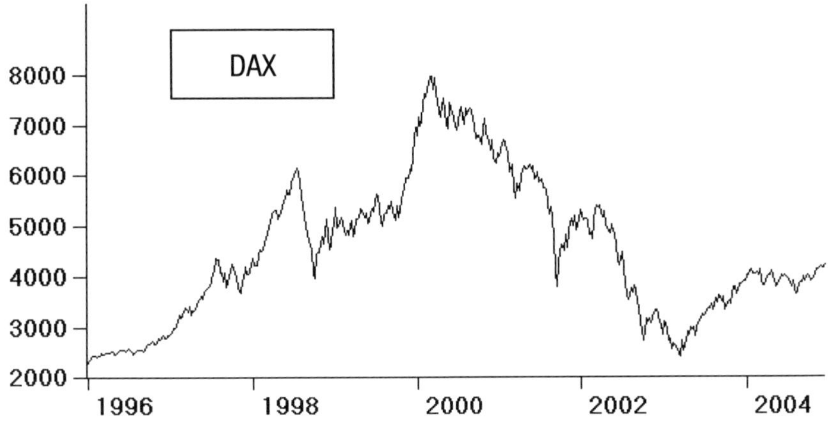

Seit dem Jahr 2004 sind DAX und MDAX bewertungsmäßig wieder im Gleichgewicht, während der DAX im Jahr 2000 weit überbewertet war.

Die Unfähigkeit und Bequemlichkeit der Fondsmanager, die Ende der Neunziger das Verhältnis zwischen DAX- und MDAX-Aktien so verzerrt hatten, ist nur ein Beispiel. Gravierender noch war die Kursverzerrung zwischen den hoch bewerteten amerikanischen Aktien und den Aktien der „kriegsunwilligen Europäer", die in den Jahren 2002 und 2003 durch US-Analysten offenbar ganz bewusst herbeigeführt wurde.

Im Februar 2003 wurde der deutsche Anlagenbauer Thyssen-Krupp von der US-Rating-Agentur „Standard & Poors" auf „Ramsch-Status" herabgestuft, also als hochriskantes, von der Pleite bedrohtes Unternehmen. Dies bedeutete für Thyssen, weit höhere Zinsen als bisher zahlen zu müssen. Außerdem dürfen viele Fondsmanager nicht mehr in Aktien mit diesem Status investieren. Ökonomische Gründe für eine solche Herabstufung gab es nicht. Thyssen-Krupp ist einer der größten Maschinenbau- und Stahlkonzerne der Welt. Die Dividendenrendite lag damals bei 4,2 Prozent. Die Unternehmenslage war passabel. Die Nettofinanzschulden wurden in den letzten beiden Jahren seit der Fusion halbiert, die Pensionsverpflichtungen waren abgedeckt, fast sämtliche Unternehmenssparten arbeiteten mit Gewinn. Aber bei US-Analysten wurde es ab 2002 Mode, die Schulden eines Unternehmens mit dessen Börsenwert (Kurswert aller Aktien) zu vergleichen. Doch ist dies offenkundiger Unfug, nachdem ein Börsenwert ja keine betriebswirtschaftliche Aussagekraft besitzt.

Man kann nicht ein Unternehmen zuerst im Kurs herunterreden beziehungsweise sogar mit Leerverkäufen den Kurs drücken und ihm anschließend ankreiden, dass der Börsenwert im Verhältnis zu den Verbindlichkeiten zu niedrig sei.

Aber für US-Analysten schien damals grundsätzlich Europa ein Risikofaktor zu sein, und offenbar hatte dies auch politische Gründe. Erkennbar war dies auch an den überdurchschnittlichen Kursverlusten europäischer Aktien, für die wohl zum großen Teil amerikanische Hedgefonds mitverantwortlich waren. Die politische Stimmungslage dort hatte dann offenkundig auch auf die Analysten abgefärbt. Die US-Regierung, die ohnehin mit wenig ökonomischem Sachverstand die Weltprobleme angeht, hatte für das „alte Europa" nur Verachtung und Misstrauen übrig. *„Systematisch arbeiten US-Hardliner und -Diplomaten mit ihren Schmähungen gegen kriegsunwillige Europäer daran, die Sympathiewerte für die USA zu senken"*, schrieb ironisch das *Handelsblatt.* Damit war nicht nur Präsident George W. Bush gemeint, den offenbar ein primitives fundamentalistisch-religiöses Weltbild prägt. Mangelnder Sachverstand, Überheblichkeit und Oberflächlichkeit, die US-Analysten und -Politikern schon von jeher kennzeichneten, hatten sich seit den letzten Jahren des vorigen Jahrhunderts auch in Wirtschaftsfragen gezeigt. Das war sowohl in der falschen Einschätzung der Euro-Währung als „Esperantogeld" erkennbar als auch in der Unterschätzung europäischer Unternehmen wie im Falle Thyssen-Krupp.

Inzwischen hagelte es Proteste, Rufe nach einer europäischen Rating-Agentur wurden laut, und der Chef der Bundesanstalt für Finanzaufsicht, Jochen Sanio, hatte im November 2003 die beiden US-Agenturen hart kritisiert, dass sie ihre Noten völlig willkürlich verteilen können und keinerlei verbindlichen Prinzipien unterworfen sind.

Der Ton bei diesen Rating-Agenturen hat sich übrigens inzwischen wieder geändert. Moody's schrieb schon 2003 über deutsche Banken, der noch 2002 negative Ausblick habe sich nunmehr „eingeschränkt verbessert". Wodurch, wurde nicht so recht klar. Der Verdacht, dass die Bush-Regierung mit ihrer Irak-Politik gescheitert ist und nun dringend wieder Bundesgenossen benötigte, ist wohl nicht ganz von der Hand zu weisen.

Ein Berater steht in Zeiten falscher Bewertungen vor einem Problem. Er kann dann mit den vernünftigsten Argumenten kommen und erläutern, dass die Börse die Unternehmen großenteils falsch bewertet. Die Korrektur kann trotzdem noch länger auf sich warten lassen, wenn die falsche Bewertung im Moment niemanden interessiert. Und dann, oh Wunder, pendelt sich der Markt doch wieder „richtig" ein. Und so wird es mit den im Jahre 2005 überbewerteten US-Aktien und den entsprechend unterbewerteten europäischen Standardaktien auch geschehen. Während ich diese Zeilen schreibe, sind vor allem deutsche Aktien noch absolut unterbewertet.

Aktienanalyse

Wenn es um die Beurteilung der Qualität von Aktien geht, ist nicht nur Unternehmensanalyse angebracht. Dies vorweg. *Aktien*analyse kann nicht nur berücksichtigen, wie zukunftsträchtig und rentabel ein Unternehmen arbeitet, sondern muss dies auch im Verhältnis zum *Preis* der Aktie betrachten. Es gibt hervorragende Analysten wie Warren Buffett oder auch Peter Lynch, die als Unternehmer beziehungsweise Fondsmanager mit gezieltem „Stock-Picking" (Herausfischen chancenreicher Aktien) hohe Kursgewinne erzielten. Aber gerade diese beiden haben nicht nur die Unternehmen, in die sie investierten, durch und durch gekannt, sondern immer auch auf deren Preis geachtet. Während technische Analysten ausschließlich der Börsenkurs interessiert, scheint bei vielen Unternehmensanalysten oft der Börsenkurs überhaupt nicht von Bedeutung, sondern nur die Umsatzrendite oder das Wachstum des Unternehmens.

Wie selbst Universitätsprofessoren für Volks- und Betriebswirtschaft Unternehmen falsch einschätzen, erlebe ich Jahr für Jahr in dem großen Bericht, den Prof. Reinhard Schmidt von der Universität Halle zum Jahresende im *manager magazin* abliefert. 500 Unternehmen werden dort seit über zehn Jahren regelmäßig analysiert, nach Wachstum, nach

Sicherheit und nach Rendite. Ich verfolge seine Ergebnisse auch noch nach Jahren und muss immer wieder den Kopf schütteln, was da an Einschätzungen gegeben wurde. Ende 1996 hatten beispielsweise die Unternehmen Plettac, Tiptel, Hach und Dyckerhoff Bestnoten erhalten, die bereits damals nicht mehr gute Ergebnisse vorweisen konnten und heute in der Versenkung verschwunden sind. Die Zukunftschancen des Handy-Herstellers Nokia wurden Anfang der neunziger Jahre noch überhaupt nicht wahrgenommen. Als das Unternehmen dann zu seinen Top-Empfehlungen gehörte, war der Börsenkurs bereits weit nach oben geschnellt.

Daraus können wir jedenfalls erkennen, wie schwer es offenbar ist, selbst in Kenntnis aller Fakten und Unterstützung durch zahlreiche Mitarbeiter, Unternehmen richtig einzuschätzen, geschweige denn auch noch zu ermitteln, ob ihr Börsenkurs fair ist. Analysten können sich niemals sicher sein, dass ihre eigene Unternehmensanalyse wirklich so gut ist, dass sie sagen: „Von dem Unternehmen bin ich so hundertprozentig überzeugt, dass ich diese Aktie durchhalte, auch wenn die Börsenteilnehmer noch so sehr verrückt spielen und das Unternehmen schlecht bewerten und verkaufen." Dazu müsste man absoluter Insider oder ein Genie auf dem Gebiet der Unternehmensanalyse sein. Es gibt einen Punkt, an dem wir feststellen müssen, dass die Kursentwicklung einfach nicht hält, was wir uns davon versprochen haben. Liegt eine Aktie nach der Relativen Stärke etwa auf dem vorletzten Platz ihrer Landesliste und meldet dazu noch ein neues Neun-Monats-Kurstief, dann dürfen wir in der Regel nicht daraus schließen, dass die Verkäufer der Aktie alle verrückt geworden sind und ihren wahren Wert nicht erkennen, sondern dann hat das vermutlich Gründe, die *wir* vielleicht einfach noch nicht kennen. Denn viele überraschende Kursschwächen stellen sich im Nachhinein oft als begründet heraus. Warum Großanleger einen Titel nach und nach gekauft und die anderen vernachlässigt haben, erfährt man tatsächlich oft erst sehr viel später.

Wir dürfen uns auch nicht durch scheinbar gute Unternehmensdaten wie ein niedriges Kurs-Umsatz-Verhältnis dazu verleiten lassen, stark gefallene Aktien „antizyklisch" zu kaufen. „Wer eine fallende Aktie kauft", schrieb ich schon 1986 im *Aktien-Berater*, „kann sich mit 90-prozentiger Sicherheit darauf verlassen, dass sie weiter fällt." Niemals sollte also ein Anleger mit dem Argument „Ich kann mir nicht vorstellen, dass..." eine antizyklische Anlage platzieren. Im Prinzip muss man sich alles an der Börse vorstellen können. Auch die objektiv unsinnigsten Kurse wurden schon in die Welt gesetzt, und diejenigen, die zuvor

„antizyklisch" dagegengesetzt hatten, wurden einfach überrollt. Wer antizyklisch Aktien kauft, muss sein Unternehmen wirklich kennen und absolut sicher sein, dass es unterbewertet ist. Dann darf er sich aber auch durch weitere Verluste nicht aus der Ruhe bringen lassen. Aber wer kann sich schon so sicher sein, wenn er nicht gerade unmittelbar zur Unternehmensführung gehört?

Kurs-Umsatz-Verhältnis (KUV)

Mit den Umsätzen der Unternehmen in ihrem Verhältnis zum Börsenkurs haben wir uns schon im Zusammenhang mit der Frage beschäftigt, wie man die faire Bewertung eines Aktienindex messen kann. Für die Einzelanalyse ist das Kurs-Umsatz-Verhältnis noch wichtiger. Für mich ist ein Unternehmen nur dann in Ordnung, wenn erstens der Trend stimmt und wenn zweitens diese wichtige Unternehmenszahl auch noch gut aussieht. Wenn eine der beiden Bedingungen fehlt, sollten Sie die Aktie des Unternehmens meiden.

Nun kommt hier sehr häufig der Einwand, es komme doch auch noch sehr darauf an, wie rentabel die Firma arbeite, ob also die Umsätze auch zu guten Gewinnen führen. Man spricht hier von der so genannten Umsatzrendite. Eine Umsatzrendite ist der in Prozent gemessene Gewinnanteil vom Umsatz nach Abzug aller Kosten. Schafft ein Autobauer zum Beispiel nur eine Umsatzrendite von 2,5 Prozent, sein Konkurrent hingegen 7,8 Prozent, dann arbeitet der Konkurrent wesentlich rentabler. Aber ist dann die Aktie des Konkurrenten tatsächlich zu bevorzugen? Nein, das ist völlig offen! Es kommt auf den Preis der Aktie an. Meistens ist eine gute Umsatzrendite längst im Kurs enthalten. Die Firma mit der schwächeren Umsatzrendite hat aber die Chance, ihre Umsatzrendite durch Neuorganisationen noch zu verbessern. Und dies ist im Kurs noch nicht drin.

Vor einiger Zeit lobte ein Gesprächspartner den US-Internet-Versteigerer eBay. Der habe eine enorme Umsatzrendite von rund 30 Prozent. Dann sei doch auch ein Kurs-Umsatz-Verhältnis von 30 gerechtfertigt. Der Börsenwert dürfe dann das 30fache des Jahresumsatzes betragen. Niemals! Denn so eine hohe Umsatzrendite lässt sich auf die Dauer nicht halten. Konkurrenten in Scharen werden dadurch angelockt. Ich vermute, viele Anleger sind sich nicht darüber im Klaren, was ein Kurs-Umsatz-Verhältnis von 30 bedeutet. Normaler Durchschnitt ist höchstens ein Preis vom Ein- bis Zweifachen des Jahresumsatzes. Bei einem

KUV von 30 steckt die Erwartung im Kurs, dass sich der Umsatz in den nächsten paar Jahren mehr als verzehnfacht, nur damit er dann seinen *heutigen* Preis wert ist. Derartige Hoffnungen wären mir einfach zu vage, so einen Kauf möchte ich nicht riskieren. In der Tat brach der Kurs der eBay-Aktie dann im Januar 2005 um 25 Prozent ein. Doch auch da war die Aktie immer noch stark überbewertet.

Eine solche Denkweise in punkto Unternehmenspreis ist heute fast unüblich geworden, nachdem in den Medien vor allem nur Kurstrends analysiert werden. Vielleicht konnte man es sich in den siebziger und achtziger Jahren noch leisten, Aktien nur nach dem Börsentrend zu beurteilen, also sich nur von der Relativen Stärke leiten zu lassen. Damals gab es noch mehr Analysten, die jede Firma auf Herz und Nieren überprüften. Doch immer mehr wurde es Mode, nur noch auf den Kurstrend zu achten und dessen Kurve zu analysieren. Doch selbst betriebswirtschaftliche Laien hätten erkennen können, dass Aktienkurse wie die von EM.TV oder auch der Deutschen Telekom am Anfang des Jahres 2000 völlig aus dem Ruder gelaufen waren.

Dennoch haben sich Börsenkommentatoren damals über jeden Skeptiker nur lustig gemacht und gesagt: „Was wollen Sie denn, die Kurse steigen doch. Irgendwas stimmt mit *Ihnen* nicht; mit den Unternehmen stimmt alles.“ So war damals die Stimmung. Da konnte man erkennen, dass die Beobachtung von Trends und Relativer Stärke offenbar nicht genügt. Man muss sich wirklich um die Unternehmen kümmern, man muss sie anschauen, ob sie preiswert sind.

Wie genau sich ein Aktionär sein Unternehmen ansehen sollte, das ist die Frage. Kürzlich flatterte mir eine Broschüre ins Haus, in der acht Kriterien genannt wurden, nach denen ein Unternehmen betrachtet werden müsse:

1. Hat das Unternehmen eine ausgezeichnete Führung?
2. Gibt es darin zukunftsweisende Ideen oder neue und interessante Produkte?
3. Wird auf Forschung und Neuentwicklung großer Wert gelegt, oder spart man hier, um die Bilanz besser aussehen zu lassen?
4. Herrscht unter den Mitarbeitern und zu wichtigen Kunden ein gutes Vertrauensverhältnis?
5. Liegen Umsatzrendite und Gewinnspanne über dem Branchendurchschnitt?
6. Liegt das Umsatz- und Gewinnwachstum über dem Branchendurchschnitt?

7. Wie liegt das Unternehmen im branchenspezifischen Wettbewerb? Kann es auf den Weltmärkten mithalten?
8. Wie weit ist man auf Veränderungen des Kunden- und Verbraucherverhaltens vorbereitet?

Diese Kriterien halte ich alle für wichtig. Aber um etwa die Punkte 1, 2, 4, 7 und 8 genau beurteilen zu können, muss man das Unternehmen schon sehr gut kennen und mit der Führung ständig auf Tuchfühlung bleiben. Nur große Finanzhäuser können es sich leisten, solche Analysten zu beschäftigen, die in einer Branche wahre Spezialisten sind und die Aufgabe haben, auf diese Weise etwa ein halbes Dutzend Unternehmen zu beobachten. Aber Analysten dieser Art werden auch immer seltener, denn die großen Finanzhäuser können sich so viele Analysten nicht mehr leisten.

Die Punkte 3, 5 und 6 sind bilanztechnisch überprüfbar, werden aber meistens überschätzt. In der Anfangsphase einer Entwicklung kann ein Unternehmen möglicherweise noch ein hohes Wachstum vorweisen, das sich aber dann bald verflacht. Denn die Konkurrenz schläft nicht. Die Ausgaben für Forschung und Entwicklung sind zwar ein Indiz, ob man in der Führung an die Zukunft glaubt. Aber manche Forschungsausgaben sind in der Tat überflüssig; entscheidend ist, ob die Mittel an den richtigen Stellen konzentriert werden.

Aber ob der normale Aktionär, der die Auswahl zwischen rund 650 Unternehmen hat, sich das bei jedem einzelnen Konzern wirklich so intensiv anschauen muss, indem er sozusagen in den Unternehmen herumspaziert und mit den Geschäftsleitungen ganz vertraut ist, das bezweifle ich. Es geht meiner Meinung nach einfacher.

Wenn ich auf die Relative Stärke achte, schlage ich mehrere Fliegen mit einer Klappe. Läuft eine Aktie im Trend überdurchschnittlich gut, dann hat das meistens Gründe, die in den Punkten 1 bis 8 im Wesentlichen erfüllt sind. All diese Punkte sind also durch das Prinzip der Relativen Stärke bereits abgedeckt! Zumindest kann ich davon ausgehen, dass es die intimen Kenner der Firma (Geschäftsleitung, Großaktionäre, Spezialanalysten) im Moment so sehen. Ich muss dann nur noch darauf achten, ob der Preis, also der Aktienkurs, noch nicht zu hoch ist. Und das sehe ich eben zum Beispiel am Kurs-Umsatz-Verhältnis (KUV). Weitere Kriterien wie das Kurs-Buchwert-Verhältnis (KBV), das Kurs-Mitarbeiterzahl-Verhältnis (KMV, Börsenwert geteilt durch die Zahl der Mitarbeiter) und das Kurs-Gewinn-Verhältnis (KGV) sowie die Dividendenrendite lernen Sie noch kennen. Das sind die Maßstäbe, mit denen wir sehen können, ob ein Unternehmen seinen Preis wert ist. Sie werden oft unter der Fülle aktueller sensationeller Meldungen vergessen. Dabei eignen sie sich sehr gut zum Vergleich. Man kann bequem auf diese Weise feststellen, ob der aktuelle Börsenkurs eher eine Unterbewertung ausdrückt oder zu weit davongelaufen ist.

Gewinn

Umsatzzahlen im Verhältnis zum Börsenwert sind ein guter und objektiver Maßstab zur Unternehmensbewertung. Gewinne und Buchwerte können von einem geschickten Bilanzbuchhalter weitgehend gedehnt, versteckt oder verlagert werden. Bei Umsätzen geht das nicht so einfach. Wer zum Beispiel Umsätze einfach erfindet, wie einst die Manager der Neuer-Markt-Firma Comroad, landet im Gefängnis.

Nun kommt oft der Einwand: „An der Börse ist doch der *Gewinn* einer Firma wichtig und somit das KGV. In der New Economy haben die Internet-Unternehmen zwar große Umsätze gemacht, aber nie einen Gewinn erwirtschaftet. Am Schluss, in der Euphorie, war dann nur noch der Umsatz wichtig. Das Ende kennen wir ja."

Nun stimmt das überhaupt nicht, dass New-Economy-Werte 1999/2000 große Umsätze gemacht hätten. Man hat lediglich auf Wachstum und damit Vervielfachung der Umsätze *gehofft*.

Im Mai 2000 – der „Neue Markt" hatte gerade seinen Abwärtstrend begonnen – lag das KUV bei den Neuer-Markt-Aktien im Durchschnitt bei 56 (!). Im Grunde waren die Kurse dort also im Durchschnitt 56-mal höher, als es „fair" gewesen wäre – erklärbar nur durch damals noch erwartete Umsatzsteigerungen der nächsten Jahre, von denen jedoch keine Rede sein konnte. Die Faustregel lautet aber, dass der Börsenwert höchstens das Anderthalbfache vom Jahresumsatz betragen darf. Dass die Kurse der Neuer-Markt-Aktien daraufhin irgendwann völlig zusammenbrechen mussten, war somit eigentlich ganz normal und vorherzusehen.

Das durchschnittliche KUV etwa bei Elektronik-Aktien lag im Jahr 2004 bei rund 1,3. Das heißt, dass der Börsenwert des Unternehmens im Durchschnitt das 1,3fache des Jahresumsatzes haben konnte, um nicht als überhöht zu gelten. Analysten haben das Gefühl für faire Preise verloren, wenn sie behaupten, auch Kurs-Umsatz-Verhältnisse von 30 und 40 seien akzeptabel, wenn die Firma schnell wächst. Aber dieses Wachstum war etwa bei den Neuen Märkten entweder frei erfunden oder galt für einen Teilbereich und hörte dann plötzlich auf. Auch eine erstklassige Umsatzrendite kann schnell beendet sein, es sei denn, die Firma hat ein langfristiges Monopol. Aber ansonsten sind sofort Konkurrenten da, die erkennen: „Aha, da lohnt sich der Einstieg, da lässt sich noch viel verdienen.“ Deswegen ist es immer gefährlich, wenn man den Wachstumsaspekt zu sehr betont.

Im Übrigen ist durch die Studie von James P. O'Shaughnessy *What works on Wall Street* (1997) längst der Beweis erbracht worden, dass die Kombination von Relativer Stärke und Kurs-Umsatz-Verhältnis das beste Auswahlverfahren ist. In seinem Buch werden verschiedene Methoden seit den fünfziger Jahren bis in die Neunziger an der US-Börse untersucht. Seltsamerweise wird diese Studie, selbst von Börsenfachleuten, hier zu Lande kaum zitiert. Offenbar ist sie weitgehend unbekannt geblieben.

Freilich bietet ein niedriges KUV noch keine Gewähr für steigende Aktienkurse. Es kann auch ein Hinweis sein, dass die Firma unrentabel arbeitet. Aber das wiederum erkennt dann der Filter „Relative Stärke“!

Der Gewinn ist kein guter Maßstab zur Unternehmensbeurteilung. Freilich geht es nicht ohne Gewinne. Aber wer sich mit Bilanzbuchhaltung gut auskennt, weiß, was möglich ist, um den Gewinn eines Unternehmens glänzend aussehen zu lassen. Wenn die führenden Manager eines Unternehmens Interesse daran haben, Schwächen verborgen zu halten, und aus diesem Grund die Bilanz Jahr für Jahr systematisch schönen, so kann das Jahre gut gehen, bis die betreffenden Manager pensioniert sind. Sie müssen beispielsweise nur immer wieder die so genannten „stillen Reserven“ in Anspruch nehmen, und kein Mensch wird beim Lesen der Bilanz entdecken, dass in Wirklichkeit schon seit Jahren ein Verlust gemacht wird.

Umgekehrt werden Unternehmen, die mitten in einer Umorganisation stecken, oft unterschätzt, weil die Neuausrichtung mit dem Lesen der Bilanz zumeist gar nicht richtig eingeschätzt werden kann.

Beliebte Tricks, um den Gewinn höher erscheinen zu lassen, sind folgende:

1. Ein Vorstandsvorsitzender, der kurz vor seinem Ausscheiden aus dem Unternehmen steht, wird dafür sorgen, dass die Bilanz vor dem Abgang noch einmal richtig gut aussieht. Es wird wenig abgeschrieben, Investitionen werden gekürzt. Sein Nachfolger wird dann versuchen, das Gegenteil zu tun. Verluste werden sofort abgeschrieben und Beteiligungswerte viel niedriger angesetzt. Er

kann dann in den kommenden Jahren damit prahlen, dass sich die Bilanz seit seinem Antritt schon wesentlich verbessert hat.

2. Die führenden Manager eines Unternehmens lassen sich so genannte Optionen genehmigen. Bezahlt werden diese aus dem Vermögen der Gesellschaft, also der Aktionäre. Im Grunde ist das eine Ausplünderung der Firma. In der Bilanz erscheinen sie aber nicht als Kosten, sondern werden lediglich im Anhang als Pro-forma-Rechnung aufgeführt. Es wird auch dort nur der so genannte innere Wert dieser Optionen genannt.
3. Wird ein anderes Unternehmen ganz oder teilweise übernommen und wurde dafür ein überhöhter Preis bezahlt, so müsste der überhöhte Wert eigentlich sofort abgeschrieben werden und den Gewinn vermindern. Stattdessen wird er oft als Vermögen bilanziert.
4. Wertpapiere, die die Firma besitzt, sollten eigentlich vorsichtshalber nach dem Mindestwertprinzip bilanziert werden. Nach neuen Bilanzregeln kann jedoch ein frei festzulegender Marktpreis angesetzt werden.
5. Maschinen, Hallen und Geräte können verkauft und zurückgeleast werden. Damit wird der Gewinn über Einmal-Effekte kräftig erhöht.
6. Stille Reserven werden aufgelöst und tauchen als Gewinn auf. Damit das in künftigen Bilanzen jederzeit geschehen kann, werden häufig überhöhte Rückstellungen angelegt.

Außerdem ist der veröffentlichte Gewinn schon deshalb uninteressant, weil er ja erst etwa ein halbes Jahr nach Beendigung des Geschäftsjahres veröffentlicht wird. Auch geht aus der Angabe des Jahresgewinns nicht hervor, ob sich die Firma auf einigen Geschäftsfeldern erst im Neuaufbau befindet, also in den kommenden Jahren dort wesentlich mehr verdienen wird, oder ob die Gewinnmöglichkeiten schon weitgehend ausgeschöpft sind.

Kurs-Buchwert-Verhältnis (KBV) und Kurs-Mitarbeiter-Verhältnis (KMV)

Mit der CD, die diesem Buch beiliegt, verfügen Sie über Unternehmensdaten von 650 Aktien weltweit nach dem Stand von Januar 2005. Die Börsenkurse sollten Sie von den Aktien, die Sie beobachten wollen, ständig erneuern. Einmal im Jahr sind dann die Umsätze, Buchwerte und Gewinne pro Aktie zu erneuern, und Sie sollten sich vergewissern, ob die Anzahl der ausgegebenen Aktien und die Mitarbeiterzahl noch stimmen.

Bei den Finanztiteln (Banken und Versicherungen) sind keine Umsatzzahlen angegeben. Prämien und Zinsüberschüsse sind untereinander nur schwer vergleichbar. Achten Sie hier auf zwei andere Unternehmensdaten, die ebenfalls Rückschlüsse ermöglichen, ob die Aktie schon zu teuer ist: das KBV und das KMV. Das Kurs-Buchwert-Verhältnis sollte im Allgemeinen nicht größer sein als 2,0. Ausnahmen sind möglich in Branchen, wo viel Fremdkapital nötig ist, oder dort, wo Unternehmensbereiche neu aufgebaut werden. Bei einer völligen Neuausrichtung wird oft sehr viel Eigenkapital verbraucht, und es werden hohe Anfangsverluste gemacht. Dies mindert auch den Buchwert.

Aber zunächst zu der Frage: Was ist ein Buchwert, und was sagt das Kurs-Buchwert-Verhältnis aus?

Der Buchwert entspricht dem Eigenkapital. Man kann ihn errechnen, wenn man vom Bilanzwert alles abzieht, was an Fremdkapital und Verbindlichkeiten darin enthalten ist. Der Buchwert ist oft eine Frage der Einschätzung. Was sind Häuser, Grundstücke und Maschinen wirklich wert, die der Firma gehören? Bilanzbuchhalter haben hier viel Spielraum. Dass der Börsenwert unter dem Buchwert liegt – also Kurs-Buchwert-Verhältnis (KBV) unter 1,0 –, kommt nur selten vor und drückt eine Geringschätzung der Anleger gegenüber dem Unternehmen aus. Ob diese Geringschätzung zu Recht besteht, darüber kann die Relative Stärke Aufschluss geben, nach der wir uns ja beim Kauf ohnehin weitgehend richten. Der Mittelwert des KBV bei den 650 Aktien, die wir beobachten, lag am Jahresanfang 2005 bei 2,3.

Das heißt nicht, dass Aktien mit einem KBV von vier, fünf oder sechs grundsätzlich nicht zum Kauf in Betracht kommen. Ein Unternehmen kann dabei sein, sich völlig neu auszurichten, hat für Umstrukturierungen viel Eigenkapital verzehrt und sich hoch verschuldet – und kann dennoch rentabel wirtschaften. Dass bei hohem KBV einerseits ein größeres Risiko vorhanden ist, ist klar. Andererseits können auch die Kurschancen beträchtlich sein, wenn es gelingt, mit hoher Rendite zu wirtschaften und die Schulden allmählich abzubauen.

Interessant ist auch das Verhältnis der Mitarbeiterzahl zum Börsenwert (Kurs-Mitarbeiterzahl-Verhältnis, KMV). Wenn Sie den Börsenwert eines Unternehmens durch die Zahl der Mitarbeiter teilen, können Sie ermitteln, wie hoch das Unternehmen pro Mitarbeiter eingeschätzt ist, ob also im Vergleich zur Konkurrenz Über- oder Unterbewertung vorliegt. Nun könnte man freilich auch so argumentieren: Liegt das Kurs-Mitarbeiter-Verhältnis (KMV) verhältnismäßig hoch, so sind die Beschäftigten dort offenbar sehr zweckmäßig eingesetzt. Aber das ist ja im Börsenkurs schon berücksichtigt. Zu bevorzugen sind im Prinzip die Werte, die ihre Möglichkeiten für den wirksamen Einsatz von Mitarbeitern noch nicht ausgeschöpft haben. Insofern ist das KMV eine hochinteressante und einfache Möglichkeit der Beurteilung, ob ein Unternehmen schon zu teuer ist, die bei Analysten noch gar nicht so bekannt ist. Leider gibt es darüber keine Statistik, denn auch O'Shaughnessy hat das KMV in seiner groß angelegten Studie nicht erforscht.

Zur Anwendung des KMV ist freilich zu beachten, dass nur innerhalb der gleichen Branche ein Vergleich möglich ist. Sie können also nicht ohne weiteres eine Bank-Aktie im KMV mit einer Aktie einer ganz anderen Branche vergleichen, etwa einer Kaufhausaktie oder einem Elektronik- oder Biotechwert. Denn die Mitarbeiter sind ja unterschiedlich qualifiziert. In manchen Branchen, etwa bei einer Immobilienverwaltung, benötigt man auch weniger Mitarbeiter als in einer Supermarktkette.

In der folgenden Tabelle sind die Finanzinstitute (Banken, Versicherer und Finanzdienstleister), die ich beobachte, nach dem KMV (in Millionen Euro) geordnet. Die nach dieser Zahl preiswertesten Aktien stehen ganz oben in der Tabelle, die teuersten unten.

Mitarbeiterzahl und KMV wichtiger Finanztitel
(Stand: Anfang Januar 2005)

Finanzinstitut	Region	Mitarbeiter	KMV (Mio)
State Bank of India	Asien	214.845	0,02
Bank Rakyat Indonesia	Asien	34.719	0,07
Royal & Sun	GB	31.980	0,10
Vontobel	CH	8.703	0,11
HypoVereinsbank	DAX	60.214	0,15
Mapfre	E	13.868	0,18
Allianz	DAX	173.750	0,21
Baloise	CH	8.703	0,21
Erste Bank	A	36.923	0,23
Bangkok Bank (Thail.)	Asien	18.531	0,24
Aarealbank	MDAX	3.370	0,24
Commerzbank	DAX	36.566	0,24
Ceska Pojistovna	Osteuropa	6.425	0,24

Comm. Bk Greece	Osteuropa	7.679	0,26
BCP	E	22.249	0,27
ABN Amro	NL	106.438	0,29
Zürich Financial	CH	58.667	0,30
Aviva	GB	60.740	0,34
Unibanco (Bras.)	Lateinamerika	27.625	0,36
Société Générale	F	90.040	0,36
MLP	MDAX	4.461	0,37
Unicredito Italiano	I	69.062	0,38
IntesaBci	I	60.040	0,39
ING	NL	114.344	0,40
Fortis	NL	64.454	0,40
Santander	E	103.038	0,41
Hansapank (Estland)	Osteuropa	6.800	0,42
Lloyds TSB	GB	89.304	0,42
Axa	F	74.584	0,42
San Paolo-IMI	I	43.465	0,42
Converium	CH	975	0,44
Deutsche Bank	DAX	67.682	0,46
Allied Irish Banks	GB	25.567	0,49
Münchener Rück	DAX	41.396	0,49
Banco Bilbao	E	86.197	0,50
Generali	I	60.638	0,52
BNP Paribas	F	89.071	0,52
Aegon	NL	28.521	0,53
JPMorgan	USA	110.453	0,53
Credit Suisse	CH	60.837	0,59
Deutsche Postbank	MDAX	8.700	0,61
HSBC	GB	222.719	0,62
DAB	D3	639	0,63
Prudential	GB	21.012	0,63
Royal Bank Scotl.	GB	120.900	0,64
OTP Bank (Ungarn)	Osteuropa	8.770	0,66
American Express	USA	78.200	0,69
HBOS	GB	67.458	0,70
Citigroup	USA	259.000	0,70
Barclays	GB	74.400	0,73
Westpac Banking	AUS	26.780	0,74
Bank America	USA	133.549	0,74
AWD	MDAX	1.496	0,76

Dexia	NL	23.865	0,83
Morgan Stanley	USA	51.196	0,86
Merrill Lynch	USA	48.100	0,89
RAS	I	12.351	0,90
Danske Bank	Skandinavien	16.114	0,91
ANZ Banking	AUS	23.137	0,92
Bankinter	E	3.111	0,92
Utd. Overseas (SGP)	Asien	10.547	0,94
Mitsub. Tokyo	J	44.544	0,99
UBS NA	CH	65.929	1,00
OCBC (SGP)	Asien	7.424	1,06
Northern Rock	GB	4.400	1,08
IKB	MDAX	1.496	1,22
Julius Bär Holding	CH	1.766	1,30
DNB (Norw.)	Skandinavien	7.023	1,34
Nomura Securities	J	13.987	1,41
American Int.	USA	86.000	1,49
Swiss Life	CH	10.015	1,58
Deutsche Börse	DAX	3.049	1,62
Comdirect	MDAX	589	1,72
Depfa Bank (Irland)	GB	2.476	1,74
Hannover Rück	MDAX	1.900	1,82
Swiss RE	CH	8.287	2,03
Hypo Real Estate	MDAX	1.650	2,41
MPC Capital	MDAX	147	4,21

Bei den Finanztiteln liegt der Mittelwert des KMV bei 0,59 Millionen Euro. Das heißt also, dass dort (unter Nichtberücksichtigung von allem, was ein Unternehmen sonst noch wertvoll macht) Mitarbeiter im Schnitt mit 590.000 Euro bewertet werden. Stelle ich also fest, dass zum Beispiel der US-Versicherer American International ein KMV von 1,49 Millionen aufweist, dann kann ich annehmen, dass diese Aktie weit überbewertet ist, es sei denn, der Konzern weist außergewöhnlich wertvollere Grundstücke und Häuser als die Konkurrenz auf oder arbeitet in einem Segment mit hoher Umsatzrendite, an das konkurrierende Institute einfach nicht herankommen.

Als einzige Kennzahl sollten Sie das KMV jedoch nicht anwenden. Deutlich wird das beispielsweise bei Immobilienbanken und anderen Finanzinstituten, wo die Geschäftstätigkeit stark auf Verwaltungsarbeit beruht. Ein gut durchorganisiertes Institut benötigt dazu weniger Mitarbeiter, was das KMV dann entsprechend erhöht. Das ist etwa bei IKB, Depfa Bank und Hypo Real Estate der Fall.

Überhaupt sollte immer mit bedacht werden, dass es zahlreiche scheinbar billige Unternehmen mit niedrigen Kurs-Umsatz-Verhältnissen, Kurs-Gewinn-Verhältnissen und Kurs-Buchwert-Verhältnissen gibt, die trotzdem nicht kaufenswert sind, weil es sich um angeschlagene Unternehmen mit entsprechend niedrigem Kursniveau handelt. Hier hilft dann wiederum die Beachtung des Kurs-Gewinn-Verhältnisses (KGV), der Dividendenrendite und vor allem der Relativen Stärke.

Kurs-Gewinn-Verhältnis, PEG, Wachstum

Wie sehr sich auch Analysten, von denen man eigentlich strengste Objektivität und Orientierung nur an den Unternehmensdaten erwarten müsste, von einer herrschenden Stimmungslage beeinflussen lassen, wurde deutlich, als der DAX am Jahresanfang 2003 mit 2.700 Punkten einen neuen Tiefstand seit 1996 erreicht hatte. Da wurde von einem Analysten behauptet, die DAX-Aktien hätten im Durchschnitt in Wirklichkeit ein aktuelles Kurs-Gewinn-Verhältnis von 63 (!). Damit sei der DAX rund viermal so hoch, als er fairerweise sein dürfte. Er müsste also noch unter 1.000 Punkte fallen. Natürlich war diese Zahl völlig falsch. Vielleicht hatte der Analyst die DAX-Unternehmen, die im Verlust lagen, mit ausgewertet. Da das KGV bei Unternehmen ohne Gewinn gegen Unendlich geht, kann man freilich zu solchen Ergebnissen kommen, wenn man dann noch Durchschnittsberechnungen macht, anstatt einfach den Mittelwert zu nehmen, der bei rund 15 lag.

Was ist nun das Kurs-Gewinn-Verhältnis?

Er wird errechnet aus dem Gewinn des Unternehmens und dem Börsenwert des Unternehmens.

Kurs-Gewinn-Verhältnis = Börsenwert geteilt durch Gewinn.
Oder: Kurs-Gewinn-Verhältnis = Aktienkurs geteilt durch Gewinn pro Aktie

Im Grunde drückt ein KGV aus, wie viele Jahre ein Unternehmen bei konstanter Gewinnlage bräuchte, damit der gegenwärtige Aktienkurs verdient ist.

Eine Aktie mit einem KGV unter zehn gilt als sehr preiswert, eine mit einem KGV um 15 als normal. Ein KGV über 20 wäre schon relativ hoch, die Aktie also ziemlich teuer.

Man könnte auch umgekehrt den Gewinn in Prozent vom Börsenkurs angeben, das wäre dann die Gewinnrendite. Ein KGV von 15 entspräche dann einer Gewinnrendite von 6,67 Prozent. Sie können die Gewinnrendite ganz leicht aus einem angegebenen KGV errechnen:

Gewinnrendite = 100 geteilt durch KGV.
Oder: Gewinnrendite = Gewinn pro Aktie x 100 geteilt durch Börsenkurs.

Gewinne können ja nun durch geschickte Bilanzbuchhalter etwas gedehnt oder umgekehrt versteckt werden. Das ist der eine Grund, weshalb das KGV kein so guter Maßstab ist. Der andere Grund ist der, dass der Gewinn eines Jahres erst nach einigen Monaten des Folgejahres veröffentlicht wird. Die Käufer einer Aktie interessiert aber nicht die Vergangenheit, sondern die Zukunft.

Um dies zu vermeiden, wird in den Börsenteilen der Tageszeitungen und in Börsenzeitschriften immer schon der geschätzte Gewinn des nächsten Jahres angegeben, also im Jahr 2005 schon die Gewinne für 2006. Gut, die Gewinne für ein laufendes Jahr lassen sich wenigstens teilweise aus den bisherigen Quartalsberichten erschließen. Aber woher will man die Gewinne für ein weiteres Jahr im Voraus kennen? Davon halte ich wenig; hier verschätzen sich die Analysten regelmäßig.

Auch Kurs-Gewinn-Verhältnisse eignen sich dazu, um auszurechnen, ob das Gesamtniveau der Aktienkurse gerade niedrig oder hoch ist. Liegt beispielsweise das KGV der DAX-Aktien im Durchschnitt bei 13, dann wäre die Gewinnrendite 7,7 Prozent. Verglichen mit der Rendite, die im Januar 2005 zehnjährige Bundesanleihen aufwiesen (3,6 Prozent), würde dies bedeuten, dass sich der DAX (Jahresende 2004: 4250 Punkte) von daher eigentlich im Kurs verdoppeln könnte, um immer noch ebenso rentabel für Kapitalanleger zu sein wie Bundesanleihen. Dabei wäre ein Gewinnwachstum der Unternehmen noch gar nicht berücksichtigt.

Interessiert hätte mich schon, was der Analyst, der sich durch die negative Stimmung Anfang 2003 so beeinflussen ließ, drei Jahre vorher ermittelte, als der DAX bei 8.000 Punkten stand. Ich hatte aber zu diesem Zeitpunkt nirgendwo gelesen, dass der faire Wert des DAX unter 1.000 Punkten liegen müsse. Da hatte man im Gegenteil stets behauptet, Kurs-

Gewinn-Verhältnisse von 100 oder gar 200 seien durchaus normal, wenn das Gewinnwachstum entsprechend hoch sei. Damals kam der Begriff „PEG“ (Price-Earning-Growth-Ratio) in Mode, also Kurs-Gewinn-Verhältnis geteilt durch das jährliche Gewinnwachstum. Die Anhänger dieser Kennzahl behaupteten, ein Unternehmen dürfe ein hohes Kurs-Gewinn-Verhältnis – zum Beispiel 200 – haben, wenn der Gewinn jährlich um 200 Prozent wachse. Dann liege das PEG-Verhältnis bei eins. Damit tat man aber so, als seien die erhofften Gewinne der nächsten Jahre schon Wirklichkeit; böse Überraschungen waren hier die Regel. Genau mit diesem Argument hatte man die überhöhten Kurse der Telekom-Papiere, der MLP-Aktie und der Neuen-Markt-Aktien 1999/2000 als fair angesehen – bis sich das erhoffte Wachstum als Seifenblase herausstellte.

MLP / Frankfurt / Finanzdienstleister

MLP war im Jahr 2004 mit einem niedrigen KMV von 0,37, aber einem hohen KBV von 6,88 im Großen und Ganzen fair bewertet; die Kursentwicklung der Jahre 1998 bis 2001 hatte mit der Wirklichkeit nichts mehr zu tun.

Hat ein Unternehmen eine gewisse Größe erreicht, kann man nicht mehr von jährlichen Wachstumsraten von 50 Prozent, 100 Prozent und mehr ausgehen, weil nach einiger Zeit entweder der Markt gesättigt ist oder genügend Konkurrenten mit aufspringen, die ebenfalls mitverdienen wollen und die Preise unterbieten.

Die Dividenden-Methode von Higgins

Vor einigen Jahren erklärte mir einmal ein Mitarbeiter in der Wirtschaftsabteilung des Magazins *Der Spiegel*, die Schwierigkeit für Kursprognosen am Aktienmarkt liege darin, dass man im Grunde doch nicht wissen könne, was so ein Unternehmen nun „eigentlich“ wert sei. Liegt der „richtige“ Kurs zum Beispiel von Siemens bei 40 Euro oder bei 160 Euro? Für beide Kurshöhen könne man gute Argumente nennen.

So ähnlich argumentieren auch die Chartisten und Wellen-Analysten. Weil keiner wisse, wie viel Wert eine Aktie wirklich habe, müsse man eben als Aktionär dem Trend folgen: bei steigendem Trend kaufen, bei fallendem Trend verkaufen.

Ich meine, dass eine solche Sichtweise zu einseitig ist. Man kann, wie schon festgestellt wurde, sehr wohl auch aus den Unternehmensdaten feststellen, ob eine Aktie besonders preiswert ist oder nicht. Und man kann darüber hinaus feststellen, ob der Gesamtmarkt objektiv zu hoch oder zu niedrig ist. Dazu gibt es verschiedene Verfahren, die ich schon erwähnt habe.

Eine ganz einfache Möglichkeit besteht in der „Dividendenstrategie“ von Higgins.

Die Regeln von Higgins lauten:

1. Suche unter den Aktien eines großen Index (zum Beispiel Dow Jones, DAX, Euro Stoxx 50) am Jahresanfang die zehn mit der besten Dividendenrendite heraus.
2. Suche unter den ausgewählten Aktien die fünf Aktien mit dem optisch niedrigsten Kurs heraus.
3. Verteile das Anlagekapital gleichmäßig auf die fünf gewählten Aktien.

Anstatt auf das geschätzte KGV oder fragwürdige Wachstumsprognosen setzt Higgins auf harte Fakten, nämlich die ausbezahlte oder angekündigte Dividende. Aber man sollte diese Methode nur auf Großkonzerne anwenden, bei denen weniger negative Überraschungen zu befürchten sind. Der SMI oder MDAX eignet sich für diese Methode also nicht.

Die zweite Regel funktioniert offenbar aus psychologischen Gründen. Ein niedriger Kurs lässt Anleger vermuten, die Aktie sei niedrig bewertet. Optisch niedrige Aktien kauft man offenbar leichter.

Um die Methode von Higgins anzuwenden, benötigen Sie also nur eine gute Tageszeitung, schlagen beispielsweise die 30 DAX-Kurse auf, notieren die zehn höchsten Dividendenrenditen und wählen dann die fünf Aktien aus, deren Kurs am niedrigsten ist. Und das tun Sie nur einmal im Jahr. Higgins wählte den ersten Freitag im Januar.

Der Erfolg dieser Methode ist messbar, und es liegen Überprüfungen anhand des Dow Jones und des DAX schon seit einigen Jahrzehnten vor. Man schlägt den Index in etwa 70 Prozent aller Fälle. Das ist schon ein großer Erfolg, denn 80 Prozent aller Fondsmanager können nachweislich den DAX oder Dow-Jones-Index nicht schlagen.

Von Anfang 1998 bis Ende 2004 habe ich die Methode für den DAX selbst zurückverfolgt.

In diesen sieben Jahren gewann die Methode mit DAX-Werten insgesamt 35,25 Prozent, der DAX nur 0,73 Prozent. Der DAX wurde in fünf von sieben Jahren geschlagen.

Wen die vergangenen drei Jahre interessieren:

Im Jahr 2002 verlor die Methode –33,71 Prozent, der DAX verlor –41,85 Prozent.

Im Jahr 2003 gewann die Methode 52 Prozent, der DAX legte um nur 38 Prozent zu.

Im Jahr 2004 gewann die Methode 7,3 Prozent, der DAX legte um 5,9 Prozent zu.

Higgins' Methode hat übrigens den Nachteil, dass von einem Dauerengagement von 100 Prozent ausgegangen wird. Wie wir gesehen haben, lohnt es sich aber immer wieder, zwischendurch zu verkaufen, wenn entsprechende Signale kommen. Außerdem würde ich Higgins' Methode höchstens mit dem Vorbehalt anwenden, dass Aktien, die nach der Relativen Stärke schwach aussehen, also etwa in der DAX-Tabelle hinten liegen, auf keinen Fall mit einbezogen werden.

In Kombination mit der Relativen Stärke hingegen kann ich mir eine Anwendung der Methode sehr gut vorstellen, wenn ein Anleger seine Auswahl auf Großkonzerne beschränken möchte.

Wichtige Internet-Adressen

Die folgenden Adressen habe ich selbst in den vergangenen Jahren immer wieder benutzt. Freilich gibt es auch immer wieder neue Informationsquellen, und Adressen ändern sich auch. Deshalb sind die folgenden Angaben sicher nicht komplett und auch ohne Gewähr.

Eine der übersichtlichsten Informationsquellen für Unternehmensdaten weltweit war für mich in den vergangenen Jahren:

http://www.corporateinformation.com/home.asp

Um alle Daten zu bekommen, muss man sich dort anmelden und kann dann kostenlos täglich die Daten von drei Unternehmen ansehen. Für den Privatanleger genügt dies in der Regel. Wer täglich unbegrenzt forschen will, muss zahlen.

Dort findet man Jahresumsätze („Sales“), Mitarbeiterzahlen, Anzahl der Aktien, Börsenwert, Wochenschlusskurs in Landeswährung, letzter Quartalsgewinn, Summe der Gewinne der letzten vier Quartale, Kurs-Umsatz-Verhältnis und Kurs-Buchwert-Verhältnis.

Sympathisch ist, dass nur die realen Zahlen (letzter Gewinn, letzter Umsatz) und nicht geschätzte Gewinne oder Umsätze genannt werden.

http://www.hoovers.com

Umfassende kostenlose Informationen, aber im Wesentlichen beschränkt auf Unternehmen, die in New York gehandelt werden.

Für deutsche Unternehmen sowie für die größeren ausländischen Titel sind auch folgende Adressen sehr gut:

http://www.cortalconsors.de

Bei kleineren und mittleren ausländischen Titeln fehlen hier allerdings oft wichtige Angaben. Dafür ist der Zugriff kostenlos.

http://www.onvista.de

Die Kursdaten sind gut, aber Umsätze und Buchwerte von ausländischen Unternehmen fehlen größtenteils oder sind veraltet.

Wer an schweizerischen Unternehmen interessiert ist, hat eine sehr gute Quelle mit:

http://www.finanzinfo.ch/finanzplatz/aktienfuehrer_update/aktienfuehrer_suche-de.asp

Hier fehlen allerdings die Mitarbeiterzahlen.

Die wichtigen Aktienindezes findet man unter:
http://www.finance.yahoo.com
Devisenkurse:
http://www.devisenkurse.de
Anleihen und Genuss-Scheine:
http://www.bondboard.de
Nachrichten und wichtige Zahlen:
http://www.finanztreff.de
http://www.handelsblatt.com

Teil 5

Wichtige Fragen von Börsenneulingen und Fortgeschrittenen

Was versteht man unter „Rendite"?

Unter Rendite versteht man den jährlichen Ertrag einer Geldanlage, ausgedrückt in Prozent zum eingesetzten Kapital. Wenn ich also 100 Euro anlege und nach einem Jahr Zinsen von sieben Euro erhalte, sodass mein Kapital nun 107 Euro beträgt, dann hatte meine Anlage eine Rendite von sieben Prozent.

Die Rendite berechnet sich nach der Formel:

(Zinsertrag : Kapital) x 100.

Oder Zinsertrag = (Rendite x Kapital) : 100.

Dabei verstehen wir unter Zinsertrag das Geld, das man jährlich aus der Kapitalanlage erwirtschaftet.

Wenn Sie also 7.600 Euro als „Kapital" anlegen und nach einem Jahr einen Zins oder Ertrag von 608 Euro erhalten, dann können Sie die Rendite folgendermaßen berechnen:

(608 : 7600) x 100 = 8. Die Rendite beträgt acht Prozent.

Anderes Beispiel: Sie wollen 9.000 Euro anlegen. Die Bank verspricht Ihnen, dass Sie nach einem Jahr eine Rendite von fünf Prozent erwirtschaften. Wie viel haben Sie nach einem Jahr?

Antwort: (5 x 9.000) : 100 = 450. Ihr Zins oder Kapitalertrag beträgt 450 Euro; insgesamt beträgt dann Ihr Kapital 9.450 Euro.

Die Rendite ist deshalb so wichtig, weil sie die verschiedenen Anlageformen miteinander vergleichbar macht.

Was muss ich tun, wenn ich Aktien kaufen will?

Sie können Aktien ganz einfach an der Börse kaufen. Dazu benötigen Sie ein so genanntes Wertpapierdepot bei Ihrer Bank, das Ihnen Ihr Bankberater gern einrichten wird. Die Bank kümmert sich als Ihr Dienstleister darum, dass Sie Ihre Dividende (bei Aktien) oder Zinsen (bei Anleihen) erhalten, und schreibt Ihnen die Erträge auf Ihrem Girokonto gut. Außerdem bekommen Sie am Jahresende einen Depotauszug, auf dem alle Ihre Papiere (Aktien und Anleihen) verzeichnet sind.

Für die Verwaltung Ihres Wertpapierdepots sind jährlich so genannte Depotgebühren fällig. Das sind etwa 0,15 Prozent der Summe Ihrer Wertpapiere.

Wie viel sollte man bei Aktienkäufen mindestens anlegen, und was kostet es, Aktien zu kaufen?

Sie sollten wenigstens etwa 6.000 Euro übrig haben, dann können Sie sich für je rund 2.000 Euro an drei verschiedenen Unternehmen beteiligen. Ihre Bank nimmt etwa ein Prozent des Gesamtkaufpreises als Provision; bei angelegten 10.000 Euro wären das also rund 100 Euro. Wenn Sie ein sehr guter Kunde Ihrer Bank sind, ist die Höhe der Provision auch verhandelbar. Bei so genannten Direktbanken zahlen Sie nur 0,2 Prozent bis 0,4 Prozent von der Kauf- beziehungsweise Verkaufssumme. Im obigen Beispiel (Aktienkauf für 10.000 Euro) kann der Provisionsunterschied dann schon ein gutes Abendessen in einem vornehmen Restaurant ausmachen.

Welches sind gute „Einsteiger-Aktien"?

Wenn Sie sich unsicher sind, was Sie kaufen sollen, können Sie einfach die gewichtigsten Aktien des Deutschen Aktienindex (DAX) kaufen, den Sie damit nachbilden. Das sind Siemens, Daimler, Allianz, Deutsche Telekom, der Energiewert RWE, der Chemiewert BASF und der Maschinen- und Stahlkonzern Thyssen-Krupp.

Wenn Sie in der Schweiz wohnen, können Sie den Swiss-Market-Index mit den Aktien Nestlé, Novartis, Roche und der Bank-Aktie UBS nachbilden. Als Österreicher können Sie den ATX-Index nachbilden mit Wienerberger Baustoffe, Erste Bank, dem Energiewert OMV und dem Stahlwert Voest-Alpine.

Was ist ein Aktienindex?

Ein Aktienindex ist ein repräsentativer Durchschnitt einer ganzen Aktiengruppe. Da sich die Mehrzahl der Aktienkurse im Gleichschritt aufwärts oder abwärts bewegt, genügt es zur schnellen Information, sich am Index zu orientieren. Der Deutsche Aktienindex (DAX) repräsentiert die 30 wichtigsten deutschen Aktien, der Swiss Market Index (SMI) die 20 wichtigsten Schweizer Aktien, der ATX die 20 wichtigsten österreichischen Aktien, der Dow Jones Industrie-Aktienindex die 30 wichtigsten US-Aktien, der S&P-500-Index die 500 wichtigsten US-Aktien, der Nasdaq-Composite-Index die kleineren und mittleren Technologietitel. Diese Aktienindizes sollten Sie kennen.

Soll man bei der Aktienauswahl nicht am besten zurückgebliebene Aktien erwerben, also Werte, die ihre Zukunft noch vor sich haben?

Wer zurückgeblieben ist, muss deshalb noch keine guten Zukunftsaussichten haben. Man sollte nur solche zurückgebliebenen Werte kaufen, die nicht mehr im Abwärtstrend liegen, sondern zu steigen begonnen haben. Dazu ist es hilfreich, sich einmal den Kursverlauf der Aktie in Form eines „Chart“ (Abbildung der Aktienkurve) zeigen zu lassen oder sich eine Relative-Stärke-Tabelle anzusehen.

Ist es nicht zweckmäßig, Aktien ganz langfristig zu kaufen und für die Alterssicherung einfach liegenzulassen?

Das halte ich für leichtsinnig. Sind die Kurse ein bis zwei Jahre weltweit stark gestiegen, dann sollte man unbedingt auch einmal verkaufen und wieder niedrigere Einstiegskurse abwarten.

Was sind Vorzugsaktien?

Manche Unternehmen geben zusätzlich zu ihren „Stammaktien“ Vorzugsaktien heraus. Sie sind häufig etwas billiger als die Stammaktien, zum Beispiel beim Energiekonzern RWE oder beim Autobauer

BMW. Der Besitzer solcher Aktien ist ebenfalls am Unternehmen und an seinen Gewinnen beteiligt, hat aber kein Stimmrecht.

Muss ich mich täglich informieren?

Nein. Die Fülle von Nachrichten und Meinungen ist verwirrend. Wenn Sie Aktien besitzen, verfolgen Sie einfach wöchentlich oder vierzehntägig die Kurse. Haben Sie dabei mit der Kursentwicklung Geduld. Nur wenn eine Aktie sich über Monate hinweg enttäuschend im Kurs entwickelt, verkaufen Sie.

Was ist vom „Fondssparen" zu halten, also vom Zurücklegen monatlicher kleiner Beträge in Aktienfonds?

Kaufen Sie niemals Aktien-, Renten- oder Dachfonds! Fondsmanager verkaufen nicht vor Beginn einer Baisse. Aber eine Baisse umfasst doch meist 20 bis 50 Prozent des Depotwertes.

Außerdem sind die Gebühren der Fonds eine Unverschämtheit. Selbst wenn sie keinen Ausgabeaufschlag von fünf Prozent verlangen (dieser Satz ist üblich), werden jährliche Managementgebühren von rund zwei Prozent verlangt. Die sehen Sie nicht auf Ihrem Kontoauszug, weil sie dem Fondsvermögen entnommen werden. Die Fondsmanager leisten nicht einmal den Dienst, jeweils die besten Aktien auszuwählen. 80 Prozent aller Fonds schneiden schlechter ab als der DAX oder ein anderer vergleichbarer Index. Jahr für Jahr wird dies durch Statistiken bestätigt.

Fondsmanager beziehen dabei trotzdem vielfach luxuriöse Gehälter. Die bezahlen Sie, wenn Sie die Fonds kaufen. Wollen Sie sich das gefallen lassen?

Machen Sie es anders: Kaufen Sie Ihre Aktien selbst! Legen Sie zunächst Ihre monatlichen Beträge auf ein Konto und kaufen Sie immer dann Aktien, wenn wieder ein Betrag von rund 3.000 Euro zusammengekommen ist. Kaufen Sie aber nur dann, wenn die Kurse noch unten sind, und verkaufen Sie rechtzeitig alles, wenn die Kurse hoch stehen und alle Welt wieder euphorisch über Aktien redet. Wenn Sie dieses Buch gelesen haben, können Sie das ebenso gut beurteilen wie einer, der nur Ihr Geld nimmt und es zu hohen Gebühren anlegt.

Warum soll es falsch sein, Aktien zu kaufen, wenn sie frühere Tiefstkurse erreicht haben, und sie zu verkaufen, wenn sie wieder ein altes Hoch erklommen haben?

Manchmal kann diese Strategie schon erfolgreich sein, aber das sollte nicht das entscheidende Kriterium für Kauf- und Verkaufszeitpunkte sein. Wer anhand früherer Kurse beurteilt, ob eine Aktie oder ein Aktienindex „hoch" oder „tief" ist, wird bei neuen, starken Bewegungen nach oben unnötig ängstlich sein, bei schwachen Titeln hingegen viel zu früh besonders mutig handeln, weil er fälschlicherweise denkt, bei „solchen Tiefstkursen" müsse er zugreifen. Richtig ist im Gegenteil, dass bei der Aktienauswahl diejenigen in der Regel bevorzugt werden sollten, die auf Jahreshöchstkursen stehen. Man sollte freilich immer auch auf das Kurs-Umsatz-Verhältnis schauen und nicht zu übertrieben hohen Kursen kaufen. In eine Euphorie-Phase hinein sollte man ja ohnehin nicht kaufen, sondern abwarten, bis sich die Kurse beruhigt haben.

Kann man von einer guten Vermögensverwaltung nicht erwarten, dass sie nach Abzug aller Spesen das Doppelte dessen abwirft, was man an Zinsen durch den Kauf von Anleihen einfahren könnte?

Wollen Sie nach Lektüre dieses Buchs Ihr Vermögen nicht selbst verwalten? Wenn Sie aber nun überhaupt keine Zeit dazu haben, sollten Sie Ihren Vermögensverwalter nicht unter Druck setzen, indem Sie eine jährliche hohe Mindestrendite fordern. Hohe Renditen können bei den in diesem Buch empfohlenen Methoden schon erreicht werden, aber es gibt auch Börsenphasen, in denen Abwarten und viel Geduld vonnöten sind. Renditen von 15 Prozent und mehr auf ein Jahr können im Durchschnitt wohl erreicht werden. Aber dies als selbstverständlichen Regelfall anzunehmen ist ein Zeichen mangelnder Börsenerfahrung.

Wie legen wir bei fallenden Kursen an?

Die Aktienkurse sind gefallen? Das ist doch auf den ersten Blick kein Problem. Wenn alle verkaufen, dann muss man kaufen und umgekehrt. Lautet so nicht die Regel der Börsenprofis? Nicht ganz. Da gibt es nämlich noch eine andere Regel: Folge dem Trend! Und: Greife nicht in ein fallendes Messer!

Was stimmt nun?

Richtig ist, dass Sie bei noch fallenden Kursen keineswegs schon kaufen dürfen. Sicherheit, Erhaltung des Vermögens müssen absoluten Vorrang haben. Bei einigen Leuten geht das so weit, dass sie niemandem mehr trauen, sondern Geld am liebsten in Wandschränken, Schreibtischen oder gar in Schachteln und Blechdosen aufbewahren. Wenn überhaupt eine Geldanlage, dann kommt für diesen überängstlichen Personenkreis allenfalls noch das bewährte Sparbuch mit gesetzlicher Kündigungsfrist in Frage. Auf das Sparbuch muss auch nicht verzichtet werden. Man kann durchaus eine Monatsreserve von 2.000 Euro auf dem Sparbuch besitzen, auch wenn die Zinsen nur minimal sind. Wenn es mehr wird, weil man sein Geld in Erwartung fallender Aktienkurse von der Börse abziehen will, dann sollte man es aber nicht auf das Sparbuch tragen. Zweckmäßig ist es dann, sein Anlagekapital als Festgeld, Tagesgeld oder in Geldmarktfonds zu parken. Geldmarktfonds sind gewöhnlich spesenfrei, und Sie können binnen 48 Stunden wieder über Ihre Mittel verfügen. Damit gewinnen Sie kaum etwas hinzu, aber haben den Vorteil, Ihre Aktien später zu tieferen Kursen zurückkaufen zu können.

Mitarbeiter der Postbank empfehlen Ihnen auch ein so genanntes „DAX-Sparbuch“. „Nichts riskieren, nur profitieren“, lautet das Werbe-Schlagwort der Postbank. Davon rate ich ab. Denn hier wird der Anschein erweckt, als könne der Sparer an einem Aktienanstieg mitverdienen, aber ohne Risiko. In Wirklichkeit wird die magere Rendite des Sparbuches lediglich minimal erhöht, wenn der DAX steigt. Beispiel: Im Jahr 2003 gewann der DAX 37,07 Prozent, die Rendite des DAX-Sparbuches betrug für dasselbe Jahr 3,71 Prozent. Die *Süddeutsche Zeitung* rechnete in ihrer Ausgabe vom 12. Januar 2005 vor, dass so genanntes Tagesgeld als völlig sichere Anlage meist höhere Zinsen als das DAX-Sparbuch erreicht.

Im Grunde handelt der Inhaber eines DAX-Sparbuches unlogisch: Er möchte von einem Aktienanstieg profitieren, an den er selbst nicht glaubt.

Festverzinsliche Wertpapiere (Anleihen) sind bei steigenden Zinsen wegen möglicher Kursverluste keine gute Anlage in der Aktien-Baisse. Wenn die Aktien deshalb fallen, weil der Ölpreis steigt oder der Dollar fällt, können Risikofreudige freilich auch mit geringem Einsatz kleinere Spekulationen wagen. Man könnte mit Zertifikaten auf steigende Rohstoffpreise, zum Beispiel auf Öl, Gold oder andere Metalle, setzen. Dazu werden aber Spezialkenntnisse benötigt, um dabei nicht im falschen Moment einzusteigen. Es gibt auch Zertifikate, die auf einen fallenden Index setzen.

Es ist aber außerordentlich schwer, mit solchen Papieren zu gewinnen. Man kann zehnmal Recht haben und wissen, dass die Aktienkurse fallen, aber in dem Moment, in dem man es erwartet, passiert nichts. Dann plötzlich, wenn man schon nicht mehr daran glaubt, da kommen die Kursstürze.

Das habe ich alles schon erlebt. Hier ist die Sechs-Wochen-Indizes-Methode eine der hilfreichsten Methoden, weil sie sehr schnell anzeigt, wenn sich ein kurzfristiger Trend ändert.

Woher weiß ich, dass die Kurse jetzt „unten" oder „oben" sind?

Es ist jedenfalls richtig zu kaufen, wenn die Aktienkurse stark gefallen sind und begonnen haben, wieder zu steigen. Aber woher soll man wissen, ob das nun schon der Börsenaufschwung, die Hausse, ist? Nun, Sie haben ja in diesem Buch genügend Instrumente kennen gelernt, um beurteilen zu können, wann Aktien besonders preiswert zu haben sind. Einiges sei nochmals in Erinnerung gerufen:

a. Fast alle Aktienindizes liegen unter ihrem gleitenden 200-Tage-Durchschnitt.
b. Überdurchschnittlich viele Unternehmen weisen einen Börsenwert aus, der unter dem Jahresumsatz oder unter dem Buchwert liegt.
c. Die Gewinnrendite der meisten Unternehmen liegt wesentlich höher als die Zinsen, die durch Anleihen zu erzielen sind.
d. Es werden zu den derzeitigen Börsenkursen kaum mehr neue Aktien angeboten, und kaum ein neues Unternehmen geht mehr an die Börse.

Aber selbst wenn wir wissen, dass Aktien jetzt preiswert sind: Können wir dann einfach kaufen? Müssen wir nicht fragen: Weiß das auch die Börse beziehungsweise wissen es die Großanleger an der Börse, die die Kurse bestimmen? Welche unsinnigen Börsenkurse sich unter bestimmten Konstellationen herausbilden können, haben wir in den Extremzeiten im Frühjahr 2000 (Euphorie) und Frühjahr 2003 (Panik) erlebt.

Schon im November 1999 war ich auf Grund verschiedener Warnzeichen überzeugt, dass die Aktien-Hausse bald beendet sein würde. Ich verkaufte also meine Aktien und riet auch meinen Lesern, die Mehrheit ihrer Aktien abzustoßen. Sie können sich mein Entsetzen und das meiner

Leser vorstellen, als sich die Kurse bei einigen High-Tech-Werten und am Neuen Markt dann von November 1999 bis März 2000 nochmals verdoppelten oder gar verdreifachten! Kursverluste werden einem Aktienberater ja viel weniger übel genommen als entgangene Kursgewinne.

Zwar stellte sich dann in der Folgezeit heraus, dass meine Vorsicht wohl begründet war und dass sich die Börsenteilnehmer von einer euphorischen Stimmung hatten blenden lassen. Aber ärgerlich ist es schon, wenn die möglichen Kursgewinne nicht ausgereizt wurden und die Tatsache, dass die Börse nach oben oder unten weit übertreibt, zu wenig genutzt wird.

Aber so ist die Börse. Sie hat eben nicht „immer Recht". Hier gerät im Grunde ein Weltbild ins Wanken. Es gehörte immer zu den Grundsätzen einer „freien Marktwirtschaft", dass die Kapitalmärkte automatisch dafür sorgen, dass die Geldmittel ihrer rentabelsten Verwendung zugeführt werden. Der „freie Markt" steuert die Kapitalströme am besten. Das Geld fließt dorthin, wo die höchste Rendite winkt. Sollte das plötzlich nicht mehr zutreffen? Sollten die Finanzmärkte so irrational reagieren? So ist es tatsächlich, auch wenn man es bedauern mag. Die Börse spiegelt nicht faire Preise wider, sondern ist durchaus in der Lage, übertrieben hohe Kurse weiter zu verteuern und zu Unrecht unterbewertete Aktien noch weiter in den Keller zu schicken. Denn sie gibt eben nicht nur die Wirtschaftslage an, sondern enthält auch allgemeine Hoffnungen und Ängste, Erwartungen und Befürchtungen. Die Anpassung kommt dann freilich noch hinterher – und insofern ist die Steuerung des „freien Marktes" nicht abgeschafft –, aber sie kommt oft sehr spät und explosionsartig.

Auch ein Anleger, der nach dem 11. September 2001 einstieg und sich darauf verließ, dass er nun billig genug eingekauft habe und engagiert bleiben könne, erlebte anschließend im Sommer 2002 eine böse Überraschung, als die meisten Aktienkurse noch auf ein sehr viel tieferes Niveau fielen, als es im September 2001 der Fall gewesen war. Solche Rückschläge ereignen sich offenbar dann, wenn das Vertrauen in die Wirtschaft nachhaltig gestört ist und die Hoffnung auf Besserung immer mehr schwindet.

Ich habe daher volles Verständnis für jeden, der grundsätzlich niemals „antizyklisch" handelt, sondern stets dem Trend folgt, also „prozyklisch" bleibt im Sinne der alten Börsenregel: „Der Trend ist dein Freund".

Man kann aber auch einen Mittelweg wählen, nämlich kurzfristig dem Trend folgen, aber hellwach sein, wenn die Signale der 200-Tage-

Methode, die Zahl der Neuemissionen und die Unternehmensdaten anzeigen, dass der Trend demnächst kippen könnte.

Im Jahre 1992 half allerdings auch das nicht. Die Börsenkurse waren weder besonders hoch, noch gab es zahlreiche Neuemissionen. Auch der DAX-Chart sah harmlos aus.

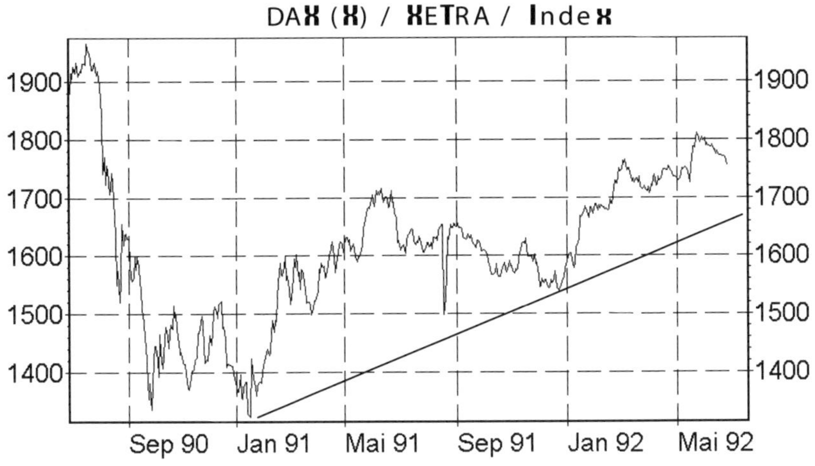

Niemand hätte aus diesem Trend ablesen können, dass der DAX in den Sommermonaten 1992 abstürzen würde.

Hätte man also erkennen können, dass es zu diesem Zeitpunkt gefährlich war, in Aktien zu investieren? Meiner Meinung nach gab es keine Chance, dies zu erkennen. Chartisten würden freilich eine Trendlinie ziehen, wie sie im obigen Bild zu sehen ist, und darauf hinweisen, dass sie in den folgenden Monaten sofort ausgestiegen wären, sobald diese Linie verletzt worden wäre. Doch zeigt ja bekanntlich die Verletzung einer Trendlinie nicht immer eine Trendumkehr an. Hier hat es ja in der Börsengeschichte auch schon unzählige Fehlsignale gegeben.

Dass Gefahr drohte, war lediglich an den Indikatoren Dollar und Saisontrend, schließlich auch an der Sechs-Wochen-Indizes-Methode zu erkennen, die Warnsignale gegeben hatten. Der Ölpreis warnte aber nicht, und die US-Indizes Dow Utility und Nasdaq ebenfalls nicht.

Die Baisse dauerte nur drei Monate, von Juli bis September 1992, sie war kurz und heftig, aber im Wesentlichen auf Europa beschränkt. Die Kurse erholten sich dann auch bald wieder sehr kräftig. Das Beste ist, sich auch in solch schwierigen Zeiten auf unsere Signalsysteme zu verlassen und keine Versuche zu unternehmen, durch mehr Einsatz von

Kapital „antizyklisch“ zu handeln. Das kann ins Auge gehen. Aus diesem Grund beruhen unsere Signalsysteme auch nicht in erster Linie auf Unternehmensdaten, sondern auf Trends, die auf den Zinsen, dem Ölpreis, dem Dollar-Kurs und den Aktienindizes selbst beruhen.

Kann der Verkaufs- und Kaufzeitpunkt kurzfristig optimiert werden?

Beobachtet man, wie die Kurse oft tagtäglich hin und her schwanken, so liegt es nahe, bei einem geplanten Verkauf oder Kauf zu warten, ob man seine Aktien nicht zu einem günstigeren Kurs handeln kann als zu dem Zeitpunkt, in dem das Signal zum Kauf oder Verkauf kam.

Denkbar wäre folgendes Verfahren: Sie beobachten den DAX, den Euro-Stoxx-50-Index oder einen anderen Index, dem Ihr Depot ähnelt, und errechnen einen gleitenden Fünf-Tage-Durchschnitt.

Das könnte beispielsweise so aussehen:

DAX Montag	4.219
DAX Dienstag	4.189
DAX Mittwoch	4.227
DAX Donnerstag	4.246
DAX Freitag	4.205

Der Fünf-Tage-Durchschnitt läge jetzt bei 4.217. Der aktuelle Kurs liegt darunter, also hätten Sie eine kurzfristige günstige Kaufgelegenheit.

Aber angenommen, Sie waren am Mittwoch bereits zum Kauf entschlossen, warten nur noch auf die günstige Gelegenheit – was tun, wenn sich diese zunächst nicht einstellen will, der Kurs am Freitag zum Beispiel gar nicht zurückgeht, sondern weiter steigt auf 4.260?

Konsequenterweise müssten Sie nun warten, und zwar so lange, bis einmal ein aktueller Tageskurs unter dem Fünf-Tage-Durchschnitt liegt. Das kann stressig werden. Denn es hat sich oft gezeigt, dass gerade bei sehr starkem Aufwärtstrend gar keine kurzfristige Reaktion mehr nach unten erfolgt. Hat der wartende Anleger die Geduld verloren und kauft dann schließlich doch noch zum Sechs-Wochen-Höchstkurs, dann kann es ihm passieren, dass ausgerechnet am nächsten Tag die lang erwartete Reaktion nach unten erfolgt.

Häufig passiert es auch, dass die kurzfristige Reaktion nach unten sogar wie gewünscht erfolgt, so wie in dem obigen Beispiel. Aber was tut der Anleger? Er kauft *nicht*! Denn der Kursrückgang am Freitag erfolgte ja wohl nicht ohne Grund. Es gibt Nachrichten, die mehreren Börsenteilnehmern Bedenken bereiten. Sonst wäre der Kurs des DAX ja nicht gefallen. Anstatt nun endlich zu kaufen, ist unser Anleger heilfroh, bisher nicht gekauft zu haben, und lässt daher auch die gute Gelegenheit, billiger zum Zug zu kommen, ungenutzt verstreichen.

Wichtig wäre gewesen, *wenn* er schon einer solchen kurzfristigen Taktik folgt, sich auf keinen Fall von den Medien beeinflussen zu lassen, sondern sich auf seine mittelfristigen Signale zu verlassen, auf Grund derer er ja kaufen wollte.

Mein Rat: Machen Sie es sich einfacher. Nehmen Sie sich immer Folgendes vor: Gekauft und verkauft wird nur am Montagvormittag, nachdem Sie am Wochenende Ihre Signale in aller Ruhe überprüft haben und nun wissen, was zu tun ist. Sie handeln, egal wie die Kurse am Montag stehen. Übrigens gilt der Montag statistisch gesehen als schwächster Börsentag. Das ist zwar nur ein langjähriger Durchschnitt; deshalb werden Sie damit auch nicht viel anfangen können. Aber so unvorteilhaft ist es dann wohl nicht, am Montag zu kaufen. Als bester Verkaufstag gilt übrigens der Freitag. Dennoch plädiere ich dafür, auch damit bis Montagvormittag zu warten, bis Sie in Ruhe am Wochenende die Lage analysiert haben.

Soll ich übertriebene Kursausschläge nach unten zu Käufen nutzen oder lieber Stopp-Kurse setzen?

Relativ gelassen sollten Sie bleiben, wenn eine Ihrer Aktien auf Grund einer Nachricht aus dem Fernsehen plötzlich fällt. In diesem Fall sollten Sie überhaupt nicht reagieren, denn dazu ist es ohnehin zu spät.

Aus diesem Grunde würde ich auch keine Stopp-Kurse bei meiner Bank in Auftrag geben. Das sind Kursstände, zu denen dann automatisch ein Verkauf Ihrer Aktie ausgelöst würde. Viele Börsenteilnehmer sind der Meinung, durch so einen Stopp würde dann die Aktie automatisch zu diesem Kurs verkauft. Nein, der Verkauf wird nur ausgelöst und erst zum nächsten Börsenumsatz gehandelt, sehr oft zu einem niedrigen Kurs, zu dem der Verkäufer vielleicht gar nicht mehr verkauft hätte. Viele meiner Leser haben mir schon mitgeteilt, mit Stoppkursen keine guten Erfahrungen gemacht zu haben.

Es gibt Börsenteilnehmer, die prinzipiell automatisch einen Stopp von zehn Prozent unter ihre Kaufkurse legen. Sie begründen das damit, dass sie dann von ihrer Aktie nicht mehr überzeugt sind, wenn sie um zehn Prozent fällt. Gut, ein solches Verhalten ist immer noch besser, als bei Schwächeanzeichen einer Aktie gar nichts zu tun. Aber verhältnismäßig oft wird der Stoppkurs erreicht, und es tut dann doch weh, wenn die Aktie jetzt weg ist. Die Kursschwankungen sind zu mancher Zeit einfach so heftig. Beabsichtigen Sie eine längere Urlaubsreise, dann sollten Sie Stoppkurse an Ihre Bank in Auftrag geben. Sonst aber schlage ich vor: Legen Sie sich den Stoppkurs selbst und achten Sie nur alle Wochenenden oder gar nur alle 14 Tage darauf, ob der Stoppkurs unterschritten wurde. Aber der Stoppkurs sollte wohl nicht schematisch bei zehn Prozent unter dem Kaufkurs, sondern zum Beispiel beim einem neuen Neun-Monats-Tief oder beim 52-Wochen-Tief gelegt werden. Diesen Kurs finden Sie in der Regel sogar in Ihrer Tageszeitung.

Aber kommen wir zurück zu der Frage, ob Sie nach einer unangenehmen Meldung, auf die sofort ein Kurssturz einer Ihrer Aktien erfolgte, handeln sollten. Zunächst tun Sie erst einmal nichts, auch wenn es schwer fällt. Am darauf folgenden Wochenende sehen Sie sich die Kursentwicklung in Ruhe an. Liegt die Aktie jetzt in der Relative-Stärke-Liste zu weit hinten? Hat sie gar ein neues Neun-Monats-Tief gemeldet? Dann ist schon zu erwägen, sich von ihr zu trennen. Lieber ein Ende mit Schrecken als ein Schrecken ohne Ende! Selten kommen ja auch schlechte Meldungen völlig unerwartet. Meist treffen sie ohnehin bisher schwache Aktien.

Vor allem Börsenneulinge bringen nicht die nötige Flexibilität auf, schwache Aktien zu verkaufen. Sie hoffen sehr lange auf Besserung. Je tiefer die Aktie fällt, desto sinnloser halten sie es, „jetzt noch“ zu verkaufen. Doch warum sollen schwache Aktien haltenswert sein? Nach dem Kauf sollten Sie den Einstandskurs am besten gleich vergessen. Für Sie ist es viel wichtiger, ob die Signale noch stimmen, deretwegen Sie diese Aktien gekauft haben.

Freilich trösten sich die Anfänger immer mit den Worten: „Verluste sind doch immer nur vorübergehend. Man muss nur Geduld haben. Es werden auch wieder freundlichere Zeiten kommen!”

Doch warum sollen Aktien, die in der Baisse besonders schwach sind, in der folgenden Hausse dann besonders stark sein und ihre Verluste wieder aufholen? Diese schwächeren Aktien können jahrelang schwach bleiben und Ihre Depotentwicklung ganz stark bremsen.

„Solange ich die Aktie halte, realisiere ich zumindest keinen Verlust.“ Das redet man sich ein, aber das ist ja offenkundig Augenwischerei. Buchverluste sind auch Verluste. Sie tragen damit schwere Lasten mit sich herum. Lösen Sie sich davon und legen Sie Ihr Geld in Wertpapiere mit hoher Relativer Stärke an.

Hingegen kann man durchaus auch einmal riskieren, die Aktie eines Großkonzerns zu kaufen, die nach einem nicht ganz so guten Quartalsbericht unverhältnismäßig weit an einem Tag nach unten gedrückt wird. Da wird oft viel zu heftig reagiert. Wenn sich die kurzfristigen nervösen Verkäufer ausgetobt haben, können Sie möglicherweise einsteigen. Das ist freilich auch eine Frage des Fingerspitzengefühls und der Risikobereitschaft.

Wenn beispielsweise ein weltweit führender Chemiekonzern wie BASF in meiner Tabelle der Relativen Stärke zu weit hinten lag, aber eine überdurchschnittliche Dividendenrendite aufwies, habe ich die Aktie gegen die Regel der Relativen Stärke schon bei einigen solcher Gelegenheiten gekauft, und fast immer mit Erfolg. Freilich kann man sich nicht darauf verlassen; es kann auch schief gehen.

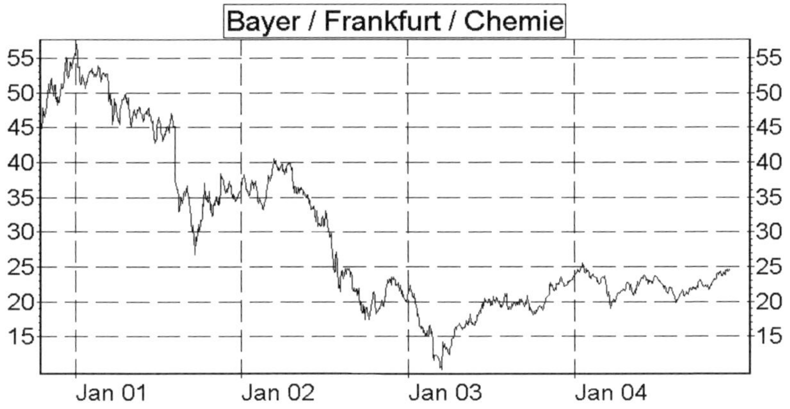

In den Jahren 2002 und 2003 fiel Bayer auf Grund der Lipobay-Probleme stärker als erwartet.

Im Falle der Bayer-Aktie ging es zum Beispiel schief, wenn man hier zu früh einstieg. Die Aktie stürzte im Jahr 2001 von 45 Euro auf 35 Euro ab, als der Konzern das Cholesterinsenkungsmittel Lipobay wegen Nebenwirkungen vom Markt nehmen musste. Wer vermutete, mit dieser Nachricht und dem anschließenden Kurssturz sei nun die Sache ausgestanden und man könne nach dem 11. September 2001 (Terroranschläge in New York und Washington) nun neben anderen Aktien auch Bayer billig erwerben, hatte nur kurze Zeit damit Erfolg, bis zum Frühjahr 2002. Dann folgten quälend lange Jahre der Unsicherheit bei niedrigem

Kursniveau. Von der Relativen Stärke her war Bayer seit Sommer 2001 etwa drei Jahre lang kein Kauf mehr.

Was ist zu tun, wenn eine ganze Branche unter Kursschwäche leidet, zum Beispiel während der Zeit des Ölpreisanstiegs sämtliche Luftfahrtgesellschaften? Es wäre schon zu überlegen, ob nicht zwangsläufig auch für diese Branche wieder bessere Zeiten kommen müssen. Denn irgendwann müssen auch diese Unternehmen wieder rentabel arbeiten können. Sie werden ja weltweit gebraucht, und es ist nicht zu erwarten, dass sie untergehen. Die Relative Stärke könnte hier im Branchenvergleich helfen. Man wählt zum Kauf das Unternehmen aus, das sich noch am besten gehalten hat.

Besonders vorsichtig sollten Sie aber immer bei kleineren Unternehmen sein, wenn die Relative Stärke nicht mehr gut aussieht, selbst wenn keine negativen Nachrichten bekannt sind. Denn die Geschäftslage kann sich da sehr schnell ändern. Oft sind kleine Firmen von den Bestellungen weniger Auftraggeber abhängig. Wenn dann plötzlich einer ausfällt, schlägt dies äußert negativ zu Buche. Analysten beschäftigen sich mit kleinen Unternehmen nicht regelmäßig. Daher ist es durchaus möglich, dass negative Entwicklungen nur einem engeren Führungskreis in der Firma bekannt sind. Der eine oder andere aus dieser Führungsriege wird aber wohl versuchen, direkt oder indirekt noch zu verkaufen, solange die Kurse noch attraktiv genug dafür sind. Dies sollte man dann an der Relativen Stärke der Aktie erkennen und entsprechend handeln.

Sind Aktienanleihen, Discountzertifikate und Garantiezertifikate empfehlenswerte Alternativen zu Aktien?

Was tut man, wenn es an der Börse gar nicht aufwärts gehen will? Zunächst einmal achtet man weiter auf die Signale. Geben sie grünes Licht für Käufe, dann kauft man. Danach hilft dann nur Geduld. Der Börsenaufschwung kann sehr plötzlich einsetzen.

Aber wenn der Anleger einfach der Meinung ist, dass sich die Kurse nur minimal nach oben bewegen (woher will er das eigentlich wissen?) oder gar Angst hat vor Kursverlusten, dann könnte es sein, dass er mit einigen Anlageformen liebäugelt, die auf solche schwierigen Situationen zugeschneidert sein sollen. Wir wollen sie besprechen, schon aus dem Grund, damit Sie in Ihrem Bekanntenkreis oder in Börsenklubs mitreden können, falls das Gespräch auf solche Anlageformen kommt.

Ich kann mir dennoch eine Vorbemerkung nicht verkneifen: Die Banken würden Ihnen solche Produkte nicht anbieten, wenn sie nicht wüssten, dass nicht der Anleger, sondern sie selbst dabei der Hauptgewinner sind. Im Grunde handelt es sich um Konstruktionen, die jeder Anleger sich zum Teil mit Hilfe der Terminbörse Eurex selbst „basteln" kann.

Beginnen wir mit **Aktienanleihen**. Stellen Sie sich vor, eine Bank besitzt Aktien von vielen Unternehmen. Sie möchte diese Aktien noch gerne behalten, sie aber gleichzeitig gegen einen unvermuteten Kurssturz absichern. Das soll aber nicht zu teuer sein. Gleichzeitig benötigt die Bank Kapital für einige Projekte, die sie finanzieren will.

Was tut sie nun? Sie gibt eine Anleihe heraus, die sie mit einem höheren Zinssatz ausstattet als üblich. Sie behält sich aber das Recht vor, diese Anleihe nicht wie sonst üblich bar zu 100 Prozent zurückzuzahlen, sondern auch Aktien liefern zu dürfen, die sie hat, falls diese Aktien unter einen vorher vereinbarten Basispreis gefallen sind. Dieser Basispreis liegt etwas niedriger als der gegenwärtige Kurs, vielleicht zehn bis 15 Prozent. Aber immerhin hat die Bank damit dann ihre Aktien billiger abgesichert, als wenn sie eine normale Absicherung durch Käufe von Verkaufsoptionen gestartet hätte. Dazu hat sie noch Kapital erhalten, mit dem sie jetzt wirtschaften kann. Es ist also ein gutes Geschäft für die Bank.

Verschwiegen wird dem Anleger in der Regel, dass es sich im Grunde um ein Termingeschäft handelt, das er vermutlich an der Eurex-Terminbörse selbst günstiger abschließen könnte.

Der Anleger trägt das Risiko, dass er zu einem hohen Preis möglicherweise Aktien übernehmen muss, die er zum Fälligkeitstermin an der Börse viel billiger bekommen könnte, weil sie bis dahin so stark gefallen sind.

Bei **Discountzertifikaten** erhält der Käufer Aktien (oder einen Korb von Aktien) günstiger als zum momentanen Börsenkurs, aber die Gewinnmöglichkeit durch Kurssteigerung ist begrenzt. Von einem kräftigen Aufschwung kann der Käufer dann nicht in Form entsprechender Kurssteigerungen profitieren. Solche Geschäfte sind nur interessant, wenn man sich an der Börse für die kommenden Monate nichts erwartet. Letztlich wurden dann wenigstens die Aktien billiger erworben.

Aber auch hier kann ich mir die Frage nicht verkneifen: Wenn ich keine Kurssteigerungen erwarte, warum verkaufe ich dann nicht meine Aktien? Die Bank verdient als Vermittler an der Provision und hat sich an der Terminbörse entsprechend abgesichert, um an dem Geschäft keinesfalls zu verlieren.

Mit dem Verkauf einer Option auf die eigenen Aktien oder auf den Aktienindex könnte der Anleger an der Terminbörse vermutlich dasselbe Geschäft günstiger abschließen. Denn im Grunde handelt es sich um ein gedecktes Call-Stillhaltergeschäft auf eigene Aktien.

Mit solchen Geschäften werden wir uns später noch näher befassen.

Für verängstigte Anleger haben einige Großbanken eine neue Idee entwickelt, um sie mit Wertpapieren anzufreunden. Sie verkaufen **Garantiezertifikate**. Unter der Bedingung, dass die Papiere mehrere Jahre gehalten werden, garantiert die ausgebende Bank die Rückzahlung mindestens zum Einkaufspreis.

Die Bank riskiert dabei nichts. Sie sichert sich entweder am Terminmarkt ab oder mischt das Garantiezertifikat so zusammen, dass der Aktienanteil nur gering ist; der Rest besteht aus sicheren Anleihen, die zum Fälligkeitstermin dann zumindest die Rückzahlung in voller Höhe garantieren, weil ja jährliche Zinsen angefallen sind. Der Gewinn kann dann für den Käufer des „Zertifikats" (der eigentlich ein Mischfonds ist) freilich schon von vornherein nicht sehr hoch ausfallen.

Übrigens wurden solche Garantiezertifikate im Jahr 2000, als die Kurse viel zu hoch waren, nie angeboten. In den Jahren 2002 und 2003, zu ausgebombten Kursen, als sie völlig überflüssig waren, wurden die Märkte von ihnen überschwemmt. Dass es überhaupt Anleger gibt, die auf solche Angebote eingehen, ist am erstaunlichsten.

Im Übrigen könnte sich jeder Anleger auch eine solche Konstruktion selbst basteln, ohne dass sein Anlagekapital über Jahre gebunden ist.

Was ist von Hedge-Fonds zu halten?

Seit einiger Zeit werden die so genannten Hedge-Fonds als gute Lösung bei steigenden und fallen Aktienkursen angepriesen. Insofern seien sie die „zeitgemäße Anlage". So, wie sich Anleger 1999/2000 in „zeitgemäße" Anlagen wie High-Tech-Fonds hineindrängten, so gelten für viele heute neben Rentenfonds und Immobilienfonds auch Anlagen in Hedge-Fonds als das A und O einer richtigen Kapitalanlage. Warum laufen denn nur so viele Privatanleger wie im Märchen vom Hasen und Igel immer den neuesten Modetrends nach, in denen sie dann garantiert wieder falsch liegen werden, weil sie in ausgebrannte Trends investieren, wenn nicht sogar in Spekulationsblasen?

Zunächst: Verlassen Sie sich nicht auf die Versprechen in der Werbung, dass man hier sowohl bei steigenden als auch bei fallenden Märkten auf der Gewinnerseite liege. Die Erfolgsstatistik der meisten Hedge-Fonds in der Vergangenheit sieht jämmerlich aus. Auch wird ihr Einfluss auf die Börsen von den Medien und von der Öffentlichkeit weit überschätzt. Sie können nicht eigenständig Trends nach Belieben in die Wege leiten. Normalerweise machen sie Differenzgeschäfte, Gelegenheitskäufe und -verkäufe, indem sie Zinsunterschiede zwischen Börsenplätzen ausnutzen oder Ähnliches. Bei derartigen Geschäften arbeiten sie relativ risikolos, aber auch nicht sehr gewinnträchtig. Manchmal stürzen sie sich freilich auch auf eine angeschlagene Währung oder ein Unternehmen. Das können sie aber nicht alleine, sondern nur gemeinsam mit Verbündeten, wenn sie eine Schwäche erkannt haben, so, wie sich Wölfe auf ein verwundetes Tier stürzen. Die Briten haben dies 1992 bei ihrer Pfund-Währung erlebt, und die ostasiatischen Börsen hätten 1997/98 fast in einer Katastrophe geendet, wenn sie nicht von der Weltbank und dem Internationalen Währungsfonds gestützt worden wären.

Wenn die Hedge-Fonds Aktien im Kurs drücken wollen – im Jahr 2002 mussten dies auch deutsche Unternehmen hinnehmen –, dann leihen sie sich Aktien bei Großanlegern und verkaufen sie in der Hoffnung, sie wieder billiger zurückkaufen zu können. Aber sie können nicht wie aus heiterem Himmel nach Belieben neue Trends setzen.

In Deutschland sind Hedge-Fonds ja noch eine verhältnismäßig neue Form der Anlage. Sie dürfen seit 2004 angeboten werden. Aber man sollte sie lieber „Spekulationsfonds" nennen. Bankberater werben unverdrossen für sie vor allem mit dem Argument, dass der Anleger dabei auch bei fallenden Kursen verdienen könne. Im Übrigen könnten hier ja nicht nur mit Aktien, sondern auch am Devisenmarkt, mit Anleihen und an den Rohstoffbörsen Geschäfte getätigt und damit das Risiko ausgeglichen werden.

Der Haken ist folgender:

1. Die Leistung der „erfahrenen Fondsmanager" (häufig unerfahrene Leute unter 30 Jahren) ist in der Regel schwach. Das *manager magazin* hat in der Dezember-Ausgabe 2003 sehr drastisch formuliert, was von deren Qualität zu halten ist: „Debütanten, die ihre Qualität erst noch unter Beweis stellen müssen". Die Zeitschrift sollte in den folgenden Jahren recht behalten.
2. Hedge-Fonds werden in Deutschland in Form von „Dach-Fonds" öffentlich vertrieben. Dachfonds sind Fonds von Fonds. Der Anleger zahlt hier doppelte Gebühren: für den Fonds des Daches und für die darin enthaltenen Fonds. Wo, bitte schön, soll denn da noch

ein Gewinn für den Anleger herausspringen, wenn erstens die Gebühren so hoch sind und zweitens die verschiedenen Hedge-Fonds-Manager möglicherweise sogar mit gegenteiligen kurzfristigen Positionen am Markt tätig sind? „Außer Spesen nichts gewesen“, wird es wohl am Ende heißen.

3. Selbst die versiertesten Manager können nicht Gewinne garantieren. Denn es gibt für kurzfristige Spekulationen kein System, auf das man sich verlassen könnte. Am Aktienmarkt beispielsweise sind Erfolge nur mit mittelfristigen Strategien (sechs bis 24 Monate) nachweisbar, wie sie durch die besprochenen Signaltechniker geliefert werden. Kurzfristig sind Vorhersagen kaum möglich. Selbst mächtige Hedge-Fonds können zahlungsunfähig werden, wie im Oktober 1998 der LTCM-Hedge-Fonds, dessen Spekulationsverluste am Devisenmarkt nur von der US-Zentralbank in Verbindung mit einem großen Bankenkonsortium aufgefangen werden konnten – obwohl der Fonds sogar von zwei Nobelpreisträgern beraten wurde. Nicht umsonst muss also auf Verkaufsprospekten für Hedge-Fonds eine Warnung enthalten sein, dass möglicherweise „Verluste des eingesetzten Kapitals bis hin zum Totalverlust hinzunehmen“ sind.

Dazu müssen Sie noch wissen, dass Hedge-Fonds-Manager mit zu den bestbezahlten Managern in der Finanzwelt gehören. Ihnen winken Gehälter von einer Million Euro pro Monat! Bezahlt werden diese aus dem Vermögen der Fonds – also auf Ihre Kosten, wenn Sie sich an solchen Hedge-Fonds beteiligen.

Welche Möglichkeiten bieten Optionsscheine, Futures und die Terminbörse Eurex?

Wenn Sie kurzfristig spekulieren oder Aktienpositionen absichern wollen, kaufen Sie am besten keine Optionsscheine auf Aktien oder Aktienindizes. Mit **Optionsscheinen** erwerben Sie ein Recht auf den Kauf oder Verkauf von Aktien oder eines Aktienindex. Sie steigen und fallen sehr viel schneller als diese. Aber sie sind teuer, haben nur einen Zeitwert und verfallen schnell, wenn die Börse in ruhigeres Fahrwasser gerät und die Schwankungen nicht mehr so heftig sind. Machen Sie auch keine Experimente mit **„Mini-Futures“** oder **„Turbozertifikaten“** auf einen Aktienindex. Diese sind inzwischen ebenso gefragt wie Optionsscheine. Es handelt sich bei ihnen im Grunde um „kleine - Futures" (siehe unten), wobei der Kaufpreis nur der Sicherheitsleistung dient. Die Zertifikate haben für den Anleger den Vorteil, dass sie nicht wie Optionsscheine „verfallen", sondern ähnlich wie Terminkontrakte (Futures) gehandelt werden, also Differenzgeschäfte sind.

Früher gab es diese Mini-Futures auf einen Aktienindex gar nicht, sondern nur „normale" Futures, zunächst auf landwirtschaftliche Produkte, später auf Rohstoffe und schließlich auf Aktienindizes. Um die Minifutures zu verstehen, müssen wir uns zunächst einmal mit den richtigen Futures befassen.

Futures sind als Anlageempfehlung bei den Banken gar nicht so beliebt. Denn für den Anleger fallen hier nur geringe Spesen an, und die Bank muss sich darum kümmern, ob der Kunde überhaupt zahlungsfähig genug ist, um so ein riskantes Termingeschäft einzugehen. Die Mini-Futures sind daher den Bankberatern sehr viel sympathischer, weil der Kunde hier zunächst einen Geldbetrag hinlegen muss.

Ein Future ist im Grunde ein einfaches und faires Geschäft. Es geht jedoch um sehr hohe Summen. Im Grunde werden Börsengeschäfte mit 100 Prozent Fremdkapital getätigt. Es werden dazu also Risikobereitschaft und gute Nerven abverlangt.

Bei einem Future verpflichten sich Käufer und Verkäufer, zu einem bestimmten Termin einen Aktienindex, eine Ware oder auch Devisen zu einem jetzt schon festgelegten Kurs zu handeln. Das war besonders wichtig für Verkäufer von landwirtschaftlichen Produkten, die wissen mussten, zu welchen Preisen sie in einigen Monaten ihre Waren absetzen konnten, ohne dass ihnen in der Zwischenzeit Preisstürze einen Strich durch die Rechnung machen konnten.

Der Gewinn errechnet sich aus der Differenz des Schlussterminkurses vom Einstandskurs. Auch während der Laufzeit kann ein Future jederzeit verkauft werden.

Nehmen wir als Beispiel einen Future auf den DAX. Nehmen wir an, der DAX notiert bei 4.500 Punkten. Sie kaufen einen **DAX-Future**. Jeder DAX-Punkt entspricht einem Wert von 25 Euro. Der Kontrakt ist bei einem DAX-Stand von 4.500 also so viel wert, wie wenn Sie Aktien des DAX für insgesamt 112.500 Euro im Depot hätten (4.500 x 25).

Zunächst aber fließt überhaupt kein Geld. Abgerechnet wird erst zu einem späteren Termin; daher auch der Name Future (Zukunft). DAX-Futures können auf März, Juni, September oder Dezember lauten; fällig werden entsprechende Kontrakte immer am dritten Freitag dieses Monats.

Nehmen wir also an, wir hätten im April 2005 einen DAX-Future Juni 2005 gekauft. Der Kurs sei an unserem Kauftag bei 4.300 gelegen; zum Abrechnungstag am dritten Freitag im Juni sei er auf 4.800 Punkte gestiegen. Dann wird der Kursunterschied berechnet: 4.800 minus 4.300 = 500. Und da jeder DAX-Punkt mit 25 Euro berechnet wird, erhielten wir einen Gewinn von 12500 Euro. Falls der DAX gefallen wäre, zum Beispiel auf 4.000 Punkte, dann hätten wir einen Verlust von 300 Punkten verbucht, was einem Betrag von 7.500 Euro entsprochen hätte. Darauf hatte der Vertragspartner, der als Verkäufer des DAX-Futures aufgetreten ist, ja gehofft. Gewinne und Verluste beim Future werden also gemacht, ohne dass eine Partei zuvor einen Kapitaleinsatz getätigt hätte. Im Grunde verhält es sich also wie bei einer Wette. Das war auch der Grund, weshalb in Deutschland solche Geschäfte lange nicht möglich waren, da Wettschulden als nicht einklagbar galten. Und auch heutzutage müssen sich die Banken noch absichern, dass die „Wettschulden" eingehalten werden. Die Bank fordert die „Termingeschäftsfähigkeit" der Partner und will bei Abschluss Ihres Geschäftes genügend Sicherheiten, dass Sie im Falle eines Verlustes auch die Differenz zahlen könnten. Übrigens können Sie den DAX-Future nicht nur kaufen, sondern auch verkaufen und damit auf fallende Kurse setzen.

Als Absicherungsinstrument für ein bestehendes Aktiendepot ist der Verkauf eines DAX-Futures übrigens eine sehr empfehlenswerte Sache. Sie können mit einem einzigen DAX-Future, den Sie verkaufen, ein Depot im Wert von rund 100.000 Euro gegen eine Schwankung nach unten gut absichern – falls es DAX-ähnlich zusammengesetzt ist. Geht es nach oben, verlieren Sie den entsprechenden Betrag beim Future, den Sie mit Ihrem DAX-ähnlichen Depot gewinnen.

Lassen Sie sich nicht verwirren, wenn Sie bei den Kursen für einen DAX-Future auf den Anzeigetafeln minimal höhere Kurse als für den DAX sehen. Der Future-Kurs liegt höher, weil darin die Zinsen eingerechnet werden müssen, die man hätte bezahlen müssen, wenn man sich das eingesetzte Kapital kurzfristig geliehen hätte. Bis zum Verfalltag haben dann die Kurse von DAX und DAX-Future angeglichen.

Einen solchen Future gibt es auch auf Anleihen. Gegen steigende Zinsen können Sie sich mit dem Verkauf eines **Bund-Future** absichern. Der Bund-Future ist ein Termin-Differenz-Geschäft auf zehnjährige Sechs-Prozent-Bundesanleihen im Wert von 125.000 Euro. Jeder Punkt entspricht 1.250 Euro. Nehmen wir an, der Kurs läge beim Kauf bei 112 und stiege auf 113 bis zum Termin. Der Gewinn wäre dann 1.250 Euro. Entsprechend hoch ist der Verlust bei Schieflage.

Wer mit Bund-Futures handeln will, muss die kurzfristige Richtung der Anleihezinsen richtig einschätzen können.

Der Kurs für den Bund-Future liegt in den meisten Fällen niedriger, als der Anleihekurs tatsächlich betragen würde. Das liegt daran, dass man sich ja eigentlich mit einem kurzfristigen Kredit verzinsliche Wertpapiere mit langer Laufzeit gekauft hat. Da die kurzfristigen Zinsen meist wesentlich niedriger sind als die langfristigen (der Unterschied beträgt gut ein Prozent), hat man während der Restlaufzeit des Bund-Future also einen gewissen Zinsvorteil, der dem Käufer des Bund-Futures zugute kommt. Der Verkäufer hat einen Zinsnachteil und würde automatisch verlieren, wenn sich am Zinsniveau der Anleihen nichts ändern würde.

Aber kehren wir zurück zu den DAX-Mini-Futures. Während ein Anleger beim richtigen Future nichts bezahlen muss, aber unbegrenzt haftet, werden die Käufer von Minifutures schon zur Kasse gebeten. Das ist ihre Sicherheitsleistung. Bei einer zu heftigen Schwankung des Index in die verkehrte Richtung müssen sie dann nicht wie beim richtigen Future ihre Sicherheitsleistung erhöhen, sondern sie werden „ausgeknockt“, um aufgelaufene Verluste zu begrenzen. Dann bleibt nur noch ein kleiner Restwert, der sich aus der dünnen Chance errechnet, dass der Index noch einmal den Einstandspreis erreicht.

Nochmals: Ich rate Ihnen überhaupt von solchen Termindifferenzgeschäften ab, es sei denn, Sie setzen sie bewusst als Instrumente zur Kursabsicherung ein. Das Risiko besteht in den heftigen Schwankungen, denen solche Spekulationspapiere unterliegen. Denken Sie an Naturkatastrophen, einen Anschlag oder an gezielte Fehlinformationen, die durch Medien verbreitet werden. All dies kann zum „Knock out“ führen, und der Besitzer dieser Papiere geht leer aus. Er ärgert sich dann schwarz, wenn sich am Ende herausstellt, dass er mit seiner Einschätzung sogar langfristig richtig gelegen wäre.

Sind zur Depotabsicherung nicht Eurex-Optionen ganz hilfreich?

Wenn Sie in kritischen Zeiten Ihr Depot mit Hilfe der Terminbörse Eurex absichern wollen, dann erkläre ich Ihnen, welche Schritte Sie hier gehen können. Sie brauchen dazu eine gute Hausbank und fachkundige Helfer in der Bank, die Sie an die Eurex-Terminbörse vermitteln. Sie handeln dann als Deutscher mit DAX-Optionen, in der Schweiz mit

Optionen auf den SMI. Eine DAX-Option ist ein Anrecht zum Kauf oder Verkauf des DAX-Index. Von diesem Anrecht können Sie Gebrauch machen, müssen es aber nicht. Das ist der Unterschied zum Future. Deshalb kosten solche Optionen Geld. Sie können diese Optionen kaufen, aber auch verkaufen, ohne sie vorher gekauft zu haben. Sie können bei all diesen Geschäften selbst Ihr Risiko dosieren und Ihre Sicherungen einbauen, wie es Ihrem Vermögen und Ihrem Zeitaufwand entspricht.

Der Markt ist dort inzwischen so breit, dass eine einigermaßen faire Abwicklung möglich ist, was man vom Optionsscheinmarkt nicht immer behaupten kann. Außerdem haben Sie an der Eurex-Börse nicht nur die Möglichkeit, Optionen zu kaufen, sondern sie auch zu verkaufen, ohne sie vorher gekauft zu haben (Stillhaltergeschäfte).

Durch bestimmte Kombinationen von Käufen und Verkäufen kann man seine Optionsstrategie sehr variabel gestalten.

Zunächst: Wer noch nie Geschäfte an der Eurex gemacht hat, sollte dies vorher mit seiner Bank besprechen, ob sie dazu bereit ist, ob Ihre Sicherheiten ausreichen und ob Ihre Termingeschäftsfähigkeit vorliegt.

Außerdem sollte geklärt sein, dass in Ihrer Bank immer ein Partner für Sie bereit ist, der auch schnell und kurzfristig Ihre Geschäfte an der Terminbörse sofort durchführen kann.

Lassen Sie sich jetzt nicht verwirren durch die folgenden Regeln, die für Terminoptionsgeschäfte gelten. Wir werden anschließend an einem Beispiel besprechen, wie dies in der Praxis aussieht.

Was muss meine Bank bei jedem Eurex-Geschäft wissen?

1. Neuer Kontrakt (Opening) oder einen bestehenden Kontrakt schließen (Closing)?
2. Kaufen (Buy) oder Verkaufen (Sell)?
3. Kaufoption (Call) oder Verkaufsoption (Put)?
4. Anzahl Kontrakte? (ein DAX-Kontrakt = fünf Optionen, ein SMI-Kontrakt = zehn Optionen)
5. Verfallmonat (immer am dritten Freitag eines Monats ist Verfalltag)

6. Basispreis, um den sich das Geschäft dreht. Beispiel: Eine DAX-Call-Option zum Basispreis 4.500 gewinnt dann, wenn der Index zum Verfalltag über 4.500 liegt, pro Punkt einen Euro. Ein Kontrakt (fünf Optionen) gewinnt also pro Punkt über dem Basispreis von fünf Euro. Ein SMI-Kontrakt (zehn Optionen) gewinnt pro Punkt über dem Basispreis von zehn Schweizer Franken.
7. Limit für den Preis pro Option? Limit tagesgültig oder bis auf Widerruf?

Ein Limit muss immer angegeben werden. Welches Limit angegeben werden muss, wissen Sie aber in diesem Moment des Auftrags zunächst nicht.

Am besten gehen Sie so vor: Fragen Sie Ihre ausführende Bank nach dem derzeit gestellten Preis. Da wird dann eine Spanne angegeben, zum Beispiel 60 bis 70. Gehen Sie mit Ihrem Limit etwa in die Mitte, also auf circa 65, je nachdem, wie dringend Ihnen ein schneller Abschluss ist.

Ihre Bank teilt Ihnen mit, welche Sicherheiten Sie stellen müssen, und nennt Ihnen regelmäßig eine Margin, die zur Abdeckung möglicher Verluste bereit sein muss. Es ist nichts, was bezahlt werden muss. Es muss nur bereitliegen. Geeignet als Sicherheitsleistung ist besonders Festgeld, aber auch festverzinsliche Wertpapiere und sichere Aktien. Dieses Festgeld oder die Aktien gehören weiterhin Ihnen. Sie bekommen auch Zinsen und Dividenden darauf. Aber Sie können sie nicht auflösen oder verkaufen, solange sie als Sicherheitsleistung dienen.

Haben Sie ein Zahlenbeispiel für den Verkauf einer DAX-Option an der Eurex?

Ein Anleger verfügte am 22. Oktober 2004 über einen Depotwert von 100.000 Euro. Er erwartete einen Kursrückgang beim DAX, allenfalls eine Seitwärtsbewegung, und wollte sich ein wenig nach unten absichern. Er vermutete, die Unsicherheit könnte noch bis Dezember anhalten; ab Januar erwartet er dann eine Aufwärtsbewegung.

Möglich ist in diesem Fall der Verkauf von DAX-Calls. Calls sind Kaufoptionen. Man verwendet im Gespräch mit der Bank am besten den englischen Begriff, da die deutschen Bezeichnung „Kauf“ und „Verkauf“ im Telefonkontakt ähnlich klingen und zu Missverständnissen führen können.

Er möchte also durch den Verkauf von Calls Geld erhalten, „Prämie“ genannt.

Der DAX notierte bei 3.935. Abgeschlossen werden soll ein Kontrakt „aus dem Geld“, also Verkauf von DAX-Calls Dezember Basis 4.200.

Wie lief nun ein tatsächliches Geschäft am 22. Oktober 2004 ab?

Verkauf DAX-Call zum Dezember-Termin (17.12.). Fünf neue Kontrakte werden eröffnet (Opening) zum Kurs 19,80.

Pro Kontrakt fünf Optionen, fünf Kontrakte, also 25 x 19,80 = 495 Euro.

Spesen:	
Terminbörsen-Gebühr	2,45 Euro
Provision fest	40,00 Euro
Auftragsgebühr	15,00 Euro
Spesen gesamt	57,45 Euro (entspricht etwa 11,6 Prozent vom Kontraktwert)

Beim Schließen des Kontraktes fallen wiederum ähnliche Spesen an. Aber man hofft ja als Verkäufer der Option (Stillhalter), dass die Optionen wertlos verfallen.

Der Verkäufer erhielt also netto 437,55 Euro; das sind nur 0,44 Prozent vom Depotwert. Das ist sehr wenig; aber für Optionen wurde in dieser Zeit leider nicht mehr bezahlt.

Der Optionspreis hängt von der Schwankungsbreite (Volatilität) ab. Werden keine großen Schwankungen erwartet, wird auch für Optionen weniger bezahlt. Zur Absicherung gegen einen Kurssturz wäre das ungenügend. Wie kann man das Depot besser absichern?

Möglich wäre ein Verkauf der Kontrakte näher „am Geld“, also am 22.10.04 zum Basispreis 4.000. Da hätte es dann nicht nur 19,80 Euro, sondern rund 80 Euro pro Option gegeben, also insgesamt 2.000 Euro, was zwei Prozent vom Depotwert wären.

Nachteil: Geht der DAX nach oben, ist er auch bald „im Geld“. Vom Kurs 4.000 ab aufwärts verlöre man ebenso viel, wie das Depot durch die Kurssteigerungen gewinnt. Das Depot verdient bei steigenden Kursen also nichts mehr, weil es nur die Optionsverluste ausgleicht.

Wenn es tatsächlich nur um Absicherung geht und nicht darum, zusätzlich zu verdienen, ist neben dem Verkauf der Call-Option auch ein gleichzeitiger Kauf einer Put-Option anzuraten. Das ist immer dann zweckmäßig, wenn die Optionen gerade billig sind, wie in unserem Beispiel, und tatsächlich mit Kursstürzen nach unten gerechnet wird. Wenn der Basispreis denselben Abstand zum aktuellen DAX-Kurs hat wie der Basispreis des verkauften Calls, sollten sich Einnahmen und Ausgaben der beiden Geschäfte ungefähr die Waage halten.

Beispiel: Am 22.10.04 verkauft man nicht nur fünf Calls zum Basispreis 4.200, sondern kauft zugleich fünf Puts zum Basispreis 3.600. Das kostet dann ungefähr dasselbe, weil 3600 nach unten vom aktuellen Stand 3.935 ähnlich weit weg ist wie 4.200 nach oben.

Vorteil: Ab DAX 3600 wäre das Depot restlos nach unten abgesichert, egal wie weit es nach unten geht. Nachteil: Geht es nur ein Stück nach unten, zum Beispiel bis 17. Dezember auf 3.620, hätte man keine Entschädigung für den Kursrückgang. Außerdem stellte sich dann das Problem der Absicherung erneut, ohne dass sich die Spesen für das Geschäft gelohnt hätten. Wüsste man, dass die Unsicherheit noch sehr lange anhält, hätte man dann allerdings gleich auf März 2005 abschließen können, freilich mit weit höheren Preisen sowohl für die Calls als auch für die Puts.

Das genannte Verfahren eignet sich vor allem dann, wenn wirklich mit einem starken Wertverlust des Depots gerechnet wird, aber wegen der Spesen oder wegen der Spekulationsfrist die Aktien nicht verkauft, sondern nur abgesichert werden sollen.

Welche Möglichkeit gibt es, über die Terminbörse billiger Aktien zu kaufen?

Wie Sie sich auch beim normalen Aktienkauf Put-Stillhalter-Strategien an der Terminbörse Eurex zunutze machen können, dazu noch ein Beispiel.

Nehmen wir an, Sie haben noch Summen von rund 25.000 Euro in Festgeld, zögern aber, dies zurzeit in Aktien zu investieren, weil Ihnen das Niveau momentan schon etwas zu hoch wäre, da Sie in den kommenden Monaten nur mit einer Seitwärtsbewegung rechnen, auch mit Rückschlägen dazwischen. Jedenfalls vermuten Sie, dass der DAX und der Euro-Stoxx-50-Index in drei Monaten kaum höher, aber auch nicht tiefer stehen als im Moment.

Dann käme für Sie eine Strategie als „Put-Verkäufer“ an der Eurex in Frage.

Sie *verkaufen* an der Eurex drei Kontrakte (= 300 Stück) Siemens-Puts mit Termin in drei Monaten zu einem etwas tieferen Basispreis, als der Kurs derzeit steht. Wir wählen die Siemens-Aktie als schwersten und am breitesten gehandelten Wert im DAX.

Sie bekommen dafür vielleicht etwa 460 Euro abzüglich Spesen (sie betragen knapp 60 Euro). Es kann mehr sein oder weniger, je nachdem, wie gerade an der Börse die Schwankungsbreite eingeschätzt und wie viel damit für Optionen bezahlt wird.

Sie müssen also zunächst nichts *bezahlen*, sondern *erhalten* etwas.

Wie geht es nun weiter?

Fall 1: Bis zum Fälligkeitstermin steigt der Siemens-Kurs oder bleibt gleich.

Es passiert nichts. Ihr Kontrahent, dem Sie die Puts verkauft haben, hat sich zwar das Recht erworben, Ihnen 300 Siemens-Aktien zum tieferen Basispreis verkaufen zu dürfen. Er wird das aber nicht tun, denn er kann die Aktien besser an der Börse verkaufen; dafür bekommt er mehr. Er lässt die Puts verfallen.

Sie haben jetzt zwar keine Aktien bekommen, die Sie eigentlich noch kaufen wollten. Aber Sie wurden dafür mit 400 Euro (nach Spesen) entschädigt. Im Übrigen können Sie jetzt gleich noch einmal ein gleiches Geschäft durchführen und erneut Siemens-Puts verkaufen.

Fall 2: Bis zum Fälligkeitstermin bewegt sich die Siemens-Aktie mal rauf, mal runter, und steht dann aber am vereinbarten Basispreis oder sogar etwas tiefer.

In diesem Fall werden Sie die 300 Siemens-Aktien zum vereinbarten Basispreis kaufen müssen.

Zu diesem Zweck müssen Sie nun Ihr Festgeld teilweise hergeben. Aber das ist nicht tragisch, denn Sie wollten ja ohnehin Ihr Festgeld noch in sichere Standardaktien eintauschen. Sie müssen zwar vielleicht etwas mehr pro Aktie zahlen, als momentan der Kurs beträgt, aber Sie fahren immer noch günstiger, als wenn Sie die Aktien gleich gekauft hätten, zumal Sie sich bis zum Fälligkeitstermin noch Ihrer Festgeldzinsen erfreuen konnten, die Ihnen bei einem sofortigen Kauf entgangen wären.

Fall 3: Bis zum Fälligkeitstermin 17. Dezember fällt der Siemens-Kurs deutlich zurück, sagen wir fünf Prozent tiefer als der vereinbarte Basispreis.

Auch in diesem Fall werden Sie die 300 Siemens-Aktien zum vereinbarten Basispreis kaufen müssen. Da Ihre Aktien momentan weniger wert sind als der vereinbarte Kauf zum Basispreis, haben Sie momentan zwar Kursverluste. (Genau darauf hat Ihr Kontrahent ja spekuliert, als er von Ihnen die Puts kaufte).

Nun wäre allerdings ein derartiger Kurseinbruch auch nicht schlimmer, als wenn Sie die Siemens-Aktien gleich gekauft hätten. Zum Teil wurden Sie ja auch durch die erhaltene Prämie entschädigt. Handelt es sich nur um eine kurzfristige Schwankung nach unten, ist das ja auch nicht weiter schlimm. Wenn wirklich Gefahr gedroht hätte, dass eine echte Aktien-Baisse bevorsteht, hätte es ja auch durch die in diesem Buch vorgestellten Methoden Verkaufssignale gegeben, und dann hätte man ja auch wohl rechtzeitig die drei Kontrakte „glattgestellt", indem man die Puts zum Tageskurs zurückkaufte.

Ein gewisser Nachteil dieser Geschäfte ist, dass es noch nicht ganz klar ist, wie sie steuerlich behandelt werden. Sind es Spekulationsgeschäfte, da zwischen Kauf und Verkauf einer Option an der Eurex ja niemals zwölf Monate liegen? Oder sind es gar Dienstleistungsgeschäfte, die betrieben werden, wenn eine Option verkauft wird und sie dann wertlos verfällt? Absicherungen in Form von Käufen oder Verkäufen von Optionen oder auch Futures müssten ja, wenn sie Ausgaben sind, eigentlich als Werbungskosten absetzbar sein, da sie dem Erhalt des Vermögens dienen sollen.

Jedenfalls können Sie die Möglichkeit des Put-Verkaufs an der Terminbörse anstelle eines sofortigen Aktienkaufs immer mit in Betracht ziehen.

Teil 6

... und zu guter Letzt

Ein Strategie-Quiz, mit dem Sie sich testen können, wie viel Sie aus diesem Buch gelernt haben

In dem folgenden Quiz können Sie sich testen – einerseits Ihren objektiven Kenntnisstand, andererseits, ob Ihre Einschätzung des Börsengeschehens und der Börsengewinne zutreffend ist. Die Auflösung findet sich gleich im Anschluss.

1. Ein Großkonzern meldet, der Gewinn werde im kommenden Halbjahr nicht ganz so hoch ausfallen wie ursprünglich erwartet. Der Kurs der Aktie fällt daraufhin noch am selben Tag um 15 Prozent. Was tun Sie?

   a. Sie verkaufen diese Aktie sofort.
   b. Sie tun erst einmal nichts und warten einige Wochen ab.
   c. Sie kaufen sofort zu den billigeren Kursen nach.

2. Sie lesen in der Zeitung, ein Analyst empfehle, eine bekannte Aktie, die Sie auch haben, zu „halten“. Was meint er damit?

   a. Er setzt voraus, dass Sie die Aktie haben, und ist weiterhin positiv zu diesem Unternehmen eingestellt.
   b. Er hält von der Aktie nicht viel, sonst hätte er sie als kaufenswert eingestuft.
   c. Er meint in Wirklichkeit, dass die Aktie sofort verkauft werden muss.

3. Welche *durchschnittliche jährliche Rendite* hätte ein Anleger durch Kursgewinne bis heute erzielt, wenn er im Jahre 1901 Aktien gekauft und sein Depot immer der aktuellen Zusammen-

setzung des amerikanischen Aktienindex (Dow-Jones-Index) angepasst hätte?

a. 2,7 Prozent.
b. 5,0 Prozent
c. 14,8 Prozent

4. Gibt es Methoden, die nachweislich ein besseres Ergebnis ermöglichen, anstatt als Daueranleger alle Bewegungen eines Aktienindex (DAX, Dow Jones) einfach mitzumachen?

   a. Nur bei den kurzfristigen Trends (Tages- und Wochenschwankungen) lassen sich Wellen und Umkehrformationen errechnen, die mit 70-prozentiger Wahrscheinlichkeit funktionieren und daher mit der Zeit einen Aktienindex deutlich schlagen.
   b. Nur bei den mittelfristigen Trends (sechs Monate bis zwei Jahre) lassen sich Trends prognostizieren, die mit 70-prozentiger Wahrscheinlichkeit funktionieren und daher mit der Zeit einen Aktienindex deutlich schlagen.
   c. Es gibt keine Möglichkeit, Umkehrformationen zu berechnen. Um von Aktienkurssteigerungen langfristig zu profitieren und so gut wie ein Aktienindex abzuschneiden, hilft nur die Daueranlage.

5. Wann ist die Zeit gut für Aktienkäufe?

   a. Wenn die Unternehmen ausgelastet sind und die Dividenden erhöht werden.
   b. Wenn die Anleihenzinsen sinken und die Aktienkurse gefallen sind.
   c. Wenn man gerade übriges Geld zum Anlegen hat.

6. Welche Aktien sollte man bei Käufen bevorzugen?

   a. Über die im Börsenfernsehen positiv berichtet wird.
   b. Die in der Nähe ihres bisherigen Jahreshöchstkurses stehen.
   c. Die in der Nähe ihres bisherigen Jahrestiefstkurses stehen.

7. Die Aktienmärkte sind weltweit um 20 Prozent gestiegen, aber einige der von Ihnen bevorzugten Titel liegen im Verlust. Was tun Sie?

    a. Noch öfter als bisher Börsenkommentare und Ratschläge in Presse und Fernsehen verfolgen.
    b. Die Verlustaktien verkaufen.
    c. Gestiegene Aktien mit Gewinn verkaufen und bei den preiswerten nachkaufen.

8. Bei welchem der folgenden Termingeschäfte können Ihre Verluste theoretisch gegen Unendlich gehen?

    a. Kauf eines DAX-Calls
    b. Verkauf eines DAX-Futures
    c. Kauf eines DAX-Futures

Haben Sie jeweils eine Antwort angekreuzt? Sollten Sie mehrheitlich stets die richtige Antwort (immer b) angekreuzt haben, dann haben Sie nicht nur gute Börsenkenntnisse, sondern wissen auch ein wenig Bescheid über die psychologischen Fallen, in die Börsenteilnehmer immer wieder geraten.

Weiterhin viel Erfolg an der Börse!

Empfehlenswerte Literatur zum weiteren Aktienstudium

Balser, M./Bauchmüller, M., Die 10 Irrtümer der Globalisierungsgegner, Frankfurt 2003

Buskamp, Franz Josef, *Mentale Börsenkompetenz,* München 2004

Händeler, Erik, *Geschichte der Zukunft,* 4. Auflage, Moers 2004

Lang, Uwe, *Die gefährlichsten Börsenfallen,* Frankfurt 2001

Lang, Uwe, *Der Neue Aktien-Berater,* Frankfurt 2003

Ogger, Günter, *Das Kartell der Kassierer,* München 1994

O'Shaughnessy, James P., *Die besten Anlagestrategien aller Zeiten,* 3. Auflage, Landsberg 2000

Otte, Max, *Investieren statt Sparen,* München 2000

Shiller, Robert J., *Irrationaler Überschwang,* Frankfurt/New York 2000

Wagner, Bruno, *Burn Rate – Wie Fondsmanager unser Geld verbrennen,* München 2001

Zweig, Martin, *Die Börse im Griff,* Kulmbach 1990

Service

Zusätzlich zu diesem Buch erhalten Sie eine Excel-Tabelle mit den historischen Daten zur beschriebenen Aktienstrategie „Die kombinierte Methode“.
Sie erhalten die Tabelle im Internet auf *www.boersensignale.de*

Börsenbrief und Vermögensverwaltung

Uwe Lang verwaltet mit großem Erfolg privates Anlagevermögen und ist Verfasser des im Abonnement erhältlichen Börsenbriefes „Börsensignale“. Dieser erscheint 14-tägig und ist zu beziehen bei:

SWISSINVEST
Von Schnurbeinstr. 2a
D-86424 Dinkelscherben
Tel: 0 82 92 / 96 08 13
Fax: 0 82 92 / 95 06 92

SWISSINVEST
St. Niklausenstr. 11
CH-6005 Luzern
Tel: 0041 3605715
Fax: 0041 3605781

eMail: info@boersensignale.de
Internet: www.boersensignale.de

MINDTRAPS
Die großen Denkfehler
Praxisratgeber Trading
Come into My TRADING ROOM
Modern investieren mit Derivaten
Die besten Anlagestrategien der Welt
Erfolgreich handeln in einem Bärenmarkt
Die BESTEN AKTIEN strategien
PORTFOLIO SELECTION
Harry M. Markowitz
DEPOT-OPTIMIERUNG mit ZERTIFIKATEN
Erfolgreich investieren in Nebenwerte
DER KOLLAPS DES DOLLARS
DER UNTERGANG EINER WELT-WÄHRUNG
JAMES TURK & JOHN RUBINO
mit Rohstoffen
ENZYKLOPÄDIE DER CHART MUSTER
MONEY MANAGE-MENT
50 BEHALTEN SIE IHR DEPOT
LARRY WILLIAMS
DIE ERFOLGS GEHEIM-NISSE DES
ENZYKLOPÄDIE DER TECHNISCHEN INDIKATOREN

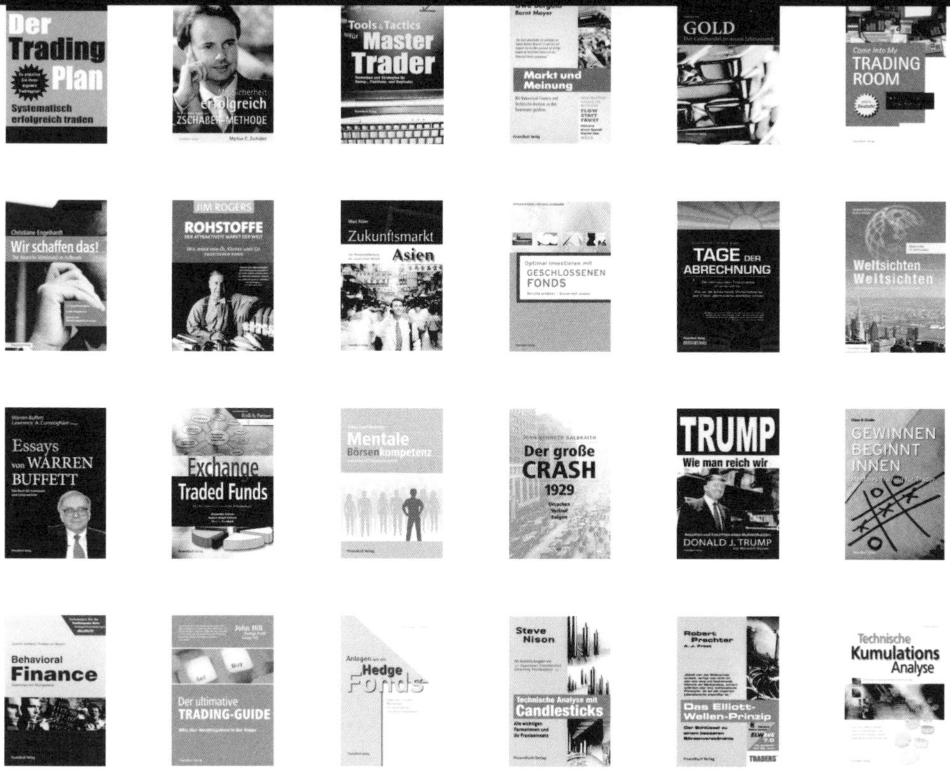
Der Trading Plan
Systematisch erfolgreich traden
erfolgreich
ZSCHABER-METHODE
Markus C. Zschaber
Tools & Tactics für Master Trader
Markt und Meinung
GOLD
Come into My TRADING ROOM
Wir schaffen das!
Christiane Engelhardt
JIM ROGERS
ROHSTOFFE
Zukunftsmarkt Asien
Optimal investieren mit GESCHLOSSENEN FONDS
TAGE DER ABRECHNUNG
Weltsichten
Essays von WARREN BUFFETT
Exchange Traded Funds
Mentale Börsenkompetenz
JOHN KENNETH GALBRAITH
Der große CRASH 1929
TRUMP
Wie man reich wir
DONALD J. TRUMP
GEWINNEN BEGINNT INNEN
Behavioral Finance
John Hill
Der ultimative TRADING-GUIDE
Anlegen mit Hedge Fonds
Steve Nison
Technische Analyse mit Candlesticks
Robert Prechter
Das Elliott-Wellen-Prinzip
Technische Kumulations Analyse

Ned Davis

Antizyklische Investment-strategien

300 Seiten, Hardcover

Preis € 34,90 (D); € 35,90 (A); SFr 60,40

ISBN 3-89879-082-7

Antizyklisch zu investieren bedeutet, zu kaufen, wenn alle verkaufen, und zu verkaufen, wenn alle kaufen. Klingt an sich sehr einfach, ist es jedoch nicht. Denn wer will schon wissen, was die Masse der Anleger in den nächsten fünf Minuten beschließt und durch welche Signale sie geleitet wird? Ned Davis, einer der angesehensten Technischen Analysten weltweit, zeigt klare Strategien auf, um gegen den Strom zu handeln.

Massenpsychologie, fundiertes Marktwissen und Chartanalyse, das ist das Rüstzeug für jeden Antizykliker. Das Besondere an diesem Buch: Davis hat untersucht, welche der zahlreichen antizyklischen Bewertungskennzahlen bei einzelnen Aktien die besten Prognosen ermöglichen.

Franz-Josef Buskamp

Mentale Börsenkompetenz

312 Seiten, Hardcover

Preis € 29,90 (D); € 30,80 (A); SFr. 53,00

ISBN 3-89879-063-0

Investieren mit Fingerspitzengefühl, das ist es, was Franz-Josef Buskamp seinen Lesern in diesem Werk nahe bringen will. Das Buch gilt in der Anlegergemeinde als Klassiker und erscheint nun in einer aktualisierten Auflage. Buskamp beschäftigt sich mit den mentalen Fallstricken an der Börse und zeigt auf 400 Seiten, worauf man unbedingt achten sollte.

Roland Barach

MINDTRAPS Die großen Denkfehler beim investieren

260 Seiten, Hardcover

Preis € 34,90 (D); € 35,90 (A); SFr. 60,40

ISBN 3-89879-126-2

Jeder Trader ist seiner eigenen Subjektivität unterworfen. Immer und immer wieder werden die selben Fehler begangen. Genau diese Fehler hat Barach in seinem außergewöhnlichen Buch gesammelt. Und er kommt auf die stattliche Zahl von 88. Fallgruben nennt er diese immer wiederkehrenden Muster, auf die Tag für Tag Amateure und Profis hereinfallen. Mit dem wachsamen Auge des geschulten Psychologen analysiert Barach die Märkte und die Zusammenhänge, die wir gemeinhin als »Börse« kennen. Und er gibt handfeste und zu 100 Prozent umsetzbare Tipps, wie jeder Anleger sein Risiko minimieren kann. Denn warum sollte man Fehler machen, die andere schon begangen haben?!